GÉNÉALOGIE BIOGRAPHIQUE

LES
LA CHARLONNIE

LEURS ALLIANCES ET LEUR DESCENDANCE

(LIMOUSIN, ANGOUMOIS, SAINTONGE)

9161

PAR

ANATOLE LAVERNY

Sous-Inspecteur Commandant des Douanes
Membre de la société des *Archives historiques de Saintonge et d'Aunis*
et Membre correspondant de la
Commission des *Arts et monuments historiques de la Charente-Inférieure*

« Optimum est habere monumentum majorum. »
CICÉRON.

LA ROCHELLE
IMPRIMERIE NOUVELLE NOËL TEXIER

1892

GÉNÉALOGIE BIOGRAPHIQUE

LES
LA CHARLONNIE

LEURS ALLIANCES ET LEUR DESCENDANCE

(LIMOUSIN, ANGOUMOIS, SAINTONGE)

PAR

ANATOLE LAVERNY

Sous-Inspecteur Commandant des Douanes
Membre de la société des *Archives historiques de Saintonge et d'Aunis*
et Membre correspondant de la
Commission des *Arts et monuments historiques de la Charente-Inférieure*

« Optimum est habere monumenta majorum. »
Cicéron.

LA ROCHELLE
IMPRIMERIE NOUVELLE NOEL TEXIER

1892

LES

LA CHARLONNIE

LES

LA CHARLONNIE

TIRÉ A 75 EXEMPLAIRES NON MIS DANS LE COMMERCE

GÉNÉALOGIE BIOGRAPHIQUE

LES LA CHARLONNIE

LEURS ALLIANCES ET LEUR DESCENDANCE

(LIMOUSIN, ANGOUMOIS, SAINTONGE)

1189-189[illegible]

PAR

ANATOLE LAVERNY

Sous-Inspecteur Commandant des Douanes
Membre de la société des *Archives historiques de Saintonge et d'Aunis*
et Membre correspondant de la
Commission des *Arts et monuments historiques de la Charente-Inférieure*

« Optimum est habere monumentum majorum. »
CICÉRON.

LA ROCHELLE

IMPRIMERIE NOUVELLE NOEL TEXIER

1892

A LA MÉMOIRE

DE

NOTRE COUSINE

ANNE-MARIE-MARGUERITE-AZOLINE DE LA CHARLONNIE

DERNIÈRE DU NOM

MARIE-ANNE-AGATHE-EUSTELLE DE LA CHARLONNIE

NOTRE AIEULE

ET

MARIE-EUGÉNIE-LOUISE MOLLET

NOTRE MÈRE

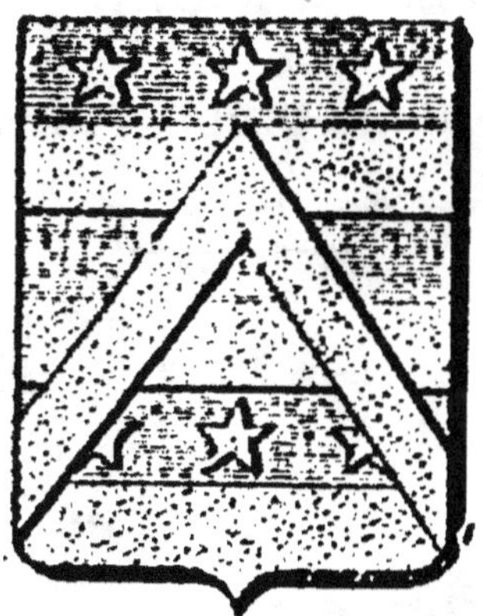

BLASONS DES LA CHARLONNIE

A MADAME MÉDÉRIC VALLIER

NÉE JEANNE-MARIE-ODILE PRÉVOST DU LAS

Ma chère cousine,

Nous nous faisions une fête d'offrir à l'excellente mère que vous pleurez et que nous avions eu le plaisir de revoir naguère toujours affectueuse et relativement bien portante, la dédicace de ce volume, qui n'a d'autres prétentions que d'être le résultat fidèle de longues et minutieuses recherches sur nos ascendants, les La Charlonnie.

Cet hommage qui lui était dû, à elle qui porta la dernière et si dignement ce nom toujours sans la moindre tache, permettez-moi de le faire à sa chère mémoire, en même temps qu'à celle de sa grand-tante, notre aïeule vénérée, et de sa cousine, notre mère sainte; toutes deux ont été, comme elle, les dignes descendantes de ceux dont tous les actes n'ont eu que l'honneur, la probité et le dévouement pour mobiles. De plus, cette mère si bonne, a toujours ressenti pour ses parents de l'Angoumois une affec-

tion marquée, et ce travail est le fruit de sa collaboration. Que n'a-t-elle pu nous aider plus longtemps de ses souvenirs et de ses conseils !

Maintenant surtout, ma chère cousine, vous comprendrez les regrets contenus dans ces derniers mots, et si nous vous avons témoigné déjà toute la part que nous prenions à votre douleur, nous vous renouvelons ici l'assurance de notre vive sympathie, avec nos remerciements pour votre aimable collaboration et en vous priant d'agréer pour vous et les vôtres l'expression sincère de nos sentiments affectueux et dévoués.

Anat. LAVERNY.

Nantes, 1892.

PRÉFACE

Les pages qui suivent sont le résumé très fidèle des renseignements recueillis sur une ancienne famille de robe et d'épée, sur ses alliances et sur ses descendants. Les La Charlonnie ont aussi tenu leur place dans l'échevinage d'Angoulême, et si, dans ces charges judiciaires, militaires et municipales, leurs faits et gestes n'ont pas brillé du plus vif éclat, en revanche, toujours ils ont été marqués au coin de la loyauté et de la droiture, patrimoine sacré et sans cesse largement transmis, qui, bien plus que l'or, a constitué la principale richesse de la famille.

Ces lignes font donc revivre des personnages, modestes sans doute, auxquels les faveurs de toutes sortes n'ont pas été prodiguées, mais qui n'en ont pas moins largement donné leurs services au pays. Les La Charlonnie ont, en effet, occupé, à différentes reprises, un rang distingué et des plus honorables, soit à la maison de ville d'Angoulême, soit dans la judicature de la contrée, et leur sang a coulé plus d'une fois pour la France. Maints champs de bataille en ont porté les traces; sous les murs d'Asti, *Philippe*, capitaine au régiment de Flandre, est blessé d'un coup de feu qui fait croire à sa mort, et, le soir du combat de Heilsberg, un des derniers La Charlonnie, *Jean-Joseph*, sous-officier au 14e régiment de dragons, moins heureux que ses devanciers, tombait à la fleur de l'âge, mortellement frappé par la lance d'un Cosaque.

Un autre, de beaucoup l'aîné de celui-ci, poète et musicien dès sa jeunesse, a écrit plus tard un ouvrage qui témoigne d'une grande érudition en même temps que d'un esprit très investigateur. A l'exemple d'un oncle qui a laissé son nom parmi les historiens de l'époque, François de Corlieu, il a su de cette façon payer son tribut au pays, qu'il a servi également comme conseiller du roi, juge prévost de la ville et chastellenie d'Angoulême, ainsi que lieutenant et juge des eaux et forêts d'Angoumois.

Plus de deux cents ans après lui, un de ses petits-neveux, comme lui magistrat, devait aussi manier la plume, à ses moments de loisir, avec un esprit et un enjouement rares ; et l'auteur de ces notes biographiques ose espérer qu'après avoir fait revivre ces existences, pour la plupart ignorées, on ne lui refusera pas de prendre à la suite de ces derniers, une place, si effacée qu'elle soit.

Nous sommes heureux d'avoir à constater aussi que les La Charlonnie, dont le dévouement aux Bourbons s'est toujours montré aussi ardent, sont également demeurés inébranlables dans leur foi religieuse, malgré les nombreux exemples de défection et sans doute les sollicitations qui auraient pu les circonvenir dans une contrée, où la présence de Calvin, en 1533, chez son ami du Tillet, alors qu'il n'était plus en sûreté à Paris, donna tant d'adeptes à la nouvelle religion dans les familles de marque.

Commencées dans les derniers mois de 1887, les recherches qu'a exigées cette notice ont été pour nous, pendant cinq années, une distraction plutôt qu'un pénible labeur. Peu d'études, du reste, sont à coup sûr aussi attrayantes que celles dont le but est de retrouver ceux de qui nous tenons l'existence, malgré l'opinion de P.-D. Rainguet qui, dans ses *Études sur l'arrondissement de Jonzac*, traite de fastidieuses [illegible] devant lesquelles ne recula pas Léon de [illegible], pour son travail de généalogiste sur sa maison et [illegible] des gentilshommes de la Saintonge et du Poitou. Si [illegible] ingénieux de l'archéologue se pâme d'aise, extase que nous ne partagerons jamais, en croyant découvrir dans un tesson de la plus vulgaire poterie un fragment du lacrymatoire nocturne d'une célébrité des temps anciens, relique précieuse en effet ! quelle joie bien autrement fondée éprouve celui qui, après de longues et pénibles fouilles, finit par renouer les anneaux d'une filiation qui le touche ! Nous ajouterons, à ce propos, qu'il est regrettable qu'on ne se soucie pas plus, généralement, de protéger de cette façon ses ancêtres contre l'éternel oubli. Est-il donc besoin pour cela de descendre des Montmorency, les premiers barons de France ? Une honorabilité séculaire, si modeste qu'elle soit, constitue des titres suffisants pour être fier de ses devanciers.

Dans un opuscule que vient de faire paraître M. le comte de Cornulier-Lucinière sur l'utilité de ces annales domestiques [1], il est dit, en effet, que « les généalogies des hommes ayant marqué d'une manière extraordinaire ne sont pas les seules qui méritent d'être conservées. La famille qui a le mieux mérité de la patrie n'est pas celle qui a produit un héros d'aventure, mais celle où les services ont été héréditaires, bien que d'un ordre moins brillant. »

On tient la jeunesse pendant des années sur les bancs de l'école pour lui apprendre l'histoire générale de son pays et des autres peuples ; n'est-il pas également nécessaire que chacun connaisse l'histoire particulière de sa famille ! C'est ce même sentiment qui fait dire encore à M. de Cornulier que « les sociétés humaines ne vivent pas uniquement du présent ; qu'il leur importe de savoir d'où elles viennent, pour savoir où elles vont. Il est commandé, ajoute-t-il, d'honorer ses auteurs ; le meilleur moyen d'accomplir ce précepte est de les faire connaître, en rappelant ce qu'ils ont pensé et exécuté. L'histoire de la famille est celle qui présente l'intérêt le plus direct pour ses membres. Quelle leçon plus profitable pour des descendants, qui en ressentent les effets, que l'exposé des actes et comportements de leurs ancêtres ? L'impression est immédiate ; c'est de l'expérience anticipée. »

M. Joseph Berthelé, archiviste de l'Hérault, a dit pareillement [2] : « Les archives de la famille ne sont pas seulement un précieux et glorieux souvenir, c'est un vaste corps de doctrine où l'on continue les leçons de ses ancêtres. »

Rappelons enfin la pensée que nous avons empruntée à Cicéron pour l'épigraphe de ce volume : *Optimum est habere monumentum majorum.*

C'est donc avec un réel plaisir que nous avons poursuivi notre tâche, qui a ainsi procuré une agréable diversion aux en-

---

1. *Des généalogies, leur utilité domestique et sociale*, par M. le comte Ernest de Cornulier-Lucinière. 1892.

2. *Revue poitevine et saintongeaise*, du 15 octobre 1891.

nuis d'une carrière pour laquelle nous ne nous sommes jamais connu qu'un amour très limité, dans ces derniers temps surtout. Nous y avons également gagné de salutaires passe-temps, après avoir été inconsolablement frappé par la perte irréparable de notre mère, notre collaboratrice précieuse à tant de titres !

Perfectible comme tous les travaux de l'espèce, celui-ci, s'il est exempt d'erreurs, réserve faite des points douteux signalés, pourra, et c'est là notre souhait, devenir plus complet, grâce aux renseignements nouveaux qu'amènera la continuation des recherches. En effet, ainsi que nous le disait un jour notre président de la société des *Archives historiques de Saintonge et d'Aunis*, M. Audiat, un grand maître en la matière et auquel nous sommes heureux de renouveler ici nos remerciements pour son concours expérimenté, il y a lieu de remarquer que c'est parfois à l'heure des impressions décevantes, causées par de vaines tentatives regardées d'abord comme devant être fructueuses, que la lumière vient subitement éclairer les questions obscures, même complètement noyées dans l'ombre, et cela fortuitement et à l'aide de moyens tout simples et, par cela même, négligés jusqu'alors. *Nil desperandum*, a dit le vieil Horace, pour raviver la confiance de ceux qui, par leur caractère et leur tempérament, sont trop enclins aux défaillances, et il a eu raison. Cela pour encourager les débutants malheureux dans la voie des fouilles à travers les champs du passé.

Chacun des renseignements donnés comme certains dans le cours de cette relation généalogique ne saurait donc être mis en doute. Puisés aux sources les plus sûres, ils ont été scrupuleusement reproduits tels quels et sans les moindres frais d'imagination, de semblables études ne pouvant que perdre en entrant dans le domaine du roman.

Les papiers de famille, les anciens registres des paroisses et les archives départementales, ainsi que celles des ministères de la guerre, de la marine, de la justice, de l'hôtel des Invalides, de la chancellerie de la légion d'honneur, et de la bibliothèque nationale ont fourni l'ensemble des documents. Il en a été aussi découvert de très précieux dans l'*Histoire de l'infanterie et de la cavalerie françaises*, par le général Susane, dans *Le château d'Ardenne*, de M. l'abbé Tricoire, dans les publications des *Archives historiques de Saintonge et d'Aunis*, ainsi que dans Vigier de La Pile et les nobiliaires et armoriaux des auteurs les plus autorisés, d'Hozier, Courcelles, La Chesnaye-Desbois, Nadaud, Saint-Allais, Beauchet-Filleau et autres. « Que si, avec tout cela, je ne descris les choses que maigrement et à demy », comme écrit François de Corlieu, l'allié des La Charlonnie cité plus haut, dans la dédicace de son *Histoire d'Engolesme*, que nous avons aussi très fructueusement consultée, « suffise que j'ay mieux aimé rapporter fidèlement ce peu que j'en ai trouvé, que, pour leur estre plus agréable, remplir de mensonges impudemment les fenestres de mon livre. »

Nous ne saurions mieux terminer cette introduction qu'en rappelant ici l'expression de toute notre gratitude aux maîtres en l'art de fouiller le passé qui ont mis si obligeamment à notre disposition des services dont nous avons souvent abusé, ce pourquoi nous leur demandons encore pardon : entre autres MM. l'abbé Tricoire, curé de Moulidars, et notre très érudit président, M. Audiat, déjà nommé ; l'abbé David, curé de Mérignac, l'abbé Denise, curé-doyen de Rouillac, l'abbé Texier, curé de Bassac, le marquis de Bremond d'Ars-Migré, le marquis de Livron, le comte de Magnac, Paul de Fleury, Leroux et Richard, archivistes de la Charente, de la Haute-Vienne et de la Vienne, de Lacroix, bibliothécaire de Cognac, de La Quintinie, Maurice de Jarnac de Gardépée.

Nous devons aussi bien des remerciements à MM. les secrétaires des mairies, qui, malgré l'aridité des recherches dans les grimoires des vieux états civils, nous ont donné partout leur empressé concours. Toutefois, un fâcheux souvenir nous revient à l'endroit d'un seul de ces intelligents collaborateurs, et, comme l'affaire présente un côté qui ne manque pas de comique, qu'il nous soit permis d'en parler.

Il s'agissait d'un règlement d'honoraires ; le mandat-poste, que nous avions expédié pour dix copies d'actes, se trouva très au-dessous des prétentions de notre correspondant, qui nous le retourna, en tarifant à 2 francs l'heure le temps employé, soit une somme de 64 francs (!). Les termes un peu lestes de sa missive nous firent adresser notre réponse à M. le maire lui-même, avec prière d'accepter pour les pauvres de sa commune le montant de notre envoi, dans le cas d'un refus qui semblait bien arrêté. Cet honorable magistrat municipal, qui ne voit sans nul doute que par les yeux de son secrétaire, nous informa qu'il avait soumis la question au conseil, « dont plusieurs membres ne sont pas les premiers venus » (et les autres !) et qui avait déclaré qu'une rémunération de plus de 40 francs semblait due.

A notre renvoi tout naturel du mandat voyageur, qui, du reste, n'en avait pas fini avec ses va-et-vient, M. le maire répondit par l'avis du refus persistant de notre obstiné collaborateur.

Enfin, clôture du différend par une dernière riposte de notre part dans laquelle nous avons cherché à faire comprendre à M. le maire qu'il était plus que temps de mettre fin à une correspondance frisant le ridicule pour tous deux. Son silence nous a prouvé qu'il avait compris.

Cet incident, qui, nous le répétons, a été l'unique de l'espèce, n'a fait qu'accroître notre gratitude pour les zélés concours, parfois tout à fait gracieux, rencontrés partout ailleurs.

Nous avons toutes raisons de ne pas oublier non plus ceux que nous a largement prodigués la famille, à l'égard de laquelle nos remerciements demeurent aussi vifs que notre amitié est vraie.

LES LA CHARLONNIE

ÉCUYERS, CHEVALIERS

SIEURS ET SEIGNEURS DE BORDS, LA VERGNE, NOUËRE, COGULET, LISTRAT
LE PARC, LE MAINE-GAIGNAUD, REILLAC, PUYER, LA SOUTIÈRE,
LA MAURINIE, LANS, LES MARREAUX, VILLARS-MARANGE,
FLAYAT, ENTREROCHE, CHAMBES, NANCLAS,
MONJOURDAIN, LE FIGUIER, BOURLION,
LES GARENNES, FOUSSANT.

I

**Berceau de la famille. — Son nom, son anoblissement et ses armes.
Ses branches.**

La petite ville de Chabanais, si pittoresque avec sa rivière toute charmante et son château aux tant vieilles tours, naguère encore propriété des descendants de Colbert, dans la personne du général du même nom, *marquis* de Chabanais, serait, d'après Vigier de La Pile, le berceau des La Charlonnie, que nous y trouverons au XVIe siècle, en même temps que dans la paroisse voisine de Grenord l'Eau. On voit encore l'antique logis qui fut le leur, durant de longues années sans doute; M. de La Quintinie, dont nous ne saurions oublier le gracieux accueil, lors de notre trop court séjour en octobre 1890, nous l'a montré à quelques pas de sa demeure.

Sans vouloir combattre une assertion que le pays d'origine de son auteur, la date de son existence et ses travaux généalogiques sont autant de raisons qui l'appuient, il y a lieu, toutefois, de l'admettre avec réserves, bien qu'elle soit aussi corroborée par la tradition conservée dans la famille et justifiée par ses archives. Si, en effet, les traces les plus anciennes du nom retrouvées à Chabanais datent de 1540, on en relève aussi en l'année 1489 à Limoges. Cependant nous n'assurons pas pour cela que le Limousin soit plutôt le berceau de nos ascendants. D'abord, la distance qui sépare les deux époques n'est pas si grande; d'autre part, Limoges a eu de tout temps une importance autre que celle de Chabanais, importance qui entraînait dans l'enregistrement et la conservation des actes aussi bien de l'état religieux que des notaires et tabellions, les soins souvent méconnus dans les petites localités, et pourtant nous n'y avons fait qu'une bien maigre récolte des souvenirs qui nous intéressent. Jusqu'à preuve assurée du contraire, nous nous en tiendrons donc au sentiment de Vigier de La Pile.

Le nom de *La Charlonnie* ne s'est pas orthographié de tout temps comme aujourd'hui. Cette dernière manière apparaît vers le commencement du XVIIe siècle; antérieurement il ne prenait qu'un seul *n* et un *y* à la place de l'*i* (*de La Charlonye*). La branche de Martial a toujours écrit son nom avec un seul *n*. Des différences plus marquées sont à signaler : les archives de la Haute-Vienne parlent d'un *Guillaume Charlony*, notaire de 1535, voire d'un *Charlonnia*, semblablement prénommé et aussi notaire, ainsi que d'un *Jean de Charlonnia*, contrôleur, en 1561, des deniers à Limoges.

Les modifications de cette nature ne sauraient nous surprendre. Elles ne sont pas rares, en effet, aussi bien pour les mots désignant les choses, les qualités, que pour les noms des personnes. Tout se modernise; c'est la loi commune et dont l'application est parfois regrettable. Il n'apparait pas non plus qu'elles soient de nature à imposer une origine limousine à la famille. Ces noms, probablement autres dans des temps plus reculés, ont pu prendre ainsi cette odeur indéniable de terroir, après l'arrivée dans le pays de Limoges, sinon de suite pour ceux qui les portaient, mais pour leurs descendants.

Le nom de *La Charlonnie* a-t-il été l'appellation patronymique de la famille dès le principe, ou bien la dénomination antérieure d'un fief? Les dictionnaires topographiques de la Charente, de la Haute-Vienne, de la Creuse et de la Corrèze ne nous ont rien révélé à cet endroit. Peut-être ce nom, qui a tout l'aspect de celui d'un lieu, terre, hameau ou village, après avoir été pris par la famille, a-t-il depuis longtemps disparu pour le fief qui l'a porté, ainsi que cela s'est vu fréquemment, comme il était également condamné à s'éteindre parmi nous. S'il en est ainsi, tout espoir de faire la lumière sur ce point doit être oublié.

La même incertitude ne plane pas sur la date de l'anoblissement des La Charlonnie; elle est assurément celle de l'entrée, en 1578, de Martial dans l'échevinage d'Angoulême, attendu qu'avant lui aucun autre n'apparait pourvu d'une qualification nobiliaire. Et c'est pour cette raison tout à fait probante que *Pierre*, sieur de Bords, qualifié écuyer dans un acte de 1651 [1], et décédé en 1647, doit être mis au nombre de ses enfants.

Les armoiries de la famille sont représentées par trois blasons, que différencie, comme dans les diverses branches d'autres maisons, la seule disposition des pièces principales, qui demeurent les mêmes pour les trois écus.

---

1. Dans une instance dirigée, à la date du 26 août 1651, par *Annet de La Charlonnie*, écuyer, sieur de Reillac, contre Gabriel Manigaud, écuyer, sieur de Château-Régnaud, le père d'*Annet*, feu *Pierre*, sieur de Bords, est dit écuyer. (Archives de la Charente. Présidial: sentences).

Gustave Babinet de Rencogne, archiviste de la Charente, dans sa plaquette du testament de *Gabriel de La Charlonie*, dit que, d'après une note et un dessin envoyés à Eusèbe Castaigne, bibliothécaire d'Angoulême en 1866, par Ardent, archiviste de la Haute-Vienne, les La Charlonye portent : *Fascé d'azur et d'or de 6 pièces; au cherron aussi d'or brochant; à 6 étoiles d'or, 3 en chef et 3 en pointe.* Ce blason doit être celui donné à Martial, auquel les La Charlonnie doivent leurs lettres de noblesse, comme il vient d'être dit.

D'autre part, d'après les documents consultés à la bibliothèque nationale [1], *La Charlonnie,* seigneur d'Entreroche, portait : *D'azur à la fasce d'or, au cherron accompagné de 3 estoiles aussi d'or en chef et de même en pointe.* M. l'abbé Tricoire, dans son ouvrage sur le *Château d'Ardenne*, annonce que ce blason était également celui de *Philippe de La Charlonnie*, seigneur de Nanclas, mort en 1782 : ce qui est tout naturel, ce dernier étant le petit-fils du seigneur d'Entreroche.

Enfin, un troisième blason est : *Coupé, d'azur en chef, au chevron d'argent accompagné de 3 estoiles du même, et de gueules en pointe, au cherron d'or accompagné de 3 estoiles d'argent, à la fasce d'or brochant.* Au-dessous de chacun de ces deux derniers blasons se trouve placée une croix de chevalier de Saint-Louis soutenue par son ruban, suivant l'autorisation de l'édit royal donné, en mars 1694, pour rendre « plus glorieuses et plus sensibles ces marques de distinction, dont le témoignage pouvait être par ce moyen transmis à la postérité ».

Des armes tout autres existent dans l'armorial du Limousin de d'Hozier, où nous trouvons *N. de La Charlonie*, l'aîné, escuyer : *De sinople, semé d'annelets d'argent, à un héliotrope d'or tigé et feuillé de même, mourant de la pointe de*

---

1. Pièces originales. Vol. 681, cote 15.930 ; *De La Charlonnie.*

l'escu. Nous ne savons que penser de ces armes, sinon que leur authenticité parait très douteuse, en raison surtout du peu de valeur, comme preuve, de l'armorial de 1696 qui les relate. M. le marquis de Bremond d'Ars-Migré, qui a bien voulu nous exposer son avis sur ce point, les considère « comme tout à fait de fantaisie et simplement bonnes à classer dans la catégorie d'emblèmes bizarres, sorte de mauvais rébus ». Nous ne retiendrons donc que les trois blasons analysés plus haut, d'autant qu'ils trouvent leur place dans les branches de la famille.

Le premier, nous l'avons dit, doit être celui donné à MARTIAL lors de son anoblissement, en 1578, et transmis à son fils aîné, *Gabriel*, tandis que *Pierre*, sieur de Bords, prit le second que nous venons de voir porté par deux de ses descendants, le seigneur d'Entreroche et *Philippe de Nanclas.* Quant au troisième, c'est celui de la branche de *Villars*, dont nous indiquerons plus loin le chef, comme nous l'avons fait pour MARTIAL et *Pierre.* Mais il nous faut d'abord mentionner par ordre chronologique les noms des sujets, qui les ont précédés ou suivis et auxquels il n'a pas été possible encore d'assigner leur place vraie dans cette généalogie.

C'est d'abord *Pierre de La Charlonye*, clerc de chancellerie à Limoges, marié à Jeannette N. et qui, en 1489, fait avec Eustache de Janeilhac, bourgeois de Limoges, l'échange d'une rente d'un setier de froment assise sur une vigne à lui appartenant ainsi qu'à sa femme, contre une rente de 5 sols assise sur une maison du faubourg Montmailler et appartenant audit de Janeilhac.

Un autre *Pierre*, son frère sans doute, qui était en 1499 notaire à Limoges. Des procédures ont dû être engagées contre lui, Aymeric Le Blanc, Bernard Boisseuil et autres co-tenanciers, au sujet du payement de rentes dues, sur le clos de Beaupeyrat ou des Orneys, à la confrérie de Notre-Dame du Puy.

Ensuite *Antoine de La Charlonie*, qui donnait, le 28 février 1512, quittance de ses gages de commissaire du roy en l'élection d'Angoulême, c'est-à-dire qu'il représentait les intérêts du souverain dans les causes portées devant le tribunal de ladite élection, en matière d'impositions. Ce reçu classé à la bibliothèque nationale [1] est la seule pièce qui nous ait révélé son existence.

Nadaud, dans son *Nobiliaire du diocèse et de la généralité de Limoges*, publié par M. l'abbé Lecler, indique comme figurant dans le nécrologe de La Courtine [2], le décès, à la date du 12 mars 1551, de honorable homme *Guillaume de Charlonye*. Malheureusement c'est tout ce qu'il en dit, et nos recherches, aussi bien dans le registre paroissial de cette localité que dans les archives de la Creuse, n'ont rien appris de plus.

Jehan de La Charlonnie, greffier de Chabanais, vend, en 1540, à André de Buat un pressoir et une vigne sis aux Casseaux.

Un autre *Jean*, probablement fils ou petit-fils de *Pierre*, le clerc de chancellerie de 1489, à en juger par le rappel suivant du clos de Beaupeyrat, cède, en 1552, 11 sols de rente sur la vigne déjà connue aussi dudit clos, laquelle vigne confrontait à la terre de feu Me Aymeric Le Blanc pareillement déjà cité.

Nous voyons aussi qu'étant contrôleur des deniers à Limoges, il fut, en 1582 et 1589, l'objet de procédures à propos du payement des rentes dues à l'hôpital de Saint-Gérald sur ce même clos de Beaupeyrat ou des Orneys.

Viennent ensuite : *Guillaume de La Charlony*, notaire et greffier de MM. les élus à Limoges, en 1525, tenancier de l'hôpital Saint-Martial de cette ville;

Anne de La Charlonnye, qui, avec Marie Cybert, intente, en 1608, un procès au criminel contre Nicolas Fagou,

---

1. Pièces originales. Vol. 681, cote 15.939.
2. La Courtine, commune du département de la Creuse.

accusé de troubles et blessures dans la paroisse de Massignac;

Pierre de La Charlonnie, consul de Rochechouart en 1616;

Léonard de La Charlonye, marié à Louise Dubois, contre laquelle, en 1610, alors qu'elle était veuve, furent dirigées des procédures pour le payement des rentes dues sur le clos Lanseccot, alias de Las Touzas.

Certains de nos honorables ascendants, soit dit entre parenthèse, semblent s'être fait pas mal prier pour l'acquittement de leurs redevances.

Jean de La Charlonye, sieur de Listrat, habitant du bourg de Grenord l'Eau, qui achète, le 24 septembre 1620, à *Pierre de La Charlonnye*, de Chabanais, une rente de 3 setiers de froment, 9 sols et 3 gelines, assise sur le moulin de Cacherapt, en ladite paroisse de Grenord l'Eau, moyennant 150 livres tournois; dans un acte de Me Martin, notaire royal à Angoulême, *Pierre de La Charlonnye* est dit adjudicataire des biens du sieur de Listrat [1];

Jean, licencié en droit, juge et sénéchal de la principauté de Chabanais en 1608, qui rend, le 10 novembre 1626, une sentence contre Jean Rampnoulx, notaire et procureur de la cour, Jean Vigneron, Léonard de Tisseuil, Léonard Plumant, sieur de La Bertrandye, l'un des cent gentilshommes du roy, François Laurens et autres tenanciers du seigneur de Chabanais, condamnés à fournir d'autres déclarations des lieux et reconnaissances des rentes qu'ils tenaient aux villages de La Rapidie, de La Salmonye, aux mas de La Garlie, de Villeparaix, de Las Tieras et de Vantoyrat, dans les paroisses de Chirac, Pussignac et Chabrac;

André de La Charlonnie, sieur de La Maurinie, qui est parrain à Chabanais, le 13 mai 1644, avec demoiselle Gaulter, d'André Duval, fils de Me Jacques Duval, juge

---

1. Archives de la Charente.

lieutenant de Chabanais, et de dame Anne de La Quintinie;

Pierre de La Charlonnye, qui, en 1647, le 2 septembre, épouse Anne du Boultour.

Nous recueillons aussi dans les *Nouveaux documents historiques sur la Marche et le Limousin*, de M. Leroux, un sieur *de La Charlonnye*, membre, en 1653, de la compagnie du Saint-Sacrement de Limoges.

Enfin, presque cent années après, en 1739, existait dans cette même ville, une dame *de La Charlonye*. Pareille rencontre nous a fait, à juste titre, supposer que le nom avait pu être représenté depuis dans le Limousin et qu'il l'était peut-être de nos jours. Nos doutes n'ont pas longtemps subsisté, grâce à l'obligeance de M. Leroux, qui a bien voulu nous faire connaître, en effet, que l'annuaire du Limousin ne portait aucune trace des La Charlonnie et que les personnes fort au courant des choses du pays, interrogées à ce propos, ont été unanimes pour assurer que le nom n'existait plus dans la province.

Il résultait de ce qui vient d'être dit que les *La Charlonnie de Villars* paraissaient être les derniers représentants du nom et cette croyance existait encore dans notre esprit, lorsqu'au moment de livrer ces pages à l'impression, nous apprîmes qu'en 1866, lors de la publication du testament de *Gabriel de La Charlonye*, un M. Delacharlonny, de Saint-Quentin, avait demandé à Angoulême des renseignements sur la famille.

La seule réponse qui fut adressée avait clos l'incident, que cette découverte, tout à fait imprévue pour nous, fit naturellement renaître. Nous avons donc écrit, à notre tour, à M. Delacharlonny, et à l'aide des indications qui nous ont été fournies, avec un empressement et une obligeance dont nous sommes très reconnaissant, et par la famille et par M. le chef du bureau de l'état civil de Saint-Quentin, il n'a pu être établi que les Delacharlonny de Picardie sont une branche de ceux de l'Angoumois.

Le premier de la filiation est N. Delacharlonie (le nom s'écrivait alors ainsi), marié à Marguerite-Anne Bouron, décédée le 14 mai 1722. Son fils, Jean, qui vit le jour en 1670 et mourut en 1745, à Hirson, où il avait épousé Marie-Anne Robitaille, habitait Paris, paroisse Saint-Eustache, en 1711, 1715 et 1717, lors de la naissance de chacun de ses enfants : 1° Marie-Anne, 2° Jean-Jacques, 3° Jeanne-Françoise. Jean-Jacques se fixa à Saint-Quentin en 1747, et y continua la descendance par son union, en 1748, avec Elisabeth-Josèphe-Françoise d'Origny.

Comme on le reconnaîtra, ces données, pas plus que celles fournies par la suite des descendants, dont les derniers habitent Noyon depuis 1873, ne font la lumière sur le point qui nous intéresse. Mais les armes de la famille, par leur analogie avec celles des La Charlonnie d'Angoumois, surtout de la branche des sieurs de Bords, par la suite seigneurs d'Entreroche, et qui sont décrites plus haut, militeraient en faveur d'une même origine. La famille possède, en effet, deux cachets, très vieux et partant un peu frustes, l'un surtout et qui reproduit deux blasons. Le premier est Delacharlonny : *De..... à 2 chevrons de..... en chef une merlette de..... accompagnée de 2 étoiles de..... une 3e étoile de..... placée au sommet du 2e chevron, et, en pointe, un héliotrope* de..... (plutôt une rose), *tigée et feuillée de.....*

Le second, qui vient d'une alliance ne rappelant aucune de celles des La Charlonnie angoumoisins, montre : *Un animal passant* (cheval, cerf ou daim), *un oiseau en chef et un franc quartier.*

L'autre cachet est celui des d'Origny. L'écu en losange présente : *D'azur à 2 bars adossés d'or, surmontés d'un croissant d'argent.*

En résumé, le doute subsiste; aussi, ne saurions-nous faire autrement figurer dans notre travail les Delacharlonny de Picardie.

Dans la succession des grands-parents cités plus haut et

comme perdus parmi les autres, nous avons omis, pour en parler maintenant, celui que nous croyons tenir la tête de la filiation, LOUIS DE LA CHARLONYE, qui épousa Anne Singarreau, veuve en 1579. Leur fils, JOSEPH, sieur de Cogulet, dont il est parlé dans deux sentences du présidial d'Angoumois des 16 mars et 17 avril 1581, devait avoir trois frères : 1° *Charles*, sieur de Nouère, avocat au présidial en 1605; 2° MARTIAL, conseiller de la maison de ville en 1578, et antérieurement sénéchal de Chabanais; 3° *Jehan*, licencié en droit, déjà cité, et qui lui succéda dans cette dernière magistrature.

De ces quatre enfants, *Charles* ne paraît pas avoir fait souche et *Jehan* a dû être le père de noble homme *de La Charlonye*, conseiller du roy élu en l'élection d'Angoumois, et qui eut, le 8 avril 1630, de sa femme, damoiselle Jacquisseron, *Pierre de La Charlonye*. Restent : MARTIAL, dont la branche aînée s'éteindra dès la seconde génération, tandis que la cadette subsistera jusqu'en 1787, et JOSEPH, qui devait donner le jour aux *La Charlonnie de Villars*.

II

Branche de Martial de La Charlonye, écuyer, sieur de Nouère et de La Vergne.

MARTIAL DE LA CHARLONYE naquit, vers 1530, à Chabanais. Son père, nous l'avons dit, devait être LOUIS DE LA CHARLONYE, décédé avant le 14 août 1579. A cette date, en effet, sa veuve, Anne Singarreau, était en instance devant le présidial d'Angoumois pour une cause que nous ignorons.

Anne Singarreau, de la famille de laquelle nous n'avons découvert aucune trace dans les registres paroissiaux de Chabanais et de Grenord, était vraisemblablement parente des Singarreau qui, en 1522, donnèrent à la maison de ville d'Angoulême un échevin prénommé Simon; car, en parlant de ce dernier, Vigier de La Pile mentionne qu'il existait « du côté de Confolens » d'autres Singarreau, sur lesquels aucun mémoire ne lui avait été fourni pour son *Histoire de l'Angoumois*.

Anne mourut dans les premiers mois de 1581. La preuve en est fournie par une sentence du présidial du 7 avril de ladite année.

MARTIAL était sénéchal de Chabanais, et, en même temps, avocat au présidial d'Angoumois. Il est désigné avec cette double qualité dans un contrat de mariage du 6 février 1581. De plus, un hommage et dénombrement du 3 février 1598, rendu au duc d'Épernon pour la seigneurie des Courades, par Marie de La Porte, veuve d'Aymar de Lestang, écuyer, nous apprend qu'il exerçait aussi la magistrature de juge des seigneuries d'Anjac et de Vibrac-Charente. Cette pièce, qu'a bien voulu nous communiquer M. l'abbé Tricoire, est en effet approuvée par « Raymond de Forgues, escuyer, sieur dudit lieu, et noble homme MARTIAL DE LA CHARLONYE, sieur de Nouëre, séneschal des terres et seigneuries d'Anjac et de Vibrac-Charente, commissaires depputés en ceste partie » par le duc d'Épernon. Sa signature est d'un trop réel intérêt pour ne pas la reproduire ici :

Vigier de La Pile écrit que MARTIAL était « un habile avocat »; aussi, son talent d'orateur, ses capacités comme magistrat judiciaire et l'honorabilité de son nom le désignèrent-ils, en 1578, pour l'office de conseiller de l'échevinage d'Angoulême, composé, à cette époque, d'un maire, de douze échevins, d'un nombre égal de conseillers et de soixante-quinze pairs. C'est cette magistrature qui lui valut ses lettres de noblesse.

Ce privilège octroyé à la ville par Charles V, « pour avoir chassé les anglais et s'être remise soubs son obéissance, l'an 1373 », subit, par la suite, des modifications diverses. Louis XII, par ses lettres du 10 juin 1507, accorda seulement à vingt-cinq de ces magistrats la noblesse héréditaire, « sans payer aucune finance et avec pouvoir de tenir fief et de parvenir à l'ordre de chevalerie ».

François Ier, sans doute par affection pour le pays qui l'avait vu naître, augmenta considérablement ces privilèges par ses lettres de décembre 1526, du 7 du même mois de l'année d'après et du 2 avril 1537. Mais, par édit de Louis XIV de mars 1667, la mairie annuelle et la noblesse des échevins et conseillers furent supprimées. En juillet 1673, le roi revint en partie sur cette décision, en concédant la noblesse au maire seul pour lui et ses enfants nés et à naître en légitime mariage, à condition d'exercer trois ans de suite. Cette restriction fut rapportée plus tard en faveur des vingt-cinq magistrats privilégiés par Louis XII; mais, le 25 octobre 1719, le roi la reprit et cet état de choses paraît avoir duré jusqu'à la révolution.

Les pouvoirs du maire étaient très étendus et son prestige n'était pas moins grand. En l'absence du gouverneur, on ne reconnaissait pour chef que lui. Il baillait le mot, commandait comme capitaine de la cité et avait le pas dans la ville sur toute la noblesse. Il sera parlé plus loin d'un petit-neveu par alliance de MARTIAL DE LA CHARLONYE, Pierre de Labatud, seigneur du Maine-Gaignaud et des Parcauds, qui fut investi, en 1754, 1755 et 1756, de la première magistrature d'Angoulême.

La maison de ville, sans les pairs, était, en l'année où MARTIAL commença à en faire partie, ainsi composée :

François Redond, écuyer, sieur de Boisbedeuil, maire du 21 mars, receveur du taillon.

Echevins : Louis Estivalle, qui avait été maire en 1535; Mathurin Martin, seigneur d'Andreville, conseiller, garde des sceaux du présidial, maire en 1573; Michel Constantin, advocat du roy, maire en 1564; Pierre Janvier, sieur du Maine-Blanc, lieutenant particulier; François Nesmond, lieutenant général, magistrat fort habile et très estimé; François Terrasson, sieur de Cheneuzac en Linars, docteur en médecine, maire en 1553, puis conseiller et échevin jusqu'en 1580: il avait épousé Françoise Janvier; Nicolas Ytier, sieur de La Boissière, maire en 1571; François de Voyon, maire en 1572; François Nesmond, frère du précédent, seigneur de Maillou, Les Courades, La Nérole et Mainxe, « conseiller du roy en son conseil d'estat, président en sa court de parlement de Bordeaux »; François Boessot, sieur de Vouillac, juge prévost; François Gélinard, escuyer, sieur de Malaville, Saint-

Hermine, La Bouchardière, Saint-Paul et autres lieux, maître des comptes à Paris depuis 1561 : il s'était marié en 1557 à Anne de Livenne; François de La Combe, maire en 1565.

Conseillers : Jean de Paris; Pierre Mongeon; Jacques Nogerée; Pierre Boutin, sieur de Tartasonne; François Vabre; Cibard Tizon, chevalier, seigneur d'Argence et de Fissac; Estienne Maquelilan; Pierre Gandillaud; Martial Juglard, avocat; Jean Vergnaud, sieur de Fontorbières; Hector Robin; MARTIAL DE LA CHARLONNYE.

Lorsqu'il quitta l'échevinage, en 1606, il y avait sept années qu'il en était le plus ancien conseiller. Il était aussi le « premier et le doyen des avocats au présidial », ainsi que l'indique un acte notarié du 3 juillet 1606. Cette qualification de « premier avocat » veut-elle dire qu'il était le bâtonnier moderne de l'ordre ? Nous le pensons, sans, toutefois, en avoir la certitude.

Un autre document, dans lequel il est parlé de lui, nous semble de quelque intérêt, en raison du nom tristement connu qu'il rappelle. Il s'agit d'une quittance de remboursement de rente, à la date du 9 mai 1593, donnée par François Dumas, procureur au présidial, comme ayant pouvoir de demoiselle Claude de Livenne, dame de Mairé et de Montbreuil, à sire Patrice Penot, marchand d'Angoulême, comme fils et héritier de défunts Gervais Penot et Françoise Dufossé : acte passé en présence de Me MARTIAL DE LA CHARLONNIE, sieur de Nouëre, avocat au présidial, de Me Guillaume Savary, procureur au même siège, et de *Jean Ravaillac*, marchand de la ville. Sans nul doute, ce Ravaillac était de la famille de François Ravaillac, né à Angoulême en 1578, et non au village de Touvre, ainsi que l'indiquent, avec un ensemble parfait, les dictionnaires et encyclopédies, et qui, le 14 mai 1610, frappa Henry IV de deux coups de couteau dans la rue de la Ferronnerie.

Nous retrouvons encore les traces de MARTIAL dans deux autres documents. C'est d'abord une transaction passée à

Angoulême, le 12 novembre 1598, en la maison et hôtellerie de Saint-André, entre dame Marguerite Burgensis, veuve de messire François de La Tour, en son vivant chevalier, seigneur de Saint-Fort, et messire François de Jassac, chevalier, capitaine de cinquante hommes d'armes des ordonnances du roi, gouverneur pour sa majesté de la ville de Cognac, seigneur d'Ambleville, pour affranchir son fils, René, des dettes passives dont son père l'avait laissé chargé. Étaient présents : nobles hommes MARTIAL DE LA CHARLONNIE et Guillaume Davignauld, avocats au présidial d'Angoumois, François Dulong, avocat en parlement de Bordeaux, Yrieix Gentils, écuyer, sieur de Langallerie, et François Dubreuil, écuyer, sieur du Cluzeau.

La seconde pièce en question est un acte passé chez Me Jean Mousnier, le 27 avril 1601, et par lequel Jean Rambaud, sieur de La Rambaudrie, demeurant à Châteauneuf, constitua au profit de Me MARTIAL DE LA CHARLONNIE une rente annuelle et perpétuelle de vingt-huit écus, assise sur tous ses biens [1].

En l'année 1608, dont l'hiver détruisit par la gelée les vignes, les cyprès et les noyers, ainsi que le rappelle Vigier de La Pile, MARTIAL mourut, laissant après lui deux fils et deux filles. Antoine Moreau, sieur du Picot, cy-devant maire, fut élu à sa place, le 10 du mois de novembre.

Avant de parler de son mariage, disons que, vers 1581, il avait acquis, avec son frère *Charles*, avocat au présidial, le fief de Nouère, situé sur la petite rivière de ce nom dans la paroisse d'Asnières. Nous ne saurions indiquer la date à laquelle il fit également l'acquisition de celui de La Vergne en Méac.

MARTIAL avait épousé, vers 1560, Françoise Corlieu, sœur de François Corlieu, écuyer, conseiller du roy et de monseigneur le duc d'Orléans en la sénéchaussée d'Angoumois dès

1. Archives de la Charente.

1544, puis, en 1559, procureur du roy en remplacement de son oncle Robert et conseiller de la maison de ville de 1558 à 1574, marié à Marguerite Tabois de Périllon, dont il n'eut pas d'enfants. « Homme fort curieux et grand amateur de l'antiquité », c'est à lui qu'est due l'*Histoire de la ville et des comtes d'Angoulesmes*, qu'il fit paraître en 1576, l'année où il se noya accidentellement, en traversant à cheval la Charente, au pont de la Meurre.

Comme s'il avait eu le pressentiment de cette fin prochaine, il avait, le 30 novembre 1575, testé en faveur des enfants de ses deux sœurs aux conditions suivantes : « Je donne à damoiselle Jehanne de Corlieu, dame de La Foucaudye, et damoiselle Françoise de Corlieu, femme de maistre MARTIAL DE LA CHARLONNYE, séneschal de Chabannoys, mes seurs, et à chascunes d'elles pour une moictié, tous et chascuns mes biens meubles, acquestz et conquestz immeubles, et ce par préciput et advantage, sans estre tenues en fayre aulcune collation ou rapport à leurs héritiers, à la charge toutesfoys d'acquister pour mesmes portions sur mes dictz meubles et acquestz, ce qui se trouvera estre par moy dheu, y comprenant le mariage de damoyselle Marguerite Taboys, ma femme, en cas de restitution en dot, qui se monte deux mil livres de deniers portés en dot et deux centz cinquante livres que despuis j'ay reçu de son bien, pour composition faicte entre ses frères et moi, pour par mes dictes seurs joyr des dictes choses données, leur vie durant, et après leur déceps ceulx qui seront descendus d'elles, jusques ad ce que Geoffroy du Port, escuyer, filz de ladicte Jehanne, ayt un filz procréé en loyal mariage, auquel cas, apprès le décès toutesfoys de mes dictes seurs, je veulx que toutes icelles choses données reviennent audict fils dudict Geoffroy, à la charge toutesfoys que icelluy filz et ceulx qui descendront de luy, porteront dès lors, en avant et à perpétuité, le nom et armes de Corlieu, sans fraude et déguisement, et sans y mesler aulcune chose de leur nom, fors pour le regard des armes qu'ilz pourront escarteller d'ung canton de celles de leur maison. Et si icelluy Geoffroy décède sans enffens masles, tel que dict est, ou que ledit masle, ou après luy les siens, ne voulussent porter et continuer ledict nom et armes, mais par quelque desguisement fraudassent mon intention, audict cas je veulx que lesdictes choses reviennent à celluy des enffens masles de ladicte Françoyse que bon luy semblera, et si lors n'est vivante, à l'aisné desdictz enffens ou le filz qui la représentera, aux mesmes charges que dessus. Et au cas que ceulx-cy semblablement ne voulussent accepter lesdictes charges ou contrevinssent à mon intention, celuy des filz puyaisnés de ladicte Françoyse qui y voudra acquiescer et par ordre en deffault des masles descendus d'icelle Françoyse, ou audict cas de contravention à ma volonté, viendront lesdictes choses aux filles descendues desdictes Jehanne et Françoyse et aux descendus d'elles, par moictié... F. DE CORLIEU. »

Ces dispositions, ainsi que le fait remarquer M. de Fleury, qui a publié, en 1885, ce testament et à la gracieuseté duquel nous en devons un exemplaire, offrent « l'exemple de la substitution appliquée dans les limites les plus étendues ».

Suivant encore ses dernières volontés, François de Corlieu fut enterré en l'église des Cordeliers « avec une épitaphe honorable », écrit Vigier de La Pile. D'autre part, voici ce que dit de lui Larousse : « François de Corlieu, écrivain et historien du XVIe siècle, d'un style naïf et charmant, auquel nous devons beaucoup de traits de l'histoire d'Angoulême qui eussent été perdus sans lui, est le premier des chroniqueurs angoumoisins qui ait écrit en langue française. »

Une seconde édition de son histoire a été publiée en 1629, par *Gabriel de La Charlonye,* son neveu, qui l'enrichit d'importantes additions.

Françoise et son frère descendaient de Thomas, cadet de la maison de Corlieu, originaire de l'évêché d'Yorck en Angleterre et dont la noble extraction a été reconnue et justifiée par l'attestation donnée, le 6 mars 1547, par ordre d'Édouard VI. De plus, les Corlieu d'Angoumois ont été maintenus dans leur état de gentilshommes, en 1598, par Marsillac et Benoit, commissaires départis pour la vérification des titres de noblesse.

Thomas, qui passa en France, en 1417, avec l'armée du duc de Clarence, venue au secours de Jean de Valois, comte d'Angoulême, aux prises avec le duc de Bourgogne, s'empara du château de Gourville qu'il ne rendit qu'après la soumission de la Guyenne et sous condition qu'il épouserait dame Renote, héritière de la maison du Fresne en Anjou.

De cette union naquit Jean, marié à Lucrèce de Chantplaisant, du pays de la Marche en Limousin, qui donna le jour à François. Celui-ci épousa, le 2 février 1490, Marguerite Loubate. En 1474, il avait été nommé par Charles de Valois, comte d'Angoulême, lieutenant général de la justice en Angoumois. Échevin de 1498 à 1516, il fit, en 1506, partie de la députation envoyée à Tours par devers Louis XII, pour traiter du mariage de Claude de France avec François duc de Valois, comte d'Angoulême, dont les fiançailles furent célébrées le 21 mai de la même année, jour de l'Ascension, et qui fut proclamé roi de France en 1514.

François de Corlieu mourut en mars 1518. Sa femme lui avait donné au moins trois enfants : 1° Jean, qui continua la descendance; 2° Robert, procureur du roi, marié à Marie Pascaud, le 25 mars 1550; 3° François, sieur de Rocherault et de La Fenêtre.

Avocat au siège présidial d'Angoumois, Jean épousa Raimonde de Couillaud, dont il eut : 1° François de Corlieu, l'historien; 2° Jeanne, citée dans le testament de son frère et mariée à Pierre du Port, écuyer, sieur de La Foucaudye; 3° Françoise, l'épouse de MARTIAL.

Nous ajouterons à cette notice sur la maison de Corlieu que, le 6 avril 1890, une descendante du nom, petite-nièce du dernier évêque de Saintes, Pierre-Louis de La Rochefoucauld, massacré, le 2 septembre 1792, aux Carmes, Blanche-Louise-Edmée de Corlieu, est décédée à Saintes. Née à Nantes, le 22 décembre 1823, du chevalier François-Charles de Corlieu, vérificateur des douanes, et de Louise-Françoise de Corlieu de La Beaudie, fille de Joseph, écuyer, et de Jeanne de Salignac de Fénelon, elle était veuve de Henri-Léopold Potier de Pommeroy, chef d'escadrons en retraite, officier de la légion d'honneur. Le dossier de son père, que nous avons retrouvé dans les archives de la direction des douanes de Nantes, dit qu'il était né à Troyes, paroisse de Sainte-Magdeleine, le 18 juillet 1787, et que, le 21 septembre 1830, il donna sa démission, pour ne pas servir sous le nouveau régime.

L'acte de baptême de ce dernier nous apprend qu'il était issu de Pierre-Guillaume de Corlieu, chevalier, garde du corps de sa majesté, chevalier de Saint-Louis, et de dame Marie-Anne-Louise Cadot. Pierre-Guillaume, à son tour, descendait d'Antoine de Corlieu, écuyer, chevalier de Saint-Louis, capitaine au régiment de Monsieur le dauphin, marié, le 10 mars 1768, à Catherine-Hippolyte de La Rochefoucauld-Bayers, sœur de Pierre-Louis et de François-Joseph, évêque de Beauvais et victime, aux côtés de son frère, des égorgeurs de septembre.

En portant plus loin l'ascendance de Blanche-Louise-Edmée de Corlieu, nous retrouvons Martial de La Charlonye. En effet, après son bisaïeul Antoine, vient Joseph, écuyer, seigneur de La Beaudie, marié, le 24 février 1710, à Marie Sauvo, fille de Jean, sieur du Bousquet, conseiller au présidial d'Augoumois, et d'Anne de Ravault; puis Charles, seigneur du Portal, qui épouse, le 6 août 1658, Nicole de Grimoard; après lui, François, sieur de Chantoiseau, marié, le 5 janvier 1626, à Marthe Bourgoing du Portal; et enfin Cybard, conseiller du roi, marié, le 17 février 1570, à Delphine Gentils de Bardines [1], lequel, étant fils de Robert et de

1. Le 8 février 1622, Delphine Gentils, devenue veuve, donna aux maire,

Marie Pascaud, se trouvait être le cousin germain de Françoise de Corlieu, la femme de MARTIAL, de la descendance duquel nous allons maintenant parler.

Françoise, dont la date de la mort n'a pas été retrouvée, mais qui n'existait plus le 13 novembre 1608, suivant un acte du notaire Chaigneau, eut, ainsi qu'il a été dit, quatre enfants : 1° GABRIEL, déjà nommé ; 2° *Pierre* ; 3° *Marguerite* ; 4° *Françoise*. Avant de rapporter ce que nous savons des deux frères et de leurs hoirs, voici d'abord le peu qui a pu être recueilli sur leurs sœurs :

Marguerite de La Charlonye épousa Jean de Saint-Martin, écuyer, sieur de Laugerie, auquel elle donna cinq garçons : 1° Antoine ; 2° Pierre ; 3° Gabriel ; 4° Hippolyte ; 5° Louis. En 1603, elle n'existait plus, ainsi que le prouve la procuration du 23 juillet de ladite année, donnée en blanc par l'aîné de ses enfants, tant pour lui que pour ses frères, à l'effet de les représenter devant le sénéchal de Marcillac, ou son lieutenant, en la cause où le sieur de Verdille est demandeur en criée et subhastation contre Jean de Saint-Martin, écuyer, leur père [1]. Ce dernier suivit de près sa femme dans la tombe ; en 1608, il n'était plus de ce monde.

L'aîné des enfants, Antoine, écuyer, sieur de La Garde, demeurant au village d'Orfeuilles, paroisse de Ranville en Poitou, céda, en 1622, à François Vinsan, sieur de Beauregard, tous les droits qu'il pouvait prétendre dans la succession de son grand-oncle, François de Corlieu [2]. Nous retrouvons encore ses traces dans une procuration qu'il donna, le 9 septembre 1632, aux fins d'ester et comparaître pour lui dans une instance contre GABRIEL DE LA CHARLONYE, son oncle [3].

échevins et pairs d'Angoulême, pour contribuer à la fondation d'un collège de Jésuites en ladite ville, une somme de 3 000 livres à elle due par les héritiers de François et Robert Bouchard, en leur vivant seigneurs d'Aubeterre. (Archives de la Charente. Hélie Chérade, notaire royal à Angoulême).

1. Archives de la Charente. Jean Mousnier, notaire royal à Angoulême.

2-3. Archives de la Charente. Hélie Chérade, notaire royal à Angoulême.

Françoise de La Charlonye fut mariée à Pierre-Horace Bourgoing, qui, pourvu, en 1595, par le duc de Mayenne, d'un office de conseiller juge-magistrat en la sénéchaussée de Poitou, obtint du roi de nouvelles provisions et fut installé, le 3 octobre 1598, par François de Messy, maître des requêtes. Il était issu d'une famille de magistrats de l'échevinage d'Angoulême. En 1587, noble homme Guignard Bourgoing, sieur du Portal, avocat au présidial, son frère sans doute, était maire, puis soubs-maire, en 1589. De 1584 jusqu'en 1587, Pierre-Horace fut lui-même conseiller de la maison de ville. Le 23 juin 1606, il créait avec sa femme une rente de 6 livres 5 sols tournois au profit des Jésuites de Poitiers. Le 6 août suivant, un procès était pendant entre lui et son beau-père, MARTIAL DE LA CHARLONYE. Ce litige avait pour cause la rescision d'une transaction qui n'est spécifiée que par sa date dans la pièce qui parle de l'incident, laquelle existe dans les archives de la Charente [1].

Un fils et une fille naquirent de cette union : 1° François, écuyer, seigeur de La Grande-Barre, qui épousa, le 8 février 1649, Jeanne Viète, veuve de Jean Boucher et née de Nicolas, écuyer, seigneur de La Groie de Pissote, marié, le 6 juin 1609, avec Jeanne Alléaume; 2° Anne, qui, en 1634, était veuve de Jacques Rapin, écuyer, seigneur de La Poictevinière [2].

GABRIEL DE LA CHARLONYE, escuyer, sieur de Nouëre et de La Vergne, naquit vers 1570. Dès 1604, il exerçait l'office de conseiller du roi, juge-prévost royal de la ville et chastellenie d'Angoulême, ainsi que le prouve une quittance de ses gages, donnée en cette qualité le 26 septembre dudit an, laquelle pièce a été retrouvée à la bibliothèque nationale [3]. Il ré-

---

1. Minutes de Chaigneau, notaire royal à Angoulême.

2. *Dictionnaire des familles du Poitou*, par Beauchet-Filleau et Ch. de Chergé, 1891.

3. Pièces originales. Vol. 681, cote 15.939.

signa, le 22 décembre 1629, ledit office en faveur de Me Elie Gandillaud [1] et fut nommé juge-prévost honoraire. Un acte notarié de décembre 1606 le donne également comme procureur du roi, ainsi que lieutenant et juge des eaux et forêts d'Angoumois [2].

Ainsi que le dit Vigier de La Pile, GABRIEL « était fort savant et très curieux, et sa vie fait honneur à la famille ». Pour dépeindre plus longuement et son caractère et ses mérites, nous ne saurions mieux faire que de rappeler ici ce qu'en a écrit, en 1866, Babinet de Rencogne, dans l'introduction du testament si plein d'intérêt de notre grand-parent :

« GABRIEL DE LA CHARLONYE naquit vraisemblablement de 1568 à 1573, car il faut bien admettre qu'il avait au moins de vingt à vingt-cinq ans, lorsqu'en 1593 il publia à Tours ses poésies de jeunesse, *Juvenilia Gab. Calonii, Angolismensis*. La perte d'une grande partie des archives de la prévôté ne nous permet pas d'établir à quelle époque il commença les fonctions de juge-prévost, à quelle époque il les résigna [3]; mais nous sommes assuré qu'il les exerça pendant vingt ans au moins, puisqu'il obtint des *lettres d'honneur*.

» Les affaires heureusement ne le prirent pas tout entier. Malgré les exigences de sa charge, il lui restait encore des heures de loisir, qu'il partageait habilement entre la pratique des lettres, des sciences et des arts, la recherche des livres rares et « les plus exquis », dont il pouvait avoir connaissance, et l'étude approfondie des antiquités de sa province. — Toute sa vie, il aima passionnément la musique,

---

1. Archives de la Charente. Ph. Gibaud, notaire royal à Angoulême.

2. Minutes de Chaigneau, notaire royal à Angoulême.

3. Comme il est dit plus haut, GABRIEL se démit de son office de juge-prévost le 22 décembre 1629 et la quittance retrouvée à la bibliothèque nationale, et dont il vient d'être parlé, prouve qu'il en fut possesseur pendant vingt-cinq années.

qui, paraît-il, lui valut quelques succès. Il nous apprend lui-même qu'il remporta à Saintes un prix de musique consistant en une lame d'argent sur laquelle étaient gravés son nom et ses qualités, et qu'il avait composé en l'honneur de la Sainte-Vierge un motet à sept parties, sur la résurrection de Notre-Seigneur.

» Plein du culte des aïeux, il publia, dès 1597, ses *Engolismenses episcopi*, qu'il fit suivre d'une pièce de vers latins charmants, intitulée *Engolisma*, dans laquelle il déplore les guerres civiles qui avaient ensanglanté sa chère cité. Longtemps après, en 1629, il donna une seconde édition du *Recueil en forme d'histoire* de François de Corlieu [1] avec des commentaires étendus, qui décèlent un critique savant et judicieux [2].

» La vieillesse vint le surprendre à la tâche, au milieu de ses occupations tour à tour graves et plaisantes. Il quitta dès lors, non sans quelques regrets, son siège de magistrat, le plus ancien de la sénéchaussée, et se retira parmi ses livres, les chers compagnons de sa vie, dans son hôtel de la Monette [3], où il vécut entouré de ses petits-enfants, des portraits des membres de sa famille et des instruments de travail qui avaient fait le charme et le délassement de son âge mûr. C'est là qu'il reprit à nouveau et avec amour ses premières recherches sur les *Noms et gestes des évêques d'Engoulême*, et qu'il se prépara en silence, par les pratiques de la charité la mieux entendue, à mourir en bon chrétien.

---

1. François de Corlieu, son oncle, dont il est parlé plus haut.

2. Cette nouvelle édition fut enrichie, en effet, « des privilèges concédés par les rois de France aux habitants d'Angoulesme avec la confirmation et vérification d'iceux, augmentée, en outre, de plusieurs mémoires et annotations qui jusqu'à présent n'avaient esté mis en lumière. »

3. Du temps de Vulgrin, premier comte héréditaire de l'Angoumois, en 866, le roi Charles-le-Chauve fit battre monnaie à Angoulême : c'est l'origine de l'hôtel de la Monette, ainsi nommé par corruption. (Vigier de La Pile, p. XIII).

» Lorsqu'il comprit que le terme fatal approchait, il manda près de lui son notaire [1], « qu'il avait toujours trouvé fidelle aux affaires de sa maison », et lui dicta, le 11 septembre 1646, ses dernières volontés. Par ce testament, il partagea tous ses biens entre ses deux filles [2] et légua aux RR. PP. Jésuites, qui dirigeaient alors le collège de Saint-Louis de la ville [3], les objets qu'il avait le plus affectionnés... »

Nous ne saurions mieux faire que de citer ici les termes mêmes de ce curieux passage du testament :

« En ce qui regarde ma bibliothèque, je la donne aux PP. Jésuites de cette ville, avec les portraits qui sont en icelle, et, outre iceux, celui qui me représente étant en la grande salle de mon hostel. Je leur donne de plus mon horloge, contenant les mouvements du soleil et de la lune ; le prix de musique qui m'avait été envoié de la ville de Xaintes, gravé avec mon nom et mes qualités en une lame d'argent ; mes instruments de mathématiques, mes manuscrits, entr'autres celuy qui est escrit de ma main, contenant les noms et gestes des évesques d'Engolesme, que je désirais faire imprimer pour la seconde édition : à la charge aussi et conditions qu'ils rangeront avec le plus bel ordre qu'il leur sera possible madite bibliothèque, appartenances et dépendances d'icelle, en un lieu éminent, qui sera dit cy-après : *La bibliothèque du sieur de La Charlonye, juge-prévost honoraire d'Engolesme ;* pour l'accroissement et l'embélissement de laquelle je veux que, sur les premiers deniers qui me seront paiés par le sieur et dame de Soufferte, mes débiteurs, ou gens pour eux, il soit pris la somme de 1.800 livres pour établir un fond de 100 livres de rente, qui sera paié annuel-

1. Maistre François Martin.

2. C'est-à-dire entre sa fille cadette et les enfants de l'aînée, décédée alors.

3. Fondé par édit de Louis XIII, « à l'instante supplication du duc d'Épernon, gouverneur d'Angoumois. » (Archives de la Charente, série D. *Collège de Saint-Louis d'Angoulême*).

lement auxdits PP. Jésuites pour employer les plus rares et exquis qu'ils pourront trouver, qui seront mis aussitôt en ma bibliothèque, sans que ladite rente puisse être convertie autre part, ce que je leur deffans expressément et en charge leur conscience. Pour ce de plus qu'on trouvera en madite bibliothèque un motet à sept parties que j'aurais composé sur la ressurrection du fils de Dieu en l'honneur de sa mère, la glorieuse Vierge ; à cette cause, j'exhorte lesdits PP. Jésuites, veu qu'ils ne respirent que sainteté et piété, à ce que, tous les ans, ils le facent chanter le jour de la fête de Pâques, à vêpres ou les octaves d'icelles, par les plus exquises voix que faire se pourra... »

Dans sa préface, Rencogne ajoute que la compagnie de Jésus, chassée de France en 1762, abandonna sous les scellés la plus grande partie des papiers et des livres de GABRIEL. Que sont devenus depuis tous ces souvenirs ?

Nous relevons aussi que la clause ayant trait à la rente de 100 livres parait avoir été négligée dès les premières années qui suivirent le décès du testateur. En effet, de 1647 à 1650, les intéressés durent, pour le payement de ladite somme, procéder en justice contre les héritiers de GABRIEL DE LA CHARLONYE[1].

Certains passages du testament de GABRIEL indiquent qu'il était amateur des belles choses, ainsi que l'a fait aussi remarquer Babinet de Rencogne ; nous en avons une preuve de plus dans le marché qu'il conclut, le 17 mars 1625, avec Jacques Troussevache, marchand tapissier de la ville d'Aubusson, lequel promit de lui fournir, « dans le jour et fête de Saint-Michel prochain, une pièce de tapisserie bien et dheument faicte layne retorsse, rehaussée de fleurs de soix de largeur et hauteur de la cheminée de la grande salle du logis dudict sieur juge-prévost, laquelle dicte pièce sera

1. Archives de la Charente. *Collège Saint-Louis d'Angoulême.*

faicte de mesme estoffe et fabrique qu'est une pièce de tapisserie que ledict Troussevache a présentement délaissée et délivrée entre les mains de Pierre Thuet, maistre brodeur, qui a icelle prinze et s'en est chargé, du consentement desdictes parties, ledict Thuet pour ce présent, et contiendra la susdicte pièce de tapisserie la représentation des trois pellerins allans en Emaux (à Emmaüs), sçavoir Nostre-Seigneur au milieu, avec des rayons sur son chef, au milieu desdicts deulx pellerins, et le surplus en bergerie, payzage et chasse de lièvre... moyennant le prix et somme de 150 livres. »[1]

Ces documents laissent penser que Gabriel de La Charlonye jouissait d'un bel avoir. Le doute à cet endroit n'est plus permis lorsqu'on découvre qu'avec les terres de Nouère et de La Vergne, il possédait également, dans la paroisse de Saint-Yrieix, près Angoulême, la métairie de Font-Chaudière, qu'il vendit, en 1645[2], à Simon de La Gravière, maître chirurgien, et à Catherine Plumet, sa femme, moyennant une rente annuelle seconde et foncière de 200 livres, amortissable pour 5.600 livres. Cette métairie était affermée antérieurement à Robert Vauquentin, marchand, et, à cette occasion, un procès verbal de l'état du lieu avait été dressé en 1636[3]. De plus, une borderie sise près La Chapelle d'Aubezine, paroisse Saint-Martial, et qu'il afferma à Pierre et Geoffroy Garnier, maîtres pâtissiers à Angoulême[4].

Il comptait aussi plusieurs rentes sur les paroisses de Roullet et de Saint-Estèphe, pour lesquelles il passa, en 1613, un bail à ferme, moyennant 55 livres et 6 chapons, avec Jean Salmon, notaire royal à Roullet, ainsi qu'en jouissait avant lui le sieur de La Foucaudie[5].

---

1. Archives de la Charente. Hélie Chérade, notaire royal à Angoulême.
2. Archives de la Charente. Titres de famille. *De La Gravière.*
3. Archives de la Charente. Titres de famille. *De Labatud.*
4. Archives de la Charente. Guillaume Jéhu, notaire royal à Angoulême.
5. Archives de la Charente. Hélie Chérade, notaire royal à Angoulême.

Nous avons également découvert une transaction, en date du 29 décembre 1612, entre lui et Jacques Berthoumé, sieur du Courret, comme tuteur et curateur des enfants mineurs de feu Joachim de La Croix, écuyer, sieur des Ombrais, au sujet d'une rente de 300 livres, autrefois constituée par ledit feu sieur des Ombrais au profit du sieur de Nouëre, à défaut du payement de laquelle ledit sieur de Nouëre aurait fait saisir ladite somme de 300 livres entre les mains de Jacques Pignoux et Hélie de Villemandy, marchands de la ville de La Rochefoucauld, fermiers de la terre et seigneurie des Ombrais [1].

Le pressentiment de sa fin prochaine ne l'avait pas trompé; GABRIEL mourut le 14 novembre 1616. Il s'était marié deux fois: d'abord avec Gulienne de Pérusse; puis, le 7 décembre 1611, avec Marthe Frotier, fille de deffunts Jean, écuyer, sieur de La Rochette, et d'Anne Tizon, issue d'une branche des anciens Tizons et qui possédait le fief de La Rochette, nom qu'ajouta au sien son mari. Marthe Frotier était « authorisée de noble homme Jacques de Villoutreys, escuyer, son beau-frère et curateur ». Cette dernière union ne paraît pas avoir eu de progéniture. Marthe survécut à son mari, ainsi que le prouve un acte de J. Martin, en date du 5 décembre 1647, dans lequel elle est mentionnée. Après cela, on est surpris qu'il ne soit même pas parlé d'elle dans les dernières dispositions de GABRIEL, quand la vieille domestique, Michelle Augereau, n'y est pas oubliée. Nous connaissons d'elle également la constitution d'une rente au profit de demoiselle Marguerite de Voyon, fille de François, écuyer, sieur des Ruaux, et de Lucrèce de Castaignols, de 83 livres 9 sols 6 deniers, au capital de 1,333 livres 10 sols.

Gulienne de Pérusse eut quatre enfants: 1° PIERRE; 2° *Françoise*; 3° *Anne*; 4° autre *Françoise*.

---

1. Archives de la Charente. Jean Mousnier, notaire royal à Angoulême.

Pierre de La Charlonye, escuyer, mourut antérieurement à 1646 et sans avoir été marié. Il fut inhumé dans la chapelle de la famille en l'église des Cordeliers, fondée par son père « en l'honneur de l'Assomption de la Vierge », ainsi qu'il le dit dans son testament. Cette mort fut pour Gabriel un deuil dont la religion seule put atténuer les poignantes douleurs. Elle lui enlevait, en effet, son unique espoir de descendance directe.

Françoise de La Charlonye épousa, le 22 décembre 1622, « noble Jehan Ancelin, escuyer, sieur de Garde-Espée, demeurant au lieu noble de Garde-Espée, paroisse de Saint-Brice, fils naturel et légitime de deffunts Louis Ancelin, vivant escuyer, sieur de La Garde-Espée, et Marie de La Brugère. » Elle mourut avant son frère et fut inhumée, comme lui, dans la chapelle des Cordeliers. Des enfants naquirent de cette union et nous n'avons rien autre à dire d'eux qu'un acte du 29 mars 1647 leur donne leur père pour tuteur. Le 3 janvier 1745, est décédée à Durfort en Brossac une descendante, sans doute, de Jehan Ancelin et de *Françoise de La Charlonye*, Catherine Ancelin de Gardépée, mariée en premières noces à François Vigier, chevalier, seigneur de La Cour-Durfort et de La Villadrie, en secondes noces, par contrat du 17 décembre 1715, union célébrée le 3 février 1716, à Paul III de Rabaine, chevalier, seigneur de Tansac, Perefons, La Roche-Genouillac et Saint-Mathieu.

Anne de La Charlonye, née en 1597, se maria, le dernier jour de février 1620, avec Hélie de La Place, écuyer, sieur de La Tour-Garnier et capitaine des chasses du roy au duché d'Angoulême. Hélie descendait d'une ancienne maison, dont les titres de noblesse, reconnus lors de la maintenue de 1666, remontent jusqu'en 1404, nous dit Vigier de La Pile, et qui a son berceau en Limousin, à Saint-Jean de Ligoure.

La filiation a pu en être rétablie à partir de Pierre de La

Place, écuyer, qui testa le 28 septembre 1499 et eut de sa femme, Liette de Cumont, dame de Saint-Méart et de Salbœuf, paroisse de Cumont en Périgord, Pierre, écuyer, sieur de Salbœuf, La Tour-Garnier, Poursac et Chantemerle, maire d'Angoulême, du 17 avril 1506 au 29 mars 1507. En cette qualité, il eut l'honneur d'être à la tête de la députation, dont nous avons déjà parlé à propos de François de Corlieu et qui fut envoyée auprès de Louis XII, pour négocier le mariage de sa fille. Après sa mairie, il fut reçu en l'office d'eschevin vacant par le décès d'André de Bar et qu'il occupa jusqu'en 1539. Sa femme, Marguerite Pastoureau, dame de Javerlhac, fille de noble Dauphin, élu par le roy en la comté de Périgord, seigneur de Javerlhac, Abjac, Auginhac, habitant de la ville de Nontron, et de Marine Pastorelle, lui donna sept enfants, dont Hélie et Pierre; celui-ci épousa Radégonde Chailler. Le premier, sieur de La Tour-Garnier et de Torsac, continua la branche qui nous intéresse. Eschevin en 1558 et maire en 1561, il était également élu en Angoumois pour le roi Charles IX, qu'il reçut dans sa maison de La Tour-Garnier. Il occupa aussi la charge d'intendant des finances de Madame la duchesse d'Angoulême. Le 20 décembre 1544, il avait épousé Anne Régnault de Lage-Bertrand de Chirac, issue d'une des plus anciennes familles d'Auvergne, dans laquelle était entrée la terre de Lage-Bertrand par une alliance avec la maison des barons de Confolens[1]. Il en eut plusieurs enfants, entre autres Pierre, écuyer, sieur de Torsac et de Montgaumier, gentilhomme ordinaire de la chambre du roi, qui, marié à Gabrielle Tizon d'Argence, fille de « haut et puissant messire Benoist Tizon, chevalier, seigneur d'Argence en Champniers et de Dirac, et de dame Françoise Dellieur »[2], fut le père d'Hélie, l'époux d'*Anne de La Charlonye*.

1-2. *Nobiliaire du diocèse et de la généralité de Limoges*, par l'abbé Joseph Nadaud, publié par M. l'abbé A. Leclerc.

Hélie de La Place avait plusieurs frères et sœurs que nous retrouvons dans les trois documents qui suivent : Le premier du 8 novembre 1621, est une procuration à lui donnée par Charles de La Place, écuyer, chanoine prébendé de l'église cathédrale d'Angoulême, à l'effet de recevoir une somme d'argent[1].

Le second, daté du 1er avril 1633, est une obligation d'une somme de 500 livres consentie au profit de Josias de Brémond, chevalier, seigneur baron d'Ars, Le Chastelier, Dompierre, Migré, Coulonges, Luçay et autres lieux, par Pierre de La Place, écuyer, sieur des Valettes, qui épousa, le 9 janvier 1644, Marguerite de Lindray, sous la garantie de François de La Place, chevalier, seigneur de Torsac, et de demoiselle Jeanne de Vassoignes, sa femme; de Louis de La Place, écuyer, prieur de Marestais; de Charles de La Place, écuyer, chanoine de la cathédrale d'Angoulême, et de demoiselle Hippolyte de La Place, dame de Rouffignac, Moulidars et Mosnac, veuve de Jacques Le Musnier, décédé à Angoulême en 1629, et inhumé, le 24 septembre, dans l'église du Petit-Saint-Cybard, où elle fut enterrée, à son tour, le 19 décembre 1670[2].

Le troisième, en date du 26 mai 1656, fait connaître que « le chapitre de la cathédrale d'Angoulême ayant esté adverti qu'il y avait un jeu d'orgues à Xaintes, qui pouvait s'accommoder, a prié et député MM. de La Place et le théologal, chanoines de l'église de céans, de l'aller voir et visiter, en compagnie de Fèvre, facteur d'icelles... » Le rapport des députés fut défavorable, et, le 3 juin suivant, marché fut conclu avec Léonard Lefèbre, pour la construction d'un orgue. Cet acte passé chez Me Gibaud, parle également du chanoine prébendé Ch. de La Place et des autres « vénérables et discrettes personnes, Hugues de Couvidau, Charles et François

1. Archives de la Charente. R. Martin, notaire royal à Angoulême.
2. Archives de la Charente. Hélie Chérade, notaire royal à Angoulême.

Préverauld, Pierre Tallon, aussi chanoines » et des familles desquels nous aurons à parler en temps et lieu[1].

Revenons à *Anne de La Charlonye*, qui mourut à l'âge de quatre-vingt-deux ans, le 4 octobre 1679; son corps fut déposé dans l'église Saint-Martial d'Angoulême. Nous ne lui connaissons qu'un fils, François, écuyer, sieur de La Tour-Garnier, qui épousa, le 29 octobre 1657, Marguerite-Françoise de La Visée, dont il eut Charles-Louis, né en 1662 à Paris, où il fut ondoyé. Son baptême n'eut lieu que treize années après, le 16 novembre 1675. Capitaine au régiment de Soissonnais, ses services lui valurent la croix de Saint-Louis. Décédé le 22 novembre 1734, il fut inhumé à Saint-Martial d'Angoulême, comme l'avait été son père, le 18 décembre 1688.

La troisième fille de Gabriel, *Françoise de La Charlonye*, épousa Pierre Bareau, avocat au parlement, dont les père et mère étaient : noble Jacques Bareau, sieur de L'Age, conseiller au présidial, et Marie Pelluchon. Jacques descendait de sire Jacques Bareau, qui fut maire d'Angoulême à trois reprises, de 1479 à 1487, puis eschevin jusqu'en 1502.

Françoise mourut sans postérité et antérieurement au décès de son père, qui, dans son testament, ne parle, en effet, ni d'elle ni de ses enfants.

La lignée de Gabriel, qui avait si honorablement porté le nom de *La Charlonye*, était déjà éteinte; heureusement que son frère, Pierre, devait continuer la descendance de Martial. Eu égard à l'importance de cette branche cadette, le chapitre qui suit lui a été consacré spécialement.

N'y a-t-il pas lieu de s'étonner que ces deux prénoms de Martial et de Gabriel, en raison des souvenirs qu'ont laissés après eux ceux qui les ont portés et du relief que leur

---

1. *Les anciens orgues de la cathédrale d'Angoulême*, par M. P. de Fleury, archiviste de la Charente.

situation et leurs actes ont valu au nom de *La Charlonnie*, n'aient pas été fréquemment repris dans la famille. Le premier ne doit reparaître qu'une seule fois; quant au second, il sera porté également par un seul La Charlonnie et rappelé par le prénom de *Gabrielle* donné à trois descendantes.

III

Branche cadette de Pierre de La Charlonye, écuyer, sieur de Bords.

PIERRE DE LA CHARLONYE, écuyer, sieur de Bords, second fils de MARTIAL, naquit à Chabanais vers 1560. En 1590 environ, il épousa Marie Dupont, probablement originaire de Chabanais, elle aussi, et de la famille de laquelle nous avons découvert de nombreuses traces dans le vieil état civil de cette localité, ainsi que dans les archives de la Charente, sans pouvoir retrouver, toutefois, celles de ses père et mère. C'est d'abord Jacques Dupont, prieur, en 1514, de Saint-Florent de La Rochefoucauld, « homme de grande littérature, lequel fit bastir et édiffier l'église de son prieuré et maisons, qui étaient par terre »; puis : François Dupont, avocat en parlement et procureur fiscal de la principauté de Chabanais, en 1658, marié à Martialle Lévêque, et auquel Germain de La Quintinie, sieur de Rouffignac, vendit, moyennant 350 livres tournois, deux pièces de pré appelées de La Rubière et de Las Vergnas[1]; Isaac Dupont, médecin, qui épousa Marie de La Salmoine et dont le fils, François, procureur fiscal, puis juge-sénéchal de Chabanais, se marie, le 15 janvier 1709, avec Marguerite Sardin, fille de Pierre, escuyer, sieur du Repaire, et de Marie Rempnoulx, du lieu de La Soutière. Isaac Dupont

1. Archives de la Charente. Titres de famille. *Dupont.*

était, à ce moment, lieutenant de maire de Chabanais; Annet Dupont, médecin; Gaspard Dupont; Annet Dupont, avocat, époux de Marie de Limaignes, dont il eut, le 20 août 1628, un fils, qui reçut pour prénom celui de son parrain, noble Joseph de La Charlonnie, avocat en parlement, sénéchal de Chabanais, et dont sont issus les *La Charlonnie de Villars.*

Avec les sommaires indications données plus haut sur Pierre, nous ne connaissons de lui que la date de sa mort à Chabanais, le 2 juillet 1647. Sa veuve paraît l'avoir suivi dans la tombe vers 1650, laissant après elle deux fils : 1° François; 2° *Annet.*

Occupons-nous d'abord de ce dernier et du rameau qu'il créa, pour revenir ensuite à son aîné, dont la progéniture dura plus longtemps que la sienne.

Vigier de La Pile écrit qu'*Annet* vit sa descendance s'éteindre dans une fille. Le renseignement a été donné un peu à la légère; si, en effet, cette descendance a fini en quenouille, ce n'a été qu'après deux générations dont la seconde comptait huit enfants, ainsi que le prouvent les résultats suivants de nos recherches.

Annet de la Charlonye, écuyer, sieur de Reillac, maison noble en Grenord, qui a dû naître vers 1610, embrassa la carrière des armes. Vu l'époque reculée, il n'a pas été possible de retrouver au ministère de la guerre la moindre trace de ses services; nous savons, toutefois, qu'ils furent longs et méritants, attendu qu'au mois de juin 1646, ils lui valurent des lettres de noblesse, enregistrées à la chambre des comptes et cour des aides, le 20 mai de l'année suivante et le 17 du même mois de l'année 1651, lesquelles lettres parlent « de services rendus au roy dans les armées pendant plus de vingt-cinq ans [1] ».

Comment expliquer cet anoblissement quand Annet était

---

1. *Nobiliaire du diocèse et de la généralité de Limoges*, par l'abbé Joseph Nadaud, publié par M. l'abbé A. Lecler.

déjà gentilhomme, ainsi que le prouveraient les actes des 4 juin et 10 septembre 1631 relevés à ce propos par Vigier de La Pile et celui du 26 août 1651 [1] qualifiant d'écuyer feu son père, Pierre de La Charlonye, si ce dernier ne descendait pas de Martial, l'anobli de 1578, ce que nous avons toutes raisons d'admettre? Nous laissons à d'autres plus experts en la matière le soin de répondre à la question.

Annet épousa Marguerite de La Ramière, fille de Jean. Il en eut trois garçons et deux filles, et mourut le 14 février 1658. Le 26 juin 1664, sa veuve convola en secondes noces, à Chabanais, avec Pierre Chazaud, sieur de Boisbertrand et de Luchange, advocat en parlement, juge-sénéchal de la comté de La Vaugruyer.

Les enfants d'*Annet* étaient : 1° *François*, qui naquit le 30 janvier 1651 et se fit Jésuite à Bordeaux, en 1668; 2° *Jean*, qui suit; 3° autre *Jean*, sieur des Marreaux, né le 17 mars 1660, et dont la mort prématurée semble le fait d'un crime, peut-être d'un duel. Tel est, en effet, le libellé de son acte d'inhumation relevé par nous-même dans les registres paroissiaux de Grenord : « Aujourd'hui, le 18 du mois de janvier 1677, fut tué sur la paroisse de Saint-Pierre de Chabanais, *Jean de La Charlonnie*, escuyer, sieur des Marreaux, et fut transporté dans ma paroisse de Grenord, lieu de sa naissance et résidence, et fut enterré, le 19, dans l'église dudit Grenord, dans les tombeaux de ses prédécesseurs, s'étant confessé et communié quelques mois auparavant dans mon église. En foy de quoi, j'ay signé : Gilles, p. curé de Grenord. »

Cette triste fin d'un jeune homme de moins de dix-sept ans ne pouvait qu'exciter nos recherches pour en avoir l'explication; malheureusement, elles n'ont pu qu'en maintenir tout le mystère. Toutefois, le silence de cet acte de décès sur

1. Archives de la Charente. Présidial, sentences.

sa cause est significatif. S'il se fut agi, en effet, d'un accident, il n'y avait aucune raison de le taire dans cette pièce.

4° Le quatrième enfant d'*Annet* et de Marguerite de La Ramière, *Jeanne*, vint au monde, comme les autres, à Reillac, le 17 mai 1653. Elle fut tenue sur les fonts baptismaux par son cousin germain, ANNET DE LA CHARLONYE, écuyer, sieur d'Entreroche, conseiller au siège présidial d'Angoumois, et Jeanne Estourneau, noble dame de la maison Dufrêne en Périgord. Nous ignorons si elle se maria.

5° Après elle, vint *Marie*, le 26 avril 1656. C'est tout ce que nous savons d'elle.

Revenons à *Jean*, écuyer, né le 12 avril 1652, et sieur de Reillac comme son père. Comme lui aussi, il entra au service du roi et devint un des 200 chevau-légers de sa garde [1], après avoir, suivant la règle, fourni ses preuves de noblesse. Par contrat du 12 février 1679, il s'unit à Anne-Jacquette Bernard, fille de Louis, écuyer, sieur de La Font et de Saint-Michel, conseiller du roy, lieutenant particulier au présidial d'Angoulême, qui avait épousé, le 27 août 1647, Françoise Aigron de Combizan, née de François, vice-sénéchal d'Aunis, Saintonge et Angoumois, marié, le 8 août 1623, avec Anne Boire. François Aigron, fils aîné d'Abraham,

---

1 Les chevau-légers de la garde du roi, créés par Henri IV en 1593, comprenaient deux compagnies de cent gentilshommes chacune, dits au *Bec de corbin*, à cause de la hallebarde munie d'un crochet et dont ils étaient armés. Le roi en était le capitaine et ils avaient pour quartier ordinaire leur hôtel sis à Versailles. L'uniforme comprenait l'habit écarlate doublé de rouge avec poches en travers et parements de velours noir galonnés d'or, brandebourgs d'or, boutons et boutonnières d'argent ; le ceinturon était garni d'or ; la veste couleur chamois à boutons d'argent et galonnée et brodée d'or ; la culotte et les bas rouges ; le chapeau bordé d'or et d'argent avec plumet blanc ; l'équipage du cheval de drap écarlate, galonné d'or et bordé d'argent. Les étendards au nombre de quatre étaient de « soye blanche, avec la foudre qui écrase les géants et ces mots pour devise : *Sensere gigantes*, brodez et frangez d'or et d'argent ». *Abrégé de la carte du militaire de France*, par Léman de La Jaisse, de 1739.

écuyer, sieur de La Motte, conseiller du roy, élu conseiller de la maison de ville, du 19 octobre 1626 à 1631, prit le nom de Combizan, dit Vigier de La Pile, d'un fief situé en Montignac, pays d'origine de la famille. Engagé d'abord dans le service du roi et capitaine d'une compagnie de cavaliers, il quitta l'épée pour la robe et fut lieutenant particulier au présidial d'Angoulême, président et lieutenant général à Cognac, enfin, comme il vient d'être dit, vice-sénéchal d'Aunis, Saintonge et Angoumois.

Jean de La Charlonye mourut avant le 21 avril 1722, date du décès de sa veuve, qui fut inhumée dans les tombeaux de sa maison, en l'église de Grenord, et en présence de M. de Chilloux, sieur de Léas, et de Joseph Sardin, écuyer. Elle avait eu huit enfants :

1° Louis, sieur de Reillac, né à Angoulême le 6 février 1680, qui entra dans les ordres et était clerc tonsuré lorsqu'il mourut à l'âge de vingt-neuf ans. Son corps fut inhumé, le 21 mars 1709, dans l'église de Chabanais, en présence de *Jean de La Charlonnie*, sieur du Figuier, son frère puîné sans doute, et de Pierre Monteau. Le 14 août 1701, il avait été parrain à Grenord, pour messire Antoine d'Abzac, seigneur de Vouzon, d'Anne d'Abzac, fille de messire Gabriel, seigneur de Savignac, et de Catherine de La Beuille;

2° *Marie*, née à Reillac, ainsi que tous ses autres frères et sœurs puînés, le 23 octobre 1681 et baptisée deux jours après, ayant pour parrain François Barbarin, écuyer, sieur de Chambes, et pour marraine, Marie Bernard, sa tante vraisemblablement. Le 23 novembre 1710, elle entra au couvent des Dames de l'Union chrétienne d'Angoulême, dont elle était première assistante, en 1719, en l'absence de la supérieure, dame Guillaumeau de Barqueville;

3° Autre *Marie*, née le 16 octobre 1682 et tenue sur les fonts, le 12, par Jean de La Ramière, chevalier, seigneur de Maisonneuve, Puycharneau et autres places, son grand-père probablement, et par *Marie de La Charlonnie*, dame de

Chambes. A l'âge de dix-huit ans, en 1700, elle embrassa la vie religieuse aux Dames de l'Union chrétienne d'Angoulême, décision qui motiva, sans doute, le parti que prit plus tard sa sœur aînée, ainsi que nous venons de le voir;

4° *Clément*, sieur de Reillac, né et baptisé le 20 juillet 1684. Parrain : Clément Bernard, écuyer, sieur de La Font en Mérignac, son oncle, qui avait épousé, le 6 août 1681, Claude Arnauld, fille d'Alain, l'un des écuyers de S. A. S. monseigneur le prince de Condé, commandant la ville de Châteauneuf, et de Jeanne de Pontignac; marraine, Marie de La Ramière, demoiselle de Puycharneau. *Clément de La Charlonye*, ainsi que son père, servit aux chevau-légers de la garde du roi. Décédé à trente-quatre ans, le 14 septembre 1718, il laissait sans enfants sa veuve, N. de La Couture-Renom, qu'il avait épousée vers 1704 et qui, d'après Nadaud, se remaria en Auvergne;

5° *François*, né et baptisé le 2 août 1685. Nous n'avons découvert rien autre à son endroit, et tout porte à croire qu'il mourut en bas âge ;

6° *Marie-Jeanne*, dont nous parlerons après ses deux frères puînés ;

7° *Nicolas*, qui fut baptisé le 20 octobre 1687 et se fit Jésuite, à l'exemple de son oncle *François de La Charlonye ;*

8° *Jean*, sieur du Figuier en Chabanais, dont la naissance advint le 4 septembre 1692 et le baptême le 15 du même mois. Ses parrain et marraine étaient : messire Jean Bernard, prêtre-curé de Rancogne, écuyer, sieur de Bicogne, son oncle, remplacé par son frère *Clément*, et Thérèse Chazaud. Celui-ci encore parait être décédé tout enfant.

Revenons à leur sœur, *Marie-Jeanne*, qui vit le jour en 1686 et reçut le baptême le 9 août. Le 15 août 1720, elle avait alors trente-quatre ans, fut célébré dans l'église de Grenord son mariage avec Jean de Livron, écuyer, sieur de Puy-Vidal en Saint-Constant. La bénédiction nuptiale leur fut donnée par messire de La Quintinie, curé de cette dernière paroisse.

Le marié descendait de la maison de Livron, qui tire son nom de la ville de Livron en Dauphiné, qu'elle quitta au XIIe siècle pour s'établir en Quercy et Béarn, puis en Limousin au XIIIe, et en Champagne et Lorraine, au commencement du XVe.

C'est en l'année 1236 que Bernard de Livron vint se fixer en Limousin, par suite de sa nomination par Louis IX de grand sénéchal du roy de France en cette province, à la conquête de laquelle il avait contribué sous Philippe-Auguste.

Aussi, tant comme récompense de ses services qu'à cause de ses vertus et de sa noblesse, il reçut également du roi le fief noble de Wart. Des généalogistes prétendent que cette terre fut acquise par son frère Raoul, l'auteur commun des branches de Bourbonne et de Puy-Vidal [1]. Celles d'Aubiac [2] et de Larivière [3] furent également possédées par la famille.

D'autre part, Jean-Baptiste Pradilhon de Sainte-Anne, religieux feuillant [4], « fort versé dans la connoissance des généalogies », dit Moréri, écrit, le 12 mars 1692, dans une de ses lettres à Étienne Baluze, publiées, en 1889, par Émile du Boys, membre de la société archéologique et historique de Limoges, récemment décédé, et qui avait eu la gracieuseté de nous offrir son travail [5], « qu'il est bien certain que la maison de Livron est sortie de Limoges, quoique M. d'Hozier, dans la généalogie de cette famille, la marque originaire du

---

1. *Archives historiques de Saintonge et d'Aunis*. Vol. de 1879, p. 215.

2. Actuellement *Objat*, chef-lieu de canton dans la Corrèze et dont l'église porte les armes des Livron en clef de voûte : *D'argent à 3 fasces de gueules et un franc quartier d'argent chargé d'un roc d'échiquier de gueules.*

3. Le château de Larivière et ses dépendances forment actuellement la succursale du haras de Pompadour.

4. Branche célèbre des savants bénédictins.

5. *Deux correspondants limousins de Baluze. Lettres inédites de Pradilhon de Sainte-Anne et de M. Du Verdier (1692-1693)*. Limoges, 1889.

lieu de Livron en Dauphiné, et transplantée en Limousin proche de leur terre de Vart. »

Cette conviction que son auteur est seul à émettre et à défendre, ne saurait faire foi devant les assurances contraires de tous les nobiliaires dauphinois, dont ne permettent pas de douter, du reste, les justifications résultant d'une charte de Frédéric Barberousse, en date de 1157, époque où les Livron abandonnèrent le Dauphiné, laquelle charte, récemment découverte dans les archives de la Drôme, donne le fief de Livron (*Liberonis castrum*) aux évêques de Valence, qui l'ont constamment possédé, depuis cette époque jusqu'à la révolution.

Ajoutons que cette antique maison, en outre du grand-sénéchal rappelé plus haut, a produit un chevalier de Malte, des gentilshommes ordinaires de la chambre du roi, un écuyer de Louis XI et plusieurs capitaines d'hommes d'armes des ordonnances et généraux, dont l'un chevalier du Saint-Esprit, grand-officier de la couronne.

Nous exposons ci-après l'ascendance non interrompue de Jean, l'allié des La Charlonnie :

Raoul de Livron, seigneur de Wart, frère de Bernard, eut trois enfants : 1° Arnaud, damoiseau, seigneur de Wart, qui suit ;

2° Pierre, qui transigea, en 1278, avec son frère aîné, sur les droits qu'il prétendait à la succession de leur père ;

3° Jaubert, seigneur de Wart pour un quart et père de Géraud, Hélie, Raoul et Jaubert.

Arnaud de Livron, qui testa en 1296, épousa Marie de Ferragut, qui lui donna : 1° Jaubert, seigneur de Wart, marié à Almodie de Vassignac, sœur de son beau-frère et continuateur de la branche aînée ;

2° Arnaud, qui suit comme étant le fondateur de celle qui, quatre siècles après, devait s'unir aux La Charlonnie ;

3° Guy-Himberge, qui épousa, en 1305, Mathieu, sieur de La Barre ;

4° Almodie-Marguerite, mariée à Bertrand, seigneur de Vassignac en Quercy et décédée en 1308 ;

5° Marguerite, épouse de Guy Aubert, frère du pape Innocent VI, dont Goulfier de Livron, fils de Joubert et d'Almodie de Vassignac, était, en 1361, le maître d'hôtel.

Les enfants d'Arnaud de Livron n'ont pu être retrouvés. Son petit-fils, Foucaud, prit part, avec le chevalier d'Authon, à la guerre sainte (ce qui fait dire à Nadaud qu'il se croisa), dirigée contre Wenceslas, l'ivrogne et le fainéant, empereur d'Allemagne et roi des Romains, pour le châtier du massacre, en 1393, de saint Jean Népomucène, à la suite du refus de ce dernier de lui révéler la confession de l'impératrice, dont il l'avait nommé aumônier et chapelain. D'après la légende, le corps du saint précipité dans la Moldau ayant surnagé pendant quelque temps, cinq étoiles vinrent former une auréole autour de sa tête. Une plaque de marbre surmontée d'une croix et placée entre la sixième et la septième pile du pont désigne l'endroit d'où le martyr fut jeté dans la rivière [1].

Foucaud rapporta de cette expédition une parcelle de la vraie croix, ainsi que des morceaux de la robe de la Sainte-Vierge, de sa coëffe et de la robe violette de Notre-Seigneur Jésus-Christ, et, avec cela, une partie des ossements de saint Paul, apôtre. Il fit don au chapitre de La Rochefoucauld de ces précieuses reliques, qui lui avaient sans doute été données à Rome, en récompense de ses services et de sa foi, contrairement au dire de Brantôme prétendant qu'il les a rapportées de Jérusalem. La charte qui assure cette remise est entre les mains de M. le marquis de Livron, à la gracieuse obligeance duquel nous devons la plupart de ces renseignements si pleins d'intérêt.

1. *Les dernières années de la duchesse de Berry*, par Imbert de Saint-Amand, p. 105.

En retour de cette donation, les chanoines prirent l'engagement, dans un acte de 1411, de dire, chaque année et à perpétuité, trois messes pour le repos de l'âme dudit seigneur, ainsi que de celles des siens. Cette promesse fut fidèlement tenue jusqu'en 1793 ; elle a été reprise en 1865, la famille ayant donné les preuves authentiques de ces mêmes reliques, sur la demande de l'évêque d'Angoulême, Antoine Cousseau.

Foucaud avait épousé Robine de Sonneville, dont il eut : 1° N. de Livron, écuyer, seigneur de Sonneville, qui suit ; 2° Jeanne, mariée à Pierre de Bremond, fils de Guillaume et de marquise Chaffrais, dame de Puy-Vidal, seigneur d'Ars, Rouffiac, Balanzac et Puy-Vidal, chevalier de l'ordre du Camail [1], l'un des écuyers de Charles, duc d'Orléans, comte d'Angoulême, et qui testa à Ars, le 15 juin 1456. Sa femme lui donna neuf enfants, *inter quos* Agnès, dont nous allons reparler.

Le seigneur de Sonneville n'eut qu'un fils, Jacques, écuyer, qui épousa, antérieurement à 1456, sa cousine Agnès de Bremond d'Ars, dame de Puy-Vidal, terre noble qu'elle tenait de son aïeul, Pierre Chaffrais, et appartenant, en 1267, à Guiot de David qui, cette année-là, en fit hommage à Hugues de Lésignan XVe, comte de La Marche et d'Angoulême, marié à Isabel Taillefer, reine d'Angleterre. Agnès apporta ce fief en dot à son mari, qui en prit le nom. Jacques, qui n'existait plus en 1504, avait eu deux enfants :

---

1 L'ordre du *Porc-Espic* ou du *Camail* fut institué, en 1394, par Louis, duc d'Orléans, fils de Charles V, et fut supprimé à l'avènement de Louis XII, petit-fils du fondateur. L'habit des chevaliers consistait en un manteau de velours violet, le chapeau et le mantelet d'hermine, avec une chaîne d'or au bout de laquelle pendait un *Porc-Espic* de même tombant sur la poitrine, avec cette devise : *Cominus et Eminus.*

Le nom d'ordre du *Camail* venait, dit-on, de ce que le duc d'Orléans donnait à chaque nouveau chevalier une bague d'or garnie d'un camaïeu, sur lequel était gravée la figure d'un Porc-Espic. *Maison de Bremond d'Ars*, par le R. P. Loys, gardien des Cordeliers de Saintes.

1° Foucauld, qui suit ; 2° Marie, qui, par contrat du 5 février 1480, épousa Jean Trigot, seigneur de La Barre.

Foucauld, écuyer, seigneur de Puy-Vidal et de Sonneville, fit à son tour hommage, les 11 juillet et 16 août 1497, à la comtesse d'Angoumois, Marguerite de Rohan, veuve de Jean d'Orléans et qui mourut, cette même année, au château de Cognac, de sa terre de Puy-Vidal. Sa femme, Robine Renouard, lui donna deux enfants, entre lesquels il partagea sa succession, le 13 juillet 1530. C'étaient : 1° François, qui suit ; 2° Charles, écuyer, seigneur de Beaumont, marié à Catherine Chaperon, fille de Louis, chevalier, seigneur de La Roche, et d'Antoinette des Ages, et par laquelle il devint l'auteur de la branche du Maine-Gruyer.

François de Livron, seigneur de Puy-Vidal, eut de Pérette Desprez, qu'il épousa par contrat du 17 octobre 1507, un seul enfant, Geoffroy, chevalier, seigneur de Puy-Vidal, marié, par contrat du 18 septembre 1529, à Marie Vigier de La Pile, dont trois garçons et deux filles : 1° Jean, qui suit ;

2° Foulques, marié, en 1561, à Charlotte Giraud des Combes ;

3° Marguerite, qui épousa Raphaël de Corlieu, seigneur et baron de La Fenestre, le 13 mars 1571 ;

4° Jean, écuyer, seigneur du Maine, marié à Marie Gombaud, veuve de René de Rabaine et fille de François, écuyer, et de Françoise de Lage [1] ;

5° Hausanne, mariée, le 29 mai 1557, à Pierre Hervé, écuyer, seigneur de Barillon.

Jean de Livron, chevalier, seigneur de Puy-Vidal, épousa, par contrat du 6 janvier 1578, Antoinette d'Authon, fille de Pierre, baron d'Authon, et de Souveraine Flament de Bruzac, et sœur de Séguin d'Authon, chevalier, baron d'Oleron, conseiller du roi en ses conseils d'état et privé, sénéchal

---

1. Archives de la Charente. *Titres de famille.*

de Saintonge[1]. De cette union naquit un seul enfant, Pierre, chevalier, seigneur de Puy-Vidal, qui se maria, par contrat du 20 octobre 1625, avec Anne de Lesmérie, fille de Samuel, seigneur du Breuil, et de Marguerite de Chergé. Pierre mourut en 1641 et sa veuve fut chargée de la tutelle de ses cinq enfants, dont elle justifia les titres de noblesse, cette même année. Nadaud ne lui en donne que deux : Jean et Luce, qu'il appelle aussi Lucrèce pour Lucette, prénom que celle-ci reçut de sa marraine, ainsi qu'il va être dit. Ces erreurs et omissions n'auraient pas été commises par le généalogiste limousin s'il avait, comme nous, tiré ses indications du registre paroissial de Saint-Constant. Voici les noms de ces enfants : 1° François, baptisé le 22 septembre 1630, avec François de La Rochefoucauld pour parrain, et pour marraine, Catherine de Rouire;

2° Jehan, qui suit;

3° Anne-Marie, baptisée le 7 décembre 1632; parrain, François de Livron; marraine, Anne de Lesmérie;

4° Lucette, qui naquit en 1633 et fut tenue sur les fonts par Geoffroy de Chergé et Lucette de Lesmérie. En 1653, elle épousa Pierre de Pindray, auquel elle apporta en dot 50,000 livres;

5° François, né en 1636, eut à son baptême, célébré le 12 mars, François Faure pour parrain et Anne de Livron pour marraine.

Jehan de Livron, chevalier, seigneur de Puy-Vidal, vint au monde en 1631 et fut baptisé le 1er septembre devant Jehan de Charras, son parrain, et Marguerite de Chergé, sa marraine. En 1674, il servit avec éclat sous le comte de Jonzac; il avait été maintenu dans sa noblesse, le 1er septembre 1666, par d'Aguesseau. De son mariage, dont le contrat est du 14

---

1. *Dictionnaire historique et généalogique des familles du Poitou*, par Beauchet-Filleau et Ch. de Chergé, 1891.

février 1658, avec Marguerite de La Croix, fille de messire Gabriel, baron de La Fenestre et des Ombrais, et d'Isabeau de Berthomé, il eut cinq enfants : 1° Jacques, qui suit ;

2° Pierre, seigneur de Saint-Constant, baptisé le 30 mai 1660; parrain et marraine : Pierre Dussouchet, écuyer, sieur de Vilars, et Anne Tachard;

3° François, qui naquit en janvier 1661, fut baptisé le 5 dudit mois, en présence de Douzeau, seigneur de Rencogne, et d'Anne Proubaud, et mourut vraisemblablement le 12 mai 1723. Il avait épousé, par contrat du 13 août 1684, Marie de Moncourier de Saint-Dizant du Guà, fille de feu Luc, écuyer, sieur de Beuges, et d'Anne Esmard [1] ;

4° Pierre-François, sieur du Breuil, tenu sur les fonts baptismaux, le 23 novembre 1662, par Pierre Faure, écuyer, seigneur des Moulières, et Angélique Massacré, fille de Guillaume, écuyer, sieur de Labregemont, et de Catherine Guy, mariée à Jacques de La Croix des Ombrais. Il épousa Désirée de Rozières, qui parait être décédée sans progéniture et avant lui, qui mourut, le 24 octobre 1729, à Grenord [2], chez son neveu, dont nous allons parler et près duquel il s'était retiré lors de son veuvage, sans doute. Nadaud le fait mourir à tort en 1724 ;

5° Marie, née en novembre 1663, eut son frère aîné, Jacques, pour parrain, et Marie Joubert pour marraine. Elle épousa N. de La Croix.

Jacques de Livron, chevalier, seigneur de Puy-Vidal, Le Breuil, Le Roule et autres lieux, naquit en 1655 et reçut le baptême le 7 mai, ayant pour parrain Jacques de La Croix et pour marraine Anne de Lesmérie. Par contrat du 9 novembre 1683, il s'unit à Marie de Mainvielle, fille aînée de Jean, chevalier, seigneur d'Escurat en Saintonge, et de Marie Roullin, habitant leur maison noble des Jousselin en Saint-

---

1. *Archives de Saintonge et d'Aunis*. Vol. de 1879, p. 214.
2. Registre paroissial de Grenord.

Port-sur-Gironde. Les Mainvielle ont été maintenus par Begon, le 18 avril 1698; la plus ancienne pièce produite à ce sujet datait du 5 décembre 1532.

Le 12 juillet 1689, Jacques de Livron et sa femme assistaient à la bénédiction, dans l'église de Rancogne, du mariage de Joseph de Moucourier, escuyer, sieur de La Chapelle en Saint-Dizant, du Guà de Saintonge, avec demoiselle Jeanne d'Abzac, née, le 22 mars 1656, d'Isaac, escuyer, sieur de Tuffas en Rancogne, et de Jeanne d'Escravayat [1].

Marie de Mainvielle mourut à Puy-Vidal, le 7 septembre 1732. Nous avons retrouvé [2] les actes de baptême de deux des trois enfants que lui donne l'armorial du Limousin : 1° Jean, né le 20 août 1686 et tenu sur les fonts baptismaux par « Jean Desbrandes, escuyer, sieur du Pety-Vouilhat, et dame Marguerite de La Croix, sa grand'mayre » ; 2° Jean, baptisé le 6 décembre 1689 par messire de La Quintinie, curé de Saint-Constant, qui devait également bénir son mariage trente-et-un ans après, ainsi qu'il a été déjà dit. Ses parrain et marraine étaient : son aïeul Jean de Livron et sa tante Angélique Massacré, dame de La Fenestre.

L'union de Jean de Livron et de *Marie-Jeanne de La Charlonye*, qui se fixèrent à Reillac, ne devait durer que quinze années. Le 21 février 1735, Jean mourait et était inhumé le lendemain, « le Chapitre et les Pères Carmes convoqués », dit Nadaud. Cette indication, jointe à l'absence de toute trace du décès sur les registres paroissiaux de Grenord, de Saint-Projet et de Saint-Constant, semble indiquer qu'il survint à Angoulême, où Jean de Livron pouvait être allé pour y recevoir avec plus de chances de guérison les soins que réclamait sans doute son état de santé.

Sa veuve, qu'il laissait sans enfants, fit don, en 1750, à

1. *Notes pour servir à un armorial et histoire de l'Angoumois*, par M. l'abbé P. Legrand.

2. Registre paroissial de Saint-Constant.

messire Jean Barbarin, écuyer, seigneur de Chambes, de tous ses meubles et acquêts et du tiers de ses propres biens, en quelque lieu qu'ils soient situés [1].

L'année d'avant, le 12 décembre, elle avait été marraine, avec la qualification de « parente », avec Louis Guiot, sieur et seigneur de Chéros, « oncle » de Marie-Rose Barbarin de Chambes, fille dudit Jean, et de Françoise Barbarin.

Ajoutons qu'en 1751, elle donna procuration générale. La personne qu'elle choisit à ce propos et l'objet de cet acte nous sont également inconnus [2].

Enfin, le 9 février 1721, Jean de Livron, tant en son nom que pour sa femme, avait passé transaction avec ses deux belles-sœurs *La Charlonye*, religieuses au couvent de l'Union chrétienne d'Angoulême, au sujet de la pension à leur servir [3].

La date de la mort de *Marie-Jeanne* n'a pu être retrouvée. Nous venons de dire qu'elle mourut sans hoirs; c'est l'aîné de la famille qui continua la branche de Puy-Vidal.

Avec les enfants de *Jean de La Charlonye* et de Jacquette Bernard a dû finir la descendance d'*Annet*. Nous n'avions pas moins raison de dire que Vigier de La Pile a fait preuve de quelque légèreté en écrivant qu'*il vit* sa progéniture finir dans une fille.

Remontons vers le passé pour parler de son frère aîné, François, qui devait continuer plus longtemps la famille, ainsi qu'il a été dit.

François de La Charlonye, écuyer, sieur de Bords et du Maine-Gaignaud, naquit de 1590 à 1600. Par contrat passé, le 31 juillet 1621, pardevant Me de La Salmonie, notaire à Angoulême, il épousa Jacquette Ferrand, sans doute la sœur de « Antoine Ferrand, escuyer, sieur des Roches, con-

---

1. Archives de la Charente. Rivet jeune, notaire royal à Ambernac.
2. Archives de la Charente. E. Renaud, notaire royal à Agris.
3. Archives de la Charente. Pierre Jehu, notaire royal à Angoulême.

seiller du roy et plus antien éleu en l'eslection d'Angoulmois »[1], lors de sa réception, le 24 mars 1615, en l'office de conseiller de la maison de ville et qui mourut l'année suivante.

Par arrêt de Louis XIII, signé à Fontainebleau le 6 avril 1623, et dont la copie suit, François fut, lui aussi, élu en l'élection :

« Louis, par la grâce de Dieu roy de France et de Navarre, à tous ceux qui ces présentes lettres verront, salut. Sçavoir faisons que, pour le bon et louable rapport qui nous a esté fait de la personne de nostre cher et bien amé M. François de La Charlonnie et de ses sens, suffisance, loyaulté, prudhomie, expérience et bonne diligence à icelluy, pour ces causes et autres à ce nous mouvant, avons donné et octroyé, donnons et octroyons par ces présentes l'estat et office de maistre conseiller et eslu en l'eslection d'Angoulesme, nouvellement créé par nostre édit du moys de féburier mil six cent vingt-deux, duquel Mr Vincent Chesneau auroit esté pourveu dès le trentiesme mars aud. an mil six cent vingt-deux, et ne s'y estant fait recepvoir s'en seroit desmis en faveur dud. de La Charlonnie, ainsy qu'il apert par acte avecq les lettres de provision attaché soubz le contre-scel de nostre chancellerie, et pour dud. estat jouir et user et icelluy tenir et possedder auxd. honneurs, authoritez, prérogative, prééminance, franchises, libertez, privillèges, exemptions, gaiges de cinq cens livres et de cent livres de droitz de chevauchée par chacun, lad. somme pour le département des livres de vérilfication et signature de roolles, despens et autres droictz esmolumens, telz et semblables dont jouissent les autres officiers d'icelle eslection et attribuez aud. office par nostre édit, pourveu que led. de La Charlonnie n'aye dans ladite eslection aucuns parens ny allyés au degré de nostre

1. *Noms et ordre des maires, eschevins et conseillers de la maison commune d'Angoulesme.* Sanson.

ordonnance, à peine de nullité des présentes. Donnons en mandement à nos amés et féaux conseillers les gens tenant notre cour des aydes à Paris, présidens et trésoriers de France, de Limoges, qu'après qu'il sera apparu à lad. cour des bonne vye et mœurs, conversation et religion catholique appostolique et romaine, et capacité dud. DE LA CHARLONNIE, et de luy pris et receu le serment en tel cas requis et accoustumé, ils mettent et instituent ou facent mettre et instituer de par nous en possession et jouissance dud. office et d'icelluy ensemble des honneurs, autoritez, prérogative, prééminance et franchises, exemptions, gaiges, droitz de chevauchée, taxations et signature de roolles, despens et autres esmolumens, ilz le facent, souffrent et laissent jouir et user plainement et paisiblement et à luy obéir et entendre de tous ceulx et ainsy qu'il appartiendra en ledict office et jouissance et conservant led. estat et office.

» Mandons en oultre ausd. trésoriers de France et bureaux de noz finances aud. Limoges qu'ilz luy facent paier par noz recepveurs des aydes et tailles en lad. eslection d'Angoulesme lesd. gaiges de cinq cens livres, droictz de chevauchée et autres droictz susd. baillés et deslivrés doresnavant par chacun ou à commencer pour lesd. gaiges et taxations et chevauchées du premier jour d'avril mil six cent vingt-deux, et desd. droictz de signature de roolles et autres droitz suivant nostre dit édit, et rapportant par le vug de notre recepveur cöppie collationnée des présentes pour une foys seullement ainsy quittance dud. DE LA CHARLONNIE sera suffisante où elle escherra. Nous voulons lesd. gaiges et droictz et tout ce qui payé, baillé et dellivré luy aura esté à l'occasion susd. estre passé et alloué en la despense desd. estats et comptes de celuy qui en aura fait le paiement, et les gens de noz comptes à Paris ausquels mandons ainsy le faire sans difficulté, car tel est notre plaisir.

» Donné à Fontainebleau le vingt-sixiesme jour d'auril l'an de grâce mil six cent vingt-trois, et de nostre règne le treiziesme ; ainsy signé sur le reply : Par le Roy, Masclary, et scellé sur courte queue du grand scel de son parlement.

« Ce jour, messire François de La Charlonnie, dénommé, a esté receu en l'estat et office de conseiller du Roy et eslu en l'eslection d'Angoulesme, a faict le serment pour ce deub et accoustumé, confession de foy catholique, promis et juré garder fidélité au Roy. A Paris, en la cour des aydes, le quatriesme jour de may l'an mil six cent vingt-trois. »[1]

Nous avons également retrouvé à la bibliothèque nationale quatre quittances données par François de La Charlonye en sa qualité de commissaire du roi en l'élection : la première, du 20 décembre 1625, de 10 livres pour déplacement ; la seconde, en date du 15 décembre 1627, de 12 livres pour vacation ; les deux autres, des 20 juillet 1636 et 15 mars 1640, ne spécifient ni la somme, ni les raisons du payement[2].

Rappelons ici qu'un de ses ascendants, *Antoine de La Charlonie*, dont nous avons parlé dans les premières pages de ce travail, était également commissaire du roi en l'élection d'Angoulême, en l'année 1512. Il s'agissait alors des magistrats créés par Louis XI pour veiller à la levée des aides, tailles et autres impôts qu'il ordonna[3].

A une date que nous ne pouvons indiquer, François acheta des Hauteclaire le fief du Maine-Gaignaud, « d'une étendue fort considérable », écrit Vigier de La Pile, et situé sur la Touvre, dans la paroisse de Ruelle. Notre grand-parent devint sieur dudit lieu et c'est avec cette qualification qu'il figure, comme assistant, sur l'acte de mariage célébré à Grenord, le 11 août 1636, « entre Jean-Louis Ricard, sieur de Fouqueure, conseiller du roy, receveur des décimes du bureau des finances de la ville de Moulins, fils de feu

1. Archives nationales. Dossier Z.

2-3. Bibliothèque nationale. *Pièces originales*. Vol. 631, cote 15.930.

maître Raoul Ricard, avocat au parlement et au conseil du roy, et de damoiselle Jeanne Moreau, ses père et mère, de la ville de Paris, paroisse Saint-Merry, demeurant au présent château de Collerulle en la paroisse de Saint-Pierre, et damoiselle Marie de La Quintinye, fille de feu maître Jean de La Quintinye, procureur royal de Montembœuf, et de feue damoiselle Jeanne du Rassat, aussi ses père et mère, de la paroisse de Grenord. »[1]

Nous retrouvons encore ses traces dans l'état civil de Chabanais, à la date du 6 avril 1652, pour le baptême de François du Pont, fils de François, advocat, procureur d'office de Chabanais, et d'Anne Babaud. Il y était parrain avec Gabrielle du Pont.

En parlant de lui dans son nobiliaire, Nadaud fait connaître que, le 20 mars 1654, il fut promu à la charge de conseiller à l'échevinage de la maison de ville, vacante par la nomination à celle d'échevin de Samuel Brian; que, le lendemain, il déclara au greffe de l'élection sa volonté de vivre noblement, et qu'à sa mort, le 7 juin 1662, Jean du Tiers, vice-sénéchal d'Angoumois, lui succéda.

Lorsque nous en serons à la branche de *Villars*, nous verrons qu'en cette même année, le 13 octobre, un autre La Charlonnie, prénommé *Annet* celui-là, fut, de son côté, reçu pair-échevin de la maison commune.

Quant à cette déclaration de vivre noblement, faite par François, aussitôt son entrée dans la maison de ville, elle signifiait qu'il saisissait cette occasion, qui, en l'honorant, rehaussait encore l'état de noblesse qu'il tenait de ses ascendants, pour s'engager à n'exercer aucune profession dérogeante. Autrefois des gentilshommes de la meilleure souche, pour appuyer leurs sollicitations auprès du roi, faisaient souvent constater qu'ils vivaient noblement dans leurs terres.

---

1. Registre paroissial de Grenord.

Il vient d'être dit que François de La Charlonie décéda le 7 juin 1662. Sa femme n'existait plus à cette époque, attendu que Nadaud nous apprend aussi que leurs deux fils, *Pierre* et Annet, se partagèrent la succession de leurs père et mère, le 7 juillet de cette même année.

1° *Pierre de La Charlonie*, écuyer, sieur de Flayat, nous est presque tout à fait inconnu. Dans un testament du 20 septembre 1662, qui paraît être le sien, il n'est nullement question d'héritiers, mais seulement de legs pieux ou à des serviteurs. D'autre part, la terre de Flayat ne passa pas, nous le verrons bientôt, entre les mains ni de son frère, ni de ses neveux. D'où nous concluons qu'il resta célibataire et que les deux frères ne durent pas vivre en bonne intelligence.

2° Annet de La Charlonie, écuyer, seigneur d'Entreroche et du Maine-Gaignaud, était conseiller au présidial d'Angoumois dès 1653, et juge-magistrat en la sénéchaussée, en 1673.

Le 8 octobre 1652, il épousa Marie Arnauld, fille de Philippe, écuyer, sieur de Chalonne, conseiller du roy et son premier avocat au présidial d'Angoumois, issu d'une famille, qui, depuis deux siècles, possédait les premières charges de la ville. Le plus ancien que rappelle Vigier de La Pile est Jean Arnauld, conseiller et lieutenant général en 1558, qui, cette même année, fut chargé de défendre à Paris les intérêts du corps de ville devant le Grand-Conseil. Aimé de tous et d'une intégrité parfaite, ainsi que le reconnait Pasquier dans sa plaidoirie pour la ville d'Angoulême, il eut une fin bien imméritée : pour avoir refusé de suivre les factions des calvinistes, ceux-ci l'étranglèrent chez lui, en 1568. De son mariage, célébré dix années avant, avec Georgette Bricq, il eut quatre enfants : 1° Alain ; 2° Charles, qui devint religieux de Saint-Cybard ; 3° Suzanne ; 4° Philippe.

Alain eut trois fils : 1° Pierre, avocat du roi, conseiller de l'hôtel de la maison de ville, en 1653 ; 2° Constantin, qui entra dans l'ordre des Récollets, où il devint custode des custodes et dont Vigier de La Pile écrit que « c'était un bel esprit, homme curieux et fort éloquent. On a de lui une oraison funèbre de la reine Marie-Thérèse d'Autriche, qu'il prononça à Bordeaux. Elle n'est pas une des moindres de celles qui furent faites alors sur cette grande princesse ». Vigier ajoute : « Le P. Constantin Arnauld eut plusieurs ennemis à combattre dans son ordre. L'envie est souvent plus grande dans l'état monastique que dans le monde. »

3° Le troisième enfant d'Alain était Philippe, qui fut élu maire le 10 avril 1639, et, le 7 septembre suivant, reçu, comme tel, conseiller après le décès de Jacques Laisné, écuyer, sieur de La Vallade. En 1640, il fut continué maire, nommé soubz-maire en 1641, et, en cette qualité, reçu, le 15 septembre 1642, en l'office d'eschevin vacant par la mort de Guillaume Aubert. En 1655, nous le retrouvons investi de la première magistrature de la cité. Le 10 septembre 1639, il avait fait déclaration au greffe de l'élection de vouloir vivre noblement. De son union avec Jacquette d'Armore, il eut : 1° Marie, qui épousa Annet de La Charlonie ; 2° Alain, connu sous le nom de Chalonne, capitaine au régiment de Piémont et l'un des écuyers de Son Altesse Sérénissime monseigneur le prince de Condé, puis gouverneur de la ville et château de Châteauroux. En 1679, il habitait sa maison noble de Chalonne, paroisse de Lhoumeau, avec sa femme Jeanne de Pontignac, qui ne lui donna que des filles, entre autres Claude mariée, en 1681, à Clément Bernard, écuyer, sieur de La Roque, fils de Louis, écuyer, sieur de La Font, et de Françoise Aigron.

Philippe Arnauld mourut le 28 mars 1659. Revenons à son gendre, Annet de La Charlonie. Plusieurs pièces le concernant ont été retrouvées dans les archives de la Charente.

C'est d'abord un compromis rédigé, dans les premiers mois de 1673, à la médiation de François Maissier, conseiller et premier avocat du roi, entre lui et Pierre Filhon, notaire royal, au sujet des « lods et ventes prétendus par ledit DE LA CHARLONIE sur la maison dudit Filhon ».

Puis un acte passé dans l'étude de maître Guillaume Jehu, notaire à Angoulême, et qui fait connaître qu'ANNET afferma, le 6 mai 1677, à Jacob Jaussen, marchand bourgeois demeurant à Angoulême, le moulin à papier du Maine-Gaignaud, sis au bourg et port de Ruelle, « consistant en 4 roues, 22 pelles, 2 cuves et presses à ce nécessaires. » Ladite ferme consentie moyennant 600 livres, sous la réserve que, « au cas qu'il y ait paix et à dater de la publication d'icelle en la ville de Paris, le prix de sa ferme sera augmenté de 100 livres par an. »

En 1689, Jacob Jaussen et Marie Plantif, sa femme, firent au bailleur la remise desdits moulins à papier.

L'année suivante, ANNET afferma à messire Hélie Aymard, prêtre, archiprêtre de Chasseneuil, une maison sise audit Chasseneuil.

Le 4 mai 1685, il fut témoin avec Marc-René de Voyer d'Argenson, lieutenant général au présidial d'Angoumois, de la révocation par messire François de Guez, chevalier, seigneur de Balzac, demeurant à Angoulême, paroisse de Saint-Paul, du testament mutuel fait entre lui et feue Anne Prévérauld, sa femme, le 30 avril 1672, devant maître Juilhard. Le testateur voulait que tous ses biens soient partagés entre ses fils: André, chevalier, seigneur de Balzac, gouverneur pour le roy des fort et citadelle de Dunkerque, et Claude, chevalier, seigneur de Puy de Neuville.

Peu après, ANNET eut un procès avec ce même Voyer d'Argenson pour des motifs inconnus. Il n'était pas seul du reste. Nous voyons, en effet, que, le 23 novembre 1686, il révoqua la procuration qu'il avait donnée à Daniel Tourre, procureur au Parlement, aux fins de le représenter dans ce litige, révocation qui fut pareillement signifiée audit procureur par maître Charles Ferrand, écuyer, sieur des Roches, lieutenant particulier, assesseur criminel en la sénéchaussée et siège présidial d'Angoumois, que Vigier de La Pile dit « avoir été un savant, qui avait rempli son cabinet de raretés curieuses », Jean Thomas, écuyer, sieur des Bretonnières, Pierre des Forges, écuyer, sieur de Châtelard en Dirac, Jean Duboi s, sieur de LaVergne, Jean Sauvo, sieur du Bousquet, Jean Thomas, écuyer, sieur de Bardines, Roch Benoist, sieur de Ciers, Jean de Paris, écuyer, seigneur du Courret, conseiller pendant plusieurs années, puis lieutenant général, et François Maulde, sieur de Marsat, tous demeurant à Angoulême.

Citons encore deux reconnaissances à lui données : l'une par Pierre des Brandes, sieur du Petit-Vouillac, conseiller de l'hôtel-de-ville en 1653, comme étant aux droits de Louis d'Hauteclaire, écuyer, ci-devant seigneur du Maine-Gaignaud, ainsi que nous l'avons vu, de deux maisons situées à Angoulême, dans la paroisse du Petit Saint-Cybard et tenues noblement au devoir d'une paire de gants blancs estimés 2 sols 6 deniers, à muance de seigneur et de vassal ;

L'autre, à la date du 3 janvier 1685, par Marie Bouyer, pour une rente seigneuriale de 10 sols par an, pour raison d'une île en pré, anciennement appelée l'Ile-du-Comte et depuis l'Ile-des-Moreaux, située dans la Charente, près le pont anciennement appelé de Saint-Roch, en face de l'église de Lhoumeau, ladite île tenue de la seigneurie de La Combe Saint-Jean, autrement dite Le Maine-Gaignaud.

Annet de La Charlonie eut de Marie Arnauld trois enfants : 1° Hélie, qui continua la descendance directe ; 2° *Jean*, qui créa son rameau ; 3° une fille, qui devint religieuse du couvent de Saint-Ausone.

Hélie de La Charlonie, écuyer, seigneur du Maine-Gaignaud, qui habitait à Angoulême la paroisse de Saint-Antonin, nous occupera moins que son père. Quand nous aurons dit que, le 6 février 1692, son mariage avec Marie Salmon fut béni en présence de Léonard de La Forestie, escuyer, et de Pierre Benoit, dans l'église de Saint-Martial d'Angoulême [1], il ne nous restera plus qu'à faire connaître les prénoms des trois enfants qu'elle lui donna : 1° *Marie ;* 2° JEAN-ANNET ; 3° *Jeanne-Angélique.*

Nous n'avons pas été plus heureux dans nos recherches sur la famille de Marie Salmon, dont nous ne pouvons relater que ce que nous en apprend un acte de 1714 pour la constitution d'une rente au profit de Jean Birot, sieur de Brouzède, son gendre. Cette pièce indique qu'elle avait pour frère Jacques Salmon, sieur du Maine-Blanc, conseiller du roi, juge magistrat au présidial d'Angoulême, avec lequel elle constitua ladite rente [2].

Le 29 mai 1741, fut effectué le partage des biens de HÉLIE DE LA CHARLONIE entre sa veuve et ses enfants [3]. Ce partage suivit de très loin le décès de HÉLIE qui n'existait plus déjà en 1712, ainsi qu'il appert du contrat de mariage de sa fille *Marie,* du 27 mai de ladite année [4].

Disons encore de Marie Salmon qu'elle afferma, en 1721, pour cinq années et au prix de 200 livres par an, le moulin de Bourlion en Saint-Jacques de Lhoumeau, avec ses dépendances [5].

Fort heureusement que pour les enfants nos investigations ont été moins infructueuses ; voici ce qu'elles ont produit pour l'aînée :

Marie de La Charlonie vint au monde le 8 octobre 1693. En 1712, elle se maria, à Saint-Antonin d'Angoulême, avec Jean-François Birot, écuyer, seigneur de Ruelle et de Brouzède ; le contrat, passé devant maître Pierre Jehu, est du 27 mai, ainsi qu'il vient d'être dit.

Jean-François Birot descendait des Birot originaires de la paroisse de Montignac, dans laquelle se trouve le fief de

---

1. Registre paroissial de Saint-Martial d'Angoulême.
2-3-4. Archives de la Charente. Pierre Jehu, notaire royal à Angoulême.
5. Archives de la Charente. Guillaume Jehu, notaire royal à Angoulême.

Brouzède. L'ascendant le plus éloigné que nous lui connaissons, Pierre Birot, sieur de La Charrière, « avocat célèbre du présidial d'Angoulême [1] », a été anobli, en 1638, par sa réception, le 20 novembre de ladite année, comme premier pair de la maison de ville, en l'office de conseiller vacant par la promotion à celui d'échevin de Hélies Lévescot, escuyer, sieur de Coursac. Le 6 août 1639, il déclara devant MM. les officiers de l'élection qu'ayant été pourvu dudit office, le privilège de noblesse lui a été conféré [2]. Il mourut en 1645 et, le 5 septembre du même an, Michel Faure, escuyer, sieur de Gourgeat, conseiller du roy élu en l'élection d'Angoumois, fut choisi pour le remplacer. Marié à Marie Landin, il en eut cinq enfants: 1° Jean, écuyer, qui suit ; 2° Pierre, écuyer, sieur de La Charrière, confirmé dans sa noblesse les 31 décembre 1669 et 16 février 1706 ; 3° François, écuyer, sieur du Breuil ; 4° Josias, écuyer, sieur de Servole, qui fut, ainsi que le précédent, maintenu dans sa noblesse le 16 février 1706 et eut un fils, Pierre, sieur de La Clavière ; 5° François, écuyer, sieur d'Amblecourt, aussi maintenu en 1706.

Jean Birot, qui naquit dans la nuit du 24 au 25 janvier 1613, embrassa la médecine. Par contrat du 13 janvier 1637, il épousa Louise Bouquet, qui lui donna au moins deux fils : 1° Pascal, écuyer, docteur en médecine comme son père et marié, par contrat du 4 août 1662, à Marie Gaultier. Ses privilèges furent reconnus les 31 décembre 1669, 17 juillet 1670 et 16 février 1706, en même temps que ceux de son père ; 2° Jean Birot, écuyer, sieur de Brouzède, né le 1er septembre 1651, qui épousa, par contrat du 7 juin 1677, Anne Raimbaut, fille de François, sieur de Roissac, et de Marie Blanchard. Le mariage fut célébré à Angoulême, où habitaient les familles des conjoints. Nous leur connaissons trois

---

1. *Histoire de l'Angoumois*, de Vigier de La Pile.
2. Papiers de famille.

enfants : 1° Marie-Madeleine, qui épousa, par contrat du 18 mai 1703, reçu par Boilevin, notaire royal à Angoulême, Robert de Guillaume, écuyer, seigneur de Châteaubrun et du Maine-Giraud, situé dans la paroisse de Champagne, châtellenie de Blanzac. Le 28 mai 1712, ses père et mère, au lendemain de la signature du contrat de leur second fils, Jean-François, firent abandon de leurs rentes dans la châtellenie de Blanzac, pour se libérer d'une somme de 1,000 livres restant due sur la dot qu'ils avaient constituée à ladite Marie-Madeleine [1]. 2° Jean-François, qui suit; 3° Pierre, qui servit sur terre et sur mer et se maria, le 20 novembre 1721, avec Anne-Rose Guimard, fille de Jean, chevalier, seigneur de Jalleys et du Banchet, chevalier d'honneur au présidial d'Angoumois, et de Marie Gignac. Il en eut deux garçons qui embrassèrent la carrière des armes et deux filles. Devenu veuf, il entra dans les ordres et fut par la suite chanoine de Saint-Pierre sous le nom de l'abbé de Brouzède.

Jean-François Birot, écuyer, seigneur de Ruelle et de Brouzède, vint au monde le 24 décembre 1686. Il passa sa jeunesse au service du roi. Vigier de La Pile ajoute qu'il eut ensuite une charge de conseiller d'honneur au présidial. A l'âge de vingt-six ans, il épousa *Marie de La Charlonie*, qui n'en comptait que dix-huit et quelques mois.

Son père avait été maintenu en 1692. Quant à lui, un arrêt de la Cour des aides du 19 août 1718 le confirma « en la qualité de noble et écuyer ». Le 29 mars 1775, il mourut à Angoulême, à l'âge de quatre-vingt-neuf ans. Sa veuve ne devait pas longtemps lui survivre; elle décéda deux mois après, jour pour jour. Ils laissaient après eux trois fils et deux filles : 1° Jean, écuyer, seigneur de Ruelle; 2° Marie-Anne, baptisée à Saint-Antonin le 2 mai 1715; 3° Pierre-François, qui suit; 4° Jean-Charles, écuyer, sei-

1. Archives de la Charente. Pierre Jehu, notaire royal à Angoulême.

gneur de Puyzélier et de Ruelle, né le 6 mars 1723 et baptisé ce même jour, ayant pour parrain et marraine ses frère et sœur, Jean et Marie-Anne. En 1775, il était maréchal des logis aux gardes du corps du roi, compagnie de Noailles, et fut fait chevalier de Saint-Louis; 5o Angélique-Madeleine, demoiselle de Ruelle.

Pierre-François Birot, écuyer, seigneur de Ruelle, qui vint au monde le 4 octobre 1716 et fut tenu, à cette date, sur les fonts baptismaux de Saint-Antonin, comme ses frères et sœurs, par Pierre Birot, écuyer, sieur de Brouzède, lieutenant en pied du régiment d'infanterie de Bigorre, et *Jeanne-Angélique de La Charlonie*, entra dans l'administration des douanes. En 1775, nous le trouvons receveur des droits d'entrée et de sortie à Darneton sur la Lys, dans la Flandre occidentale. Ses titres de noblesse furent confirmés le 15 février 1777. C'est à Darneton sans doute qu'il épousa Marie-Thérèse Vandevelde, dont il eut Auguste-Hippolyte, qui, sous le premier empire, était vérificateur des douanes à Ostende. Marié à Anne-Marie-Antoinette Cléaz, celui-ci mourut, en 1832, à Dunkerque, laissant après lui deux enfants : 1o Joseph-Dominique Birot de Ruelle, lieutenant aux pupilles de la garde, puis vérificateur des douanes à Lille. Né à Gand, le 22 décembre 1793, il mourut à Paris, en 1865. Il était médaillé de Sainte-Hélène. Nous avons retrouvé ses traces dans les archives de la direction de Nantes : elles mentionnent qu'il débuta par le bureau de La Béraudière dépendant de celle de La Rochelle, en février 1816; qu'au mois de juillet suivant, il fut nommé à Challans, qui était attaché à Nantes, et qu'en 1819, au mois de février, il reçut son changement pour Mortagne dans la direction de Valenciennes.

2o Auguste-Emmanuel Birot de Ruelle, son frère, vit le jour à Ostende, le 7 mai 1803. Lui aussi embrassa la carrière des douanes, et il était vérificateur à Paris, lorsqu'il prit sa retraite.

Marié, en 1834, à N. Bacqueville de La Vasserie, veuve de Jean-Baptiste Pelletier, professeur de dessin et de peinture à l'école du génie à Arras, il n'en eut pas d'enfants et adopta son beau-fils, Théodore-Léopold Pelletier, attaché à la direction générale des douanes, et aux côtés duquel nous avons eu le plaisir de travailler pendant notre passage au ministère des Finances, de 1872 à 1880. Cette adoption faite judiciairement permit à M. Pelletier d'ajouter à son nom celui de Birot de Ruelle, et de son mariage, en 1859, avec Augusta-Lucie Bacqueville de La Vasserie, sa cousine, est issu un fils inscrit à la mairie de Saint-Cloud sous les noms et prénoms de Pelletier Birot de Ruelle, Auguste-Léopold-Marie.

Parfois, trop rarement plutôt, nous avions au ministère la visite de M. de Ruelle, qui, bien que frappé d'une cécité complète, était toujours d'une gaieté rare chez les personnes âgées et d'une affabilité de caractère, qui ne se rencontre pas souvent non plus.

C'est à l'aimable obligeance de notre ancien camarade, qui partage, depuis quelques années, les loisirs que procure la retraite, entre l'éducation de son fils, la peinture et les soins que réclament ses fleurs, dans sa charmante villa de Saint-Cloud, où s'est éteint, dans sa quatre-vingt-unième année, le 1er février 1884, son vénérable père adoptif, que nous devons en grande partie les données qui ont permis de reconstituer la généalogie des Birot de Ruelle. Nous sommes très heureux de lui renouveler ici nos vifs remerciements, ainsi que l'assurance de notre amitié sincère, en retour de celle qu'il veut bien nous témoigner.

Jeanne-Angélique de La Charlonie, la seconde fille d'HÉLIE, naquit en 1701. Le 21 juillet 1727, elle épousa Anthoine Le Roy, escuyer, seigneur de Saint-Georges et du Breuil de Bonneuil, chevalier de Lenchère, né, en 1687, de François et d'Anne de Cérétany. La bénédiction nuptiale leur fut donnée dans l'église Saint-Antonin d'Angoulême.

Nous espérions faire remonter plus haut la généalogie des Lenchère, qui ont été confirmés dans leur noblesse par Begon, le 21 juin 1698, au vu de titres dont le plus ancien datait de 1533 ; mais nos tentatives à ce sujet se sont heurtées à un mauvais vouloir égoïste, auquel ne nous ont pas habitué tant d'autres chercheurs bienveillants, qui n'ont pas cru diminuer leur savoir en se montrant aimables. M. l'abbé X... (soyons plus généreux que lui) nous a, en effet, refusé, malgré de très instantes prières, la communication des papiers à lui confiés par la famille et qu'elle avait gracieusement mis à notre disposition, obligeance dont nous n'avons pu profiter, grâce au parti-pris de ce détenteur peu scrupuleux.

Restaient les archives des paroisses de Bonneuil, Dignac, Villebois-la-Valette, Blazaguet et Saint-Cybard-le-Peyrat ; mais les fouilles que nous y avons pratiquées ont été presque complètement infructueuses. Les registres de Bonneuil et de Dignac seuls portent quelques traces du nom : on y découvre messire Gaston Le Roy, chevalier, seigneur de Lenchère, et Marie Le Roy de Bonneuil, frère et sœur sans doute d'Anthoine. Le premier épousa Angélique Frougear, dont il parait avoir eu trois filles : 1° Marie, qui s'unit, le 14 avril 1713, à messire Pierre Raymond, de la paroisse de Mareuil en Périgord ; 2° Julie-Anne, mariée, le 20 avril 1719, à messire Gabriel de Chasseau, chevalier, seigneur des Contes, de la paroisse de Voulgézac, en présence d'Anthoine Le Roy, Marie Le Roy, Marie de Montalembert et autres. Cette union, ainsi que celle de Marie, fut bénie par messire Rambaud, curé [1] ; 3° Magdeleine, qui vint au monde, le 29 no-

---

1. La première signature du curé Rambaud dans le registre de Dignac date de 1705 et on l'y retrouve jusqu'en 1739. A partir de cette dernière année jusqu'en 1748, les feuillets manquent, et, comme, après cette période de temps, la paroisse est desservie par le curé Thevet, on ne saurait dire quand et comment l'abbé Rambaud, qui était sans doute des Rambaud, de Châteauneuf, a cessé d'être curé de Dignac.

vembre 1694, à La Borie, et fut tenue, le lendemain, sur les fonts baptismaux de Dignac par messire Pierre Frougear, chevalier, seigneur de La Pommeraye, et dame Magdeleine Normand.

Quant à Marie Le Roy de Bonneuil, elle épousa, le 23 septembre 1726, messire Étienne de Pindray, escuyer, seigneur de Boismarie, de la paroisse de Sainte-Croix, diocèse de Périgueux. Étaient présents : Marie Le Roy, Gaston Le Roy, Anne Le Roy, Anthoine Le Roy.

Nous espérions être plus heureux au ministère de la Marine, certaines données nous ayant appris qu'Anthoine Le Roy lui-même et plusieurs de ses grands-parents avaient servi sur les vaisseaux du roi; mais là aussi nos fouilles n'ont produit que de très-maigres résultats : En 1684, un Le Roy de Lenchère a été nommé garde de la marine [1], puis sous-brigadier le 23 décembre 1690, et, le 22 mars 1692, est parti en « congé absolu ».

Un autre de Lenchère fut pareillement fait garde de la marine, le 9 janvier 1709, et garde du pavillon [2], le 1er juillet 1716. Son « congé absolu » date du 5 juin 1724.

Quant à Anthoine Le Roy de Lenchère, les archives ministérielles sont muettes sur son compte. Dans les minutes de Pierre Jehu, notaire royal à Angoulême, nous retrouvons une vente du 9 novembre 1727, consentie, moyennant 499 livres 15 sols, par Anthoine Le Roy, chevalier, seigneur de Saint-Georges et du Breuil, et sa femme, *Angélique de La Charlonie*, à Christophe Bouillon, bourgeois, demeurant à l'Isle-d'Espagnac, de deux pièces de bois sises dans cette der-

---

1. Garde de la marine, gardes-marine, s'est dit autrefois d'un corps composé de trois compagnies de deux cents gentilshommes nommés par le roi pour la garde de l'amiral et pour s'instruire dans le service de la mer. La garde de la marine fut établie par Colbert, en 1670, à Brest, à Rochefort et à Toulon.

2. Les gardes du pavillon ou de l'étendard étaient anciennement dans le corps des galères ce que furent les gardes-marine dans celui de la marine.

nière paroisse et obvenues à la dame *de La Charlonie* de la succession du seigneur du Maine-Gaignaud, son père.

Par le registre de Bonneuil nous savons qu'Anthoine mourut, en 1769, à l'âge de quatre-vingt-deux ans, et fut inhumé, le 31 juillet de ladite année, dans la chapelle du Breuil. Sa femme, décédée dix-neuf ans plus tôt, le 21 mai 1750, avait donné le jour à cinq enfants : 1° François, qui suit; 2° Mathieu-Gaston, baptisé à Bonneuil, le 23 septembre 1729. Ses parrain et marraine étaient : François Le Roy, au nom de messire Gaston Le Roy, seigneur de Marteron[1], et Marie Salmon, qui remplaçait *Marie de La Charlonie,* tante de l'enfant. A l'exemple de ses ascendants, il entra au service du roi. Lorsqu'il mourut en Corse, le 4 décembre 1768, il était aide-maréchal des logis de l'armée. Son inhumation eut lieu dans l'église de Saint-Jean-Baptiste de Jarronchia de Bastia, où nos investigations pour retrouver ses traces, là encore, ont été inutiles, les registres de ladite paroisse ne comprenant plus l'année 1768 et bien d'autres.

3° Jean, chevalier de Lenchère, seigneur du Breuil-de-Dignac en La Valette, naquit, le 7 janvier 1731, à Angoulême, paroisse Saint-Antonin, où il fut présenté le même jour, pour son baptême, par son oncle, JEAN-ANNET DE LA CHARLONIE et damoiselle Julie Daliger. A l'exemple de son aîné, il embrassa la carrière des armes; en janvier 1747, à seize ans, il entra comme volontaire au régiment de Flandres-Infanterie, alors commandé par le colonel comte de Choiseul-Beaupré, François-Martial, et où se trouvaient, comme nous le verrons bientôt, ses oncles à la mode de Bretagne, *Philippe et Louis-François de La Charlonie.* Le 7 juin de la même année, il reçut son brevet de lieutenant en second à la compagnie ordinaire et fut promu, le 1er janvier suivant, lieutenant à la com-

---

1. Rainguet, dans ses *Études sur l'arrondissement de Jonzac,* indique comme habitant, en 1780, le logis noble de Montville en Neuvicq, Gaston Le Roy, écuyer, sieur de Martron.

pagnie de Didier de Tournainville. Cinq mois après, il suivait son corps envoyé en Corse, pour la répression des incessantes révoltes des sujets de la République de Gênes.

Le chevalier de Lenchère devait séjourner longtemps dans cette île, où nous le retrouvons encore le 20 avril 1757, date de sa nomination de major du régiment de cavalerie corse. Réformé avec ce corps, juste à deux ans de là, il fut entretenu, disent ses états de services, comme capitaine à la suite du régiment du mestre de camp général de la cavalerie, à compter du 13 avril 1760. En cette même année, il devint aide de camp du marquis de Castries [1], commandant la cavalerie de la réserve de gauche de l'armée d'Allemagne, puis, le 1er mai 1761, aide-maréchal général des logis de l'armée du Bas-Rhin, sous les ordres du prince de Soubise, Charles de Rohan, que la protection de madame de Pompadour avait malencontreusement désigné pour ce haut commandement. Élevé, le 5 avril 1762, au rang de lieutenant-colonel de cavalerie, le 1er mai suivant, il fut fait aide-maréchal des logis des armées en Allemagne, où il demeura jusqu'à la conclusion de la paix, en 1763.

Après cette campagne, qui lui valut, le 1er février de cette dernière année, la croix de chevalier de Saint-Louis, il fut envoyé de nouveau en Corse, à la date du 1er septembre 1764, pour y continuer les fonctions de maréchal général des logis. Le 29 février 1768, il prit rang de mestre de camp et se distingua d'une façon brillante dans la conquête du cap Corse ; aussi le duc de Choiseul lui écrivait-il, le 10 septembre 1768, les lignes suivantes : « M. le comte de Marbœuf [2] ne m'a pas laissé ignorer,

---

1. Castries (Charles-Eugène-Gabriel de La Croix, marquis de), maréchal de France, né en 1727, mort en 1801, à Wolfenbüttler.

2 Marbœuf (Louis-Charles-René, marquis de), général, né près de Rennes, en 1736, mort en 1788. Envoyé en Corse pour soumettre cette île à la France, en 1764, il subit plusieurs échecs, mais l'appui du comte de Vaux

monsieur, la part que vous avez prise aux dispositions qui ont été faites pour la conquête du cap Corse ; j'en ay rendu compte au Roy et sa majesté m'a autorisé à vous marquer sa satisfaction. »

La mort de son frère Gaston, survenue, comme il a été dit, le 4 décembre de cette même année, fut pour lui l'objet d'un cruel chagrin. Il en faisait part en ces termes, six jours après, au marquis de Castries : « Je suis dans l'accablement de la douleur la plus vive et la plus forte. J'ay perdu mon frère; j'ay perdu en lui mon meilleur camarade et un tendre ami, que je regretterai toute ma vie. Il est mort au moment où ses services et le suffrage de ses généraux pouvaient le mettre à même de faire quelque chose. »

Promu brigadier de cavalerie, le 22 janvier 1769, le chevalier de Lenchère cessa, le 15 juin suivant, ses fonctions de maréchal général des logis et commanda successivement à Ajaccio et à Corte, après l'annexion. Sa santé l'obligea à revenir sur le continent ; mais, dès qu'il put servir de nouveau, il reprit en Alsace, le 1er mai 1775, avec le maréchal de Contades, l'emploi de maréchal général des logis, puis, à la suppression de ce grade, celui de brigadier, en 1777. Le 22 octobre 1778, il fut appelé au dépôt de la guerre sous M. de Vaux [1], et, le 1er mai 1780, il était promu maréchal de camp.

Les fatigues occasionnées par ses continuelles campagnes

---

l'aida à repousser Paoli et il fut nommé gouverneur de l'île avec le titre de commandant en chef. Il prit plusieurs jeunes Corses et les envoya en France faire leur éducation ; Napoléon fut du nombre.

1. Vaux (Noël de Jourda, comte de), maréchal de France, né au château de Vaux, près de Puy-en-Velay, en 1705, mort à Grenoble en 1788. Il servit successivement en Italie, en Corse, en Allemagne, en Flandre et se distingua à la défense de Prague, à Fontenoy, aux sièges de Tournay et de Bruxelles. Nommé lieutenant général en 1759, il força le prince Ferdinand à lever le siège de Gartlingue, et, en 1769, soumit en deux mois la Corse révoltée. Il obtint le bâton de maréchal. (*Larousse*).

(il en comptait vingt-cinq), furent la cause de sa mort prématurée, à Paris, à moins de cinquante ans, le 17 décembre 1780. A cette époque, il habitait la paroisse Saint-Eustache, dans le registre de laquelle nous espérions être plus heureux que pour son frère et retrouver son acte d'inhumation, mais les vandales de la Révolution, précurseurs des incendiaires de 1871, ont réduit à néant les archives de ladite paroisse. N'oublions pas d'ajouter, en témoignage de son bon cœur et de son amour du pays, que par une clause de son testament il laissait 500 livres aux pauvres de Dignac ;

4° Sa sœur, Suzanne, vit le jour au Breuil de Bonneuil, le 26 septembre 1734. Ses parrain et marraine furent Jean-François Le Roy et Anne Birot ;

5° Leur plus jeune frère, Jean-Roch, né et baptisé le 16 août 1736, prit également du service dans les armées du roi, en allant rejoindre son frère au régiment de Flandres. Il y fut nommé enseigne, le 16 mai 1755 ; lieutenant, le 19 octobre suivant, et commissionné capitaine, le 15 décembre 1761. L'état de ses services mentionne qu'il fut réformé le 22 mars 1763 et obtint, le 22 août 1764, une pension de 300 livres.

François Le Roy, chevalier, seigneur de Lenchère, du Breuil de Bonneuil, de Dignac et autres lieux, vint au monde le 28 juin 1728, à Angoulême et fut baptisé le surlendemain, à Saint-Antonin, ayant ses oncle et tante pour parrain et marraine, JEAN-ANNET DE LA CHARLONIE et *Marie de La Charlonie de Ruelle*. Il mourut au Breuil, le 1er décembre 1813. De sa femme, Marie-Magdeleine Babin de Barbezières, il avait eu huit enfants : 1° François, né le 24 juin 1765 ; 2° Jean-Annet, qui suit ; 3° Julie-Anne, née le 16 août 1769. Elle épousa, le 1er prairial an IX (21 mai 1801), Jean-César de Monéis ; 4° Jacques, né le 7 octobre 1770 et décédé un an après. Son inhumation dans la chapelle du Breuil date du 18 octobre 1771 ; 5° Françoise, née le 10 octobre 1771 et mariée, le 16 juin 1788, à Jean-César de Bonnefoy de

Bretauville, fils de « haut et puissant seigneur, Isaac de Bonnefoy de Bretauville, chevalier, seigneur de La Pouade et autres lieux, paroisse de Sigogne, et de Françoise-Magdeleine Laisné, demeurant au château de La Pouade ».

On verra plus loin la généalogie des Laisné, à propos de leur alliance avec les La Charlonie. Quant aux Bonnefoy de Bretauville, originaires de Normandie et établis, depuis le XVIe siècle, dans l'élection de Cognac, à Guitres, près de Jarnac-Charente, l'ancienneté et l'illustration de leur maison commandent de relater ici ce que nous savons d'eux.

Dans les dernières années du Xe siècle et au commencement du XIe, vivait Roger de Bonnefoy, baron de Bretauville, un des barons du duché de Normandie. Son fils, Jean, épousa, en 1027, Adelle de Melun et fut l'aïeul de Robert de Bonnefoy, baron de Bretauville, qui, d'après La Chesnaye-Desbois, se croisa. On ne voit cependant pas dans la galerie des croisades de Versailles les armes des Bonnefoy: *De sable aux 3 mains dextres appaumées d'or. L'écu timbré d'un casque de face, grillé, orné de ses lambrequins et surmonté d'une couronne de baron, et ayant pour cimier un bras armé, et pour supports deux lions léopardés, avec cette devise: Honneur, Courage et Fidélité.* Toutefois, la mention du généalogiste semble sérieusement corroborée par l'union à Constantinople, en 1098, de Robert de Bonnefoy avec Théodora de Comnène, issue d'Alexis Ier, empereur d'Orient, qui avait invoqué l'assistance des princes chrétiens assemblés à Plaisance contre les Turcs, dont la flotte menaçait sa capitale, demande suivie de la première croisade, en 1096.

Robert de Bonnefoy n'existait plus en 1132; en effet, le 14 mai de ladite année, Théodora testait en faveur de Roger, son fils, au préjudice de Hugues de Bonnefoy, baron de Bretauville, son aîné, pour cause d'ingratitude.

Après ces derniers, la descendance reste inconnue jusqu'à Pierre de Bonnefoy, baron de Bretauville, marié à Burgos, en 1370, avec Dona Béatrix de Lara, cousine de Henri II de

Castille, qu'il était allé servir contre Pierre-le-Cruel, son frère, à la suite de Bertrand du Guesclin. Henri de Castille avait autorisé cette alliance tant pour récompenser les services importants qu'il avait reçus du baron de Bretauville, qu'en considération « de la pureté de son sang et de l'ancienneté de sa race, dont la preuve fut faite, à cette occasion, par Alonzo Mauriquez, conseiller et juge d'armes du roi ».

De Dona Béatrix naquit Pierre de Bonnefoy, baron de Bretauville, qui épousa Henriette de Chevreuse, en 1399, et en eut Jean de Bonnefoy de Bretauville, camérier-major et capitaine de cinquante hommes d'armes des ordonnances de Jean Ier d'Aragon. Celui-ci s'unit, en 1436, à Jeanne d'Aure de Grammont, qui donna le jour à Jean de Bonnefoy de Bretauville, comme son père, camérier et capitaine. La femme de ce dernier, Catherine de Neillac, qu'il épousa en 1470, fut la mère de Charles de Bonnefoy de Bretauville, marié, en 1501, avec Anne de Beaumont, dont Pierre de Bonnefoy de Bretauville, qui prit pour femme, en 1537, Marguerite de Saint-Léger. Leur fils, Nicolas, eut le gouvernement de la ville de Pons et pays circonvoisins et fut gentilhomme ordinaire de la chambre du roi Henri IV, qui lui fit l'honneur de l'armer de sa propre main chevalier, en lui donnant à Chartres, le 6 octobre 1593, des lettres patentes conférant la chevalerie à tous ses descendants en ligne masculine. Marié, en 1571, à Louise de Polignac, il en eut Abraham de Bonnefoy de Bretauville, capitaine de cent hommes de guerre à pied dans la ville de Pons et qui épousa, en 1600, Marie de Chevaleau. Leur fils, François de Bonnnefoy de Bretauville, marié, en 1632, à Marguerite de Culant, en eut René de Bonnefoy de Bretauville, major du régiment de Navarre. De l'union de celui-ci, en 1679, avec Marie de Chièvres sortit Jacob de Bonnefoy de Bretauville, qui servit sur les vaisseaux du roi avec le grade d'enseigne et fut fait chevalier de Saint-Louis. Sa femme, Susanne de Martel, qu'il épousa en 1714, mit au monde Isaac de Bonnefoy de Bretauville, seigneur de La Pouade-Sigogne en partie et de Guitres, lieutenant des vaisseaux du roi et chevalier de Saint-Louis, marié, en 1764, à Françoise-Magdeleine Laisné, dame de Sigogne en partie et mère de Jean-César, le mari de Françoise Le Roy de Lenchère, qui avait trois sœurs puînées, dont il nous reste à parler.

6° Julie-Anne-Marthe, née le 10 janvier 1774, décédée le 29 mars suivant; 7° Julie-Anne-Françoise-Joséphine-Pauline, née le 19 juillet 1778; 8° Marie-Magdeleine-Françoise-Jeanne, née le 27 août 1779, décédée le 31 mars 1781.

Jean-Annet Le Roy, chevalier, seigneur de Lenchère, vint au monde, le 16 août 1767, au Breuil, ainsi que ses frères et sœurs. Il étudia au collège de Pontlevoy et, après avoir prouvé sa qualité de gentilhomme [1], fut admis, le 21 septembre 1782, à quinze ans, à l'école royale militaire de Paris, fondée par Louis XV, en 1751, pour cinquante gentilshommes nés sans biens et établie à Vincennes jusqu'à l'achèvement de l'hôtel du Champ-de-Mars construit sur les dessins de Gabriel [2]. Il en sortit, le 31 décembre 1784, avec le brevet de sous-lieutenant au régiment de Béarn, « le plus ancien des régiments de gentilshommes et fort recherché par la haute noblesse, alors en garnison au Fort-Louis-du-Rhin et commandé par le mestre de camp-colonel, marquis de Bartillat, Louis-François-Jules-Jeannot. » [3] Ses services lui valurent la croix de chevalier de Saint-Louis. Il mourut au Breuil, le 22 décembre 1812, laissant après

---

1. A la suite du règlement du 28 juillet 1783, sur les écoles royales militaires, dont le surintendant était, à cette date, le ministre de la guerre, marquis de Ségur, fait maréchal la même année, M. d'Hozier de Sérigny fut nommé « commissaire du roi pour certifier la noblesse des élèves ».

2. *Le voyageur à Paris*, 1790, par Thierry.

3. *Histoire de l'infanterie française*, par le général Susane.

lui deux enfants, qu'il avait eus de sa femme, Marie-Catherine-Louise de Plas : 1° Marie-Philippine-Élisabeth, qui vit le jour au Breuil, le 22 novembre 1816, et épousa Fernand Desroches de Chassay; 2° François-Annet-Louis-Gaston, né à Angoulême, le 21 mai 1821, et décédé au Breuil, le 3 mai 1881.

Du mariage de Gaston Le Roy de Lenchère, en date du 14 janvier 1851, à Saumur, avec Amélie du Temple, issue de René-Henry du Temple et de Marie-Louise Dutertre des Roches, sont nés deux fils et une fille : 1° Marie-Marthe, née à Saumur, le 19 octobre 1851, et mariée, le 2 octobre 1871, à François-Louis de Barbarin, fils d'Eutrope-Alexis-Gustave et d'Anne-Juliette Rousseau de Magnac; 2° Geoffroy, qui suit; 3° Annet-Pierre, né à Bonneuil, le 16 novembre 1866.

Geoffroy Le Roy de Lenchère, né le 24 octobre 1853 à Saumur, comme sa sœur, a épousé Marie-Louise-Radégonde de Nuchèze, qui a donné le jour à deux enfants : Antoine-Marie-Joseph-Radégonde, née au Breuil, le 21 août 1883, et Gaston-Louis-Marie-Joseph, né pareillement au Breuil, le 30 août 1885.

Jean-Annet de La Charlonie, écuyer, seigneur du Maine-Gaignaud et de Bourlion, a dû naître entre ses deux sœurs, en 1695 environ. En 1721, il épousa Anne Mesturas, fille de Jacques, procureur au présidial d'Angoumois, et de feue Françoise Martin. Cette union ne fut pas approuvée par sa mère qui, nous l'avons vu, était déjà veuve en 1712. Aussi lui fit-il sommation par acte passé devant Me Deroullède, notaire à Angoulême, en date du 27 mars 1721 [1], d'assister à son contrat.

Les raisons de ce dissentiment sont inconnues. Dans son opposition, Marie Salmon ne précise pas, elle allègue seulement que son fils, « en méprisant les lois divines et hu-

---

1. Archives de la Charente.

maines, mesme celles de la nature, veust luy plonger le poignard dans le seing, en voullant contracter un mariage qui ne luy convient de tout point, et qui, en toute manière, est très-inégal et très-désavantageux, et qui l'entraînerait dans un abîme de malheurs et dont il luy ferait un reproche éternel, si elle avait la faiblesse d'y consentir. »

Sans doute, ce refus provenait de la situation sociale de la famille de la jeune fille, qui devait être peu élevée, à en juger par le mariage qu'avait contracté l'une de ses sœurs, Marguerite, avec un sergent royal, du nom de Jean Chatenet; l'autre, semblablement prénommée, avait épousé Pierre Dupont, directeur de la poste d'Angoulême. Mais les considérations de l'espèce sont presque toujours sans valeur en pareille occurrence; amour, quand tu nous tiens, adieu prudence; aussi le contrat fut-il signé à cette même date du 27 mars 1721, pardevant le notaire sus-dénommé [1].

Malgré ces débuts toujours très fâcheux, le bonheur ne dut pas moins régner entre les nouveaux époux, et cette mutuelle entente, qu'un garçon et une fille vinrent fortifier encore, paraît n'avoir cessé qu'avec ses auteurs. En effet, le 4 décembre 1751, c'est-à-dire trente années après leur mariage et peu avant la mort de Jean-Annet, qui n'existait plus en 1757, ils firent abandon de tous leurs biens à leurs héritiers, ainsi qu'il est stipulé dans une transaction qui se trouve aux archives de la Charente, dans le dossier Labatud. Cette même année, en mai, Anne Mesturas renonça devant notaire à la succession de Françoise Martin, veuve de Jean Prévérauld, sieur du Pas [2].

Quant aux rapports entre la mère et le fils, nous ne saurions assurer quelle en fut la nature par la suite. Sans doute, les enfants qui complétèrent bientôt l'union de Jean-Annet et d'Anne amenèrent le rapprochement que presque

1. Archives de la Charente.
2. Archives de la Charente. Chollet, notaire royal à Angoulême.

toujours occasionnent ces événements heureux. La naissance d'un petit-fils a dû de tout temps désarmer le ressentiment de grands-parents dans la situation de la mère de JEAN-ANNET DE LA CHARLONIE. Ces petits êtres possèdent à eux seuls, dans leurs premiers bégayements, le secret d'une éloquence bien autrement convaincante que tous les raisonnements dont les auteurs de leurs jours ont dû vainement user.

Les souvenirs autres que nous avons rencontrés de JEAN-ANNET et de sa femme sont peu nombreux : Le 18 janvier 1740, une reconnaissance censuelle fut rendue au seigneur du Maine-Gaignaud par Jean Fauconnier, marchand de draps de soie, demeurant à Angoulême, paroisse Saint-Antonin, « pour raison des maisons, bâtiments, colombier, cour, jardin, fontaine, lavoir, gardoir et pré de Fontgrave, le tout sis à Angoulême, sur la rivière d'Anguienne, paroisse Saint-Martial, et tenu à cens de la seigneurie du Maine-Gaignaud [1]. »

A la date du 24 mars 1742, une autre reconnaissance censuelle lui fut également donnée par messire Jean-Louis Fé, écuyer, conseiller du roi, juge-magistrat au présidial d'Angoumois, seigneur de Font-Denis, Boisragon, Barqueville, Ligré et Vignes, Le Rozier, La Mesnarderie, Maumont, Le Fillet, Mosnac, Fontfroide et Frègenent, et maître Léonard du Tillet, seigneur d'Aubevie, aussi conseiller du roi et son procureur en la maîtrise particulière des eaux et forêts d'Angoumois, et qui fut maire et capitaine de la ville d'Angoulême de 1747 à 1751, pour une maison sise rue Froide, paroisse Saint-André, et récemment acquise de Louis Floranceau, sieur de Boisbedeuil [2].

Le 4 juillet 1757, Anne Mesturas, devenue veuve, et son fils vendirent, au prix de 3.200 livres, à Bernard Séguin,

---

1-2. Archives de la Charente. Guillaume Jehu, notaire royal à Angoulême.

sieur de Lagelie, un autre immeuble « sis rue des Trois-Fours, paroisse Saint-André, à main droite, en allant de la principale porte de Saint-André au rempart de la ville »[1].

Nous avons dit plus haut que JEAN-ANNET DE LA CHARLONIE eut deux enfants ; ils étaient prénommés BERNARD et *Françoise-Marie-Anne*. Celle-ci épousa Pierre de Labatud, seigneur des Pascauds, avocat en la cour et au présidial, et sur l'ascendance duquel nous n'avons pu nous procurer aucune indication précise. Nous pensons toutefois qu'il était fils de Pierre de Labatud qui, en 1723, était conseiller du roi et garde des sceaux en la chancellerie présidiale d'Angoumois.

Par suite des décès prématurés de ses beau-frère et belle-sœur, ainsi que de leur unique enfant, comme on le verra bientôt, le Maine-Gaignaud et Bourlion échurent en héritage à sa femme. Aussi, le retrouvons-nous, dans Sanson, avec la qualification de sieur du premier de ces fiefs, lors de son élection de maire d'Angoulême, en l'assemblée solennelle du corps de ville tenue le 31 mai 1754 ; il succédait à Élie-François Joubert, avocat, et fut remplacé, en 1757, par Claude Trémeau, écuyer, conseiller du roi, juge-magistrat au présidial d'Angoulême.

Pendant sa magistrature, le corps de ville fit élargir et aligner la rue allant de la porte Saint-Pierre à la place du Port. Les démolitions occasionnées par ces travaux ébranlèrent le mur de clôture de la petite cour touchant à la sacristie de l'église Saint-Jean. Pierre de Labatud offrit de reconstruire à ses frais ledit mur, ce qui fut accepté, le 10 août 1755, par l'archiprêtre, ainsi que les fabriciens et les notables de la paroisse[2].

Le 6 juin 1753, reconnaissance lui fut donnée par messire

---

1. Archives de la Charente. Guillaume Jehu, notaire royal à Angoulême.
2. Archives de la Charente. Chollet, notaire royal à Angoulême.

Salomon Chapiteau, écuyer, seigneur de Rémondias en Mainzac, châtellenie de Marthon et du Vignaud, « pour une maison sise à Angoulême, paroisse Saint-Paul, ouvrant sur la rue qui va du château royal à la porte de Chande, à présent murée, et confrontant par derrière à la maison ayant appartenu autrefois à messire de Balzac, possédée présentement par les Dames Carmélites. »[1]

Nous avons également retrouvé que, le 18 janvier 1754, hommage lui fut rendu par Jean Decoux, notaire royal à Champniers, pour raison des agriers récemment acquis par lui des seigneur et dame Birot de Ruelle, oncle et tante par alliance de Pierre de Labatud, et tenus de la seigneurie du Maine-Gaignaud au devoir d'une paire de gants blancs.

Sanson, en relevant la promotion de Pierre de Labatud, ajoute entre parenthèse : « Le fils a payé la finance. » C'est tout ce que nous savons de sa progéniture.

Bernard de La Charlonie, écuyer, seigneur de Bourlion, puis du Maine-Gaignaud, à la mort de son père, prit pour femme Marie-Philippe Hardouin de La Belotaye. Cette union, qui date du 4 août 1745, devait durer moins de dix années. Suivie de près par la naissance d'un fils, prénommé Bernard comme son père, elle promettait des jours heureux, lorsque la mort vint enlever, tout jeune encore, cet unique rejeton mâle des *La Charlonie d'Angoulême*, et, au commencement de 1752, ainsi que le prouve le procès verbal de l'état des logis, bâtiments et dépendances du Maine-Gaignaud, établi, à la requête de Pierre de Labatud, le 19 avril de cette même année[2], Bernard et sa femme moururent. Par suite, ainsi qu'il vient d'être dit en parlant d'elle, *Françoise-Marie-Anne de La Charlonie* hérita des biens et avoir de son frère Bernard. Les traces de ce dernier ont été retrouvées dans les documents analysés ci-après :

1-2. Archives de la Charente. Chollet, notaire royal à Angoulême.

C'est d'abord une déclaration de tenanciers, en date du 26 juin 1747, pour le Maine-Gaignaud [1]. Puis, en cette même année, des reconnaissances censuelles fournies pour la même seigneurie, touchant les prises des Jouberts, de La Vergnade, de La Cornuelle, des Rigauds, de Genis, des Grands-Quartiers et autres. [2]

Le 17 août 1749, pareille redevance donnée par messire Jean-Louis Rambaud, écuyer, seigneur de Mailloux, comme curateur de la fille de feu messire Henri Rambaud, vivant écuyer, seigneur de Bourg, son frère, « à cause d'une grande et belle maison sise au faubourg Saint-Jacques de Lhoumeau, sur la route qui va dudit faubourg à la porte du Pallet. » [3]

En 1751, Pierre Demay, chirurgien, et Jean Roullet, sergent royal, donnaient également redevance à messire Bernard de La Charlonie, écuyer, seigneur du Maine-Gaignaud, de Bourlion et autres lieux, pour une pièce de pré sur la rivière des prés Comtaux, au lieu dit Le Renfermis en la paroisse de Champniers [4].

Enfin, en 1751 encore, une reconnaissance de rente lui était fournie par Léonard David, procureur au présidial, et demoiselle Cécile Longeau, sa femme, pour une maison, sise à Angoulême, paroisse du Petit Saint-Cybard.

Comme nous venons de le dire, avec Bernard finit la branche des *La Charlonie d'Angoulême*, la lignée de *Jean*, le frère puîné de Hélie et auquel nous allons remonter pour sa biographie et celle de ses hoirs, étant de même tombée en quenouille. La branche de *Villars* subsistera donc seule et ce sera Jean-François, seigneur de Villars-Marange, qui, par suite, deviendra chef du nom et des armes, ainsi que l'indique Rencogne dans une des notes de son intéressante publication du testament de Gabriel de La Charlonye.

1-2-3-4. Archives de la Charente. Chollet, notaire royal à Angoulême.

IV

Rameau de Jean de La Charlonie, chevalier, seigneur de Nanclas.

Jean de La Charlonie, chevalier, seigneur de Nanclas, second fils d'ANNET et de Marie Arnauld, entra dans les armées du roi, où ses services lui valurent la croix de chevalier de Saint-Louis. C'est tout ce que nous en savons. Le 10 septembre 1696, il épousa, à Jarnac, Françoise Laisné de Gondeville. Née le 12 mai 1672, celle-ci avait été baptisée aussi à Jarnac, le 15 de ce même mois, un dimanche, et avait eu pour parrain : Pierre Laisné de La Barde, et pour marraine : Jeanne Maurin, du village de Chez-Gourry, « qui ont déclaré ne savoir signer. » L'aïeul de la jeune Françoise était moins illettré ; le registre paroissial porte la signature de « Laisné de La Barde, grand-père », où plutôt Pierre Laisné et sa commère étaient trop jeunes pour savoir écrire.

Françoise Laisné de Gondeville descendait en ligne directe de Jacques, fils de Guillaume Laisné, juge-prévost de Cognac et de Merpins, et de Sibille Boutaud, lequel Jacques fut anobli, ainsi que son frère cadet, Jean, juge-prévost d'Angoulême, par lettres patentes de Charles VIII, signées à Laval en novembre 1491 et enregistrées, le 31 janvier 1492, en la chambre des comptes. Ajoutons que les Laisné ont été maintenus par d'Aguesseau, en 1666, et par Begon, le 18 décembre 1699.

Jacques Laisné, auquel Nadeau donne un troisième frère, François, prieur de Saint-Eugène dans le diocèse de Saintes et qui ne paraît pas avoir été honoré des priviléges accordés à ses aînés, succéda à son père dans l'office de juge-prévost de Cognac et de Merpins. De son mariage avec Anne Odeau, fille du sieur de La Dourville et de Couzac, nous lui connaissons deux enfants : 1° Jacques, qui suit ; 2° Philippe, bachelier en droit, marié, le 1er avril 1524, à Marguerite de Riveron.

Jacques Laisné, écuyer, sieur de Fayolles, épousa, par contrat du 10 avril 1502, Françoise de Bardet, qui lui donna dix enfants, dont le troisième, Jean, continua la filiation qui nous intéresse.

Noble Jean Laisné, écuyer, sieur de La Jasson, paroisse des Trois-Palis, juge-sénéchal de Jarnac, s'unit en 1524, par contrat du 4 juin, à Marie de La Borie, fille de François, sieur de Lunesse, et de Françoise Normand. Ils eurent six enfants, dont l'aîné, noble Léonard Laisné, écuyer, sieur de La Jasson, fut procureur au présidial d'Angoulême. Celui-ci, marié en secondes noces, en 1614, à Jeanne Charreyron, avait eu de sa première femme, Philippe de Marsillac, six enfants, dont le second, Jacques, sieur de La Jasson, lieutenant du juge-prévost royal d'Angoulême, épousa, par contrat du 11 janvier 1600, Anne de La Quintinie, fille de feu Jean, receveur du comté de La Vauguyon, et de Marguerite de Chièvres, et le troisième, Pierre, écuyer, sieur de La Barde, procureur au présidial d'Angoulême après son père sans doute, puis juge-sénéchal de Jarnac comme son aïeul, continua la descendance qui nous mènera à Françoise Laisné. Le 16 juillet 1613, ce dernier obtint des lettres de relief de noblesse. Lui aussi se maria deux fois : le 24 novembre 1603, avec Élisabeth Gabard ; le 25 juin 1620, avec Jeanne Bernard, fille de noble Pierre, sieur de Javerzac, Montrauson et Les Vauzelles, secrétaire du roi, maison et couronne de France, et de Jeanne Roux, de Jarnac. De son premier mariage sont issus : 1° Philippe, qui suit ; 2° Hélie, sieur de Francherville.

Philippe Laisné, écuyer, seigneur de La Barde, épousa, le 29 octobre 1628, Jeanne Cousin, qui donna le jour à Pierre, écuyer, seigneur de Gondeville, marié à Marie de La Font, dont il eut : 1° en 1672, Françoise, l'épouse de *Jean de La Charlonie* ; 2° autre Françoise, mariée à Isaac Laisné, seigneur de Nanclas, La Nérolle, Gondeville et autres places, son cousin, lieutenant des armées du roy et gouverneur de Mont-Louis en Cerdagne, au moment de sa mort, survenue le 30 octobre 1704 ; 3° Étienne ; 4° François ; 5° Philippe, capitaine au régiment de Bannoisy en 1695, marié à Marguerite Fé.

C'est le père de Françoise Laisné et son beau-frère et cousin, Isaac Laisné de Nanclas, qui eurent à lutter, pendant dix-huit années, le premier, de mai 1683 à 1685, époque de sa mort ; le second, de 1685 au 8 janvier 1701, contre René de Culant, marquis de Ciré en Aunis, seigneur de Saint-Mesme, pour obtenir la construction d'une église à Gondeville. Notons en passant que les Culant devinrent possesseurs de la seigneurie de Saint-Mesme par le mariage contracté, le 27 octobre 1547, par Olivier de Culant, baron de Ciré, avec Françoise de La Rochebeaucourt, qui lui apporta ladite seigneurie, dont Jean de La Rochebeaucourt, chevalier, avait été gratifié par Louise de Savoie, duchesse d'Angoulême, mère de François Ier, sous le devoir d'un éperon doré, ou 5 sols tournois, pour sa valeur, à chaque mutation. (Aveu du 15 février 1528)[1].

Disons quelques mots de Gondeville et de son acquisition par les Laisné.

« Guillaume Laisné, escuyer, au nom et comme fondé de procuration de Philippe, l'aïeul de Françoise, et de damoiselle Jeanne Martin, son épouse », avait acquis, le 6 juillet 1655, de messire Anne-Charles de La Nauve, conseiller du

1. *A travers l'histoire de la contrée*, par M. P. de Lacroix.

roy ordinaire en tous ses conseils et cour de parlement de Paris, et messire Samuel de La Nauve, seigneur de Choisy-au-Bac, la terre, fief et seigneurie de Gondeville, moyennant une rente perpétuelle de 2.400 livres tournois. Cette terre, acquise, en 1252, de Jean Bot, escuyer, seigneur de Chasteauneuf, par Sallomon de Gondeville, chevalier, appartenait, en 1380, à Foulques de Gondeville, chevalier, et à son fils, Arnaud, lequel rendit aveu pour elle au duc d'Orléans, le 22 mai 1413. En 1445, elle était propriété de Jean Bouterouhe, écuyer, qui servit, en qualité de brigandinier du seigneur de Jarnac, au ban de 1467 [1]; puis de Guillaume Pelleteau, par suite de son mariage avec Agnès Bouterouhe, qui, veuve et remariée, en 1491, à noble homme Guillaume de Cruc, apporta ladite seigneurie à ce second mari, des mains duquel elle passa, en 1543, dans celles de Charles de Cruc, écuyer, qui la légua à sa veuve, Catherine de Brigolanges, qualifiée douairière de Gondeville dans un acte du 27 mai 1557, ainsi qu'à sa fille, Madeleine de Cruc, dame de Rioux. Celle-ci, le 10 mai 1590, échangea Gondeville contre la seigneurie de Courpignac avec Jean de La Rochebeaucourt, chevalier, qui le vendit, le 23 février 1607, à Isaac de Culant, chevalier, seigneur de Ciré. L'année d'après, le 22 décembre, Samuel de La Nauve, conseiller au parlement de Paris, en fit l'acquisition et le transmit, à sa mort, en 1645, à son fils Gabriel, chevalier, de qui le tinrent ses deux frères vendeurs de 1655, Anne-Charles et Samuel.

Gondeville resta dans la maison des Laisné jusque vers 1760, pour passer ensuite dans celle des Saulnier de Pierre-Levée, par le mariage de Françoise Laisné, nièce de *Jean de La Charlonie*, avec Louis-François Saulnier de Pierre-Levée, chevalier de Saint-Louis, lieutenant-colonel du régi-

---

1. *Dictionnaire historique et généalogique des familles du Poitou*, de Beauchet-Filleau et Ch. de Chergé, 1891.

ment d'Orléans-dragons, et dont les héritiers conservèrent le vieux château et sa terre jusqu'au 26 avril 1793. A cette date, Pierre Marchais de La Berge, sieur de La Chapelle, installé maire d'Angoulême, le 9 juillet 1772, et son fils aîné, Jean, négociants à Angoulême, l'acquirent au prix de 203,000 livres.

En 1820, un négociant de Jarnac, M. Mounier, l'acheta à son tour et, cinq années après, ce domaine passa entre les mains de Philippe-Joseph-Louis-Vincent-Hercule Labrousse de Mirebeau, ancien garde du corps du roi, qui le céda, en 1837, à Gabriel de Frétard, marié à *Marie-Anne-Adèle-Eustelle de La Charlonnie de Villars*, dont il sera parlé plus loin. Par cette union Gondeville redevenait la propriété d'une nouvelle alliance des La Charlonnie ; mais, à cette époque, « l'ancien chasteau et hostel noble » de Philippe Laisné « estant dans une isle de la rivière de Charente » n'existera plus. Les dernières pierres auront servi, vers 1820, à la construction du chai du nouveau logis [1].

Nous voici bien loin de *Jean de La Charlonie*. Cette digression, toutefois, ne nous semble pas déplacée ici, eu égard à l'intérêt du sujet qu'elle traite. Nous ajouterons que si le lecteur désire connaître par le menu la lutte, à certain moment meurtrière, qu'ont eue à soutenir le père de Françoise Laisné d'abord, puis Isaac Laisné, contre leur impérieux voisin, il pourra se satisfaire en prenant le volume des archives de Saintonge et d'Aunis cité en note et où se trouvent reproduites *in extenso* les pièces du procès. Comme nous, on prendra très certainement à cette lecture un réel plaisir.

Antérieurement à son mariage, qui fut célébré, avons-nous dit, en 1696, le 10 septembre, *Jean de La Charlonie* avait acquis, le 19 décembre 1690, de son futur beau-frère, Isaac

---

1. Archives historiques de Saintonge et d'Aunis. Vol. de 1880: *Fondation de l'église de Gondeville.*

Laisné, seigneur de Gondeville, le fief noble de Nanclas dans la paroisse de Jarnac et devint seigneur dudit lieu[1]. Nous le trouvons aussi avec le titre de « chevalier » dans un acte du 1er février 1702 et par lequel il donne quittance à Pierre Desbœufs, archiprêtre de Chasseneuil[2]. Plus tard, ses fils, *Philippe* et *Louis-François*, seront pareillement titrés, d'où il appert que leur père aurait reçu l'ordre de la chevalerie. Mais aucune indication, malgré nos recherches, n'a pu nous fixer sur cette question, qui, malgré cela, ne semble pas douteuse ; ce titre figurant en même temps que celui de chevalier de Saint-Louis, ne saurait être confondu avec lui.

Le 6 mai 1711, *Jean* fut parrain avec dame Marie Fé de son neveu, Jean Laisné, fils de Philippe et de Marguerite Fé.

Son décès advint en 1716 et précéda de plusieurs années celui de sa femme, qui mourut, le 21 février 1766, à l'âge de quatre-vingt-quatorze ans. Leurs portraits se trouvent chez notre cousin, M. Rambaud de Larocque, à Bassac. Ce sont deux belles peintures que nous admirions naguère; *Jean de La Charlonie* y est vêtu d'un habit écarlate, la poitrine cuirassée et ornée de la croix de Saint-Louis.

Vigier de La Pile a écrit que *Jean de La Charlonie* laissait deux garçons et plusieurs filles; ce qui est exact, bien que Françoise Laisné lui ait donné quatre fils : 1° *Philippe*; 2° *Louis-François*; 3° *Jean* ; 4° *Jean-Charles*. Mais les deux derniers, nés les 9 mars 1710 et 3 juin 1712, sont morts en bas âge et avant leur père. Leurs actes de baptême constituent les uniques traces qui en aient été retrouvées.

Ces quatre frères eurent quatre sœurs :

1° *Marie-Louise-Françoise*, née à Nanclas, comme tous

---

1. Archives de la Charente. Cauroy, notaire royal à Jarnac.

2. Archives de la Charente. Aigre, notaire royal à Angoulême.

ses frères et sœurs, le 7 août 1700, et baptisée le 21 du même mois, ayant pour parrain et marraine : *Pierre Arnauld*, conseiller du roi et juge au présidial d'Angoumois, et Marie-Louise-Rachel Birot, épouse de *François Arnauld*, écuyer, lieutenant particulier au siège présidial d'Angoumois et lieutenant général de police. L'un de ces *Arnauld* assistait, avec Samuel de Montignac, à la bénédiction du mariage de *Jean* avec Françoise Laisné ;

2° *Jeanne-Angélique*, du 18 septembre 1703. Elle eut pour parrain Pierre de La Badière ;

3° *Jeanne-Françoise*, du 4 août 1713, tenue sur les fonts baptismaux par son cousin, JEAN-ANNET DE LA CHARLONIE, écuyer, seigneur du Maine-Gaignaud, et Françoise Laisné de La Nérose ;

4° *Marguerite*, dont les traces n'ont été retrouvées que dans le testament de ses père et mère du 31 janvier 1716, reçu par Simouneau, notaire à Jarnac, et par lequel *Philippe*, l'aîné des enfants, était institué héritier universel, à charge de payer à chacun de ses frères 4,000 livres et 3,500 livres à chacune de ses sœurs. A la mort de *Jean de La Charlonie*, survenue cette même année, comme il est dit plus haut, *Marie-Louise-Françoise*, *Jeanne* et *Marguerite* entrèrent en religion : l'une à Lusignan, les autres à Magnac dans la Basse-Marche.

La descendance de *Jean* comptait donc huit enfants. *Philippe*, l'aîné, et *Louis-François*, le quatrième, embrassèrent le noble métier des armes à l'exemple de leur père et de leur oncle, Isaac Laisné, maréchal des camps et armées du roy et gouverneur de Mont-Louis, dont il est parlé plus haut. Leurs cousins germains, Louis-François et François Laisné, chevaliers, seigneurs de Gondeville, Mainxe et autres lieux, nés en 1700 et 1703, qui prirent du service à la même époque et devinrent : le premier, capitaine au régiment du Chelas-cavalerie ; le second, brigadier des armées du roy, ne furent sans doute pas non plus étrangers à cette détermination. Et bien leur en prit de suivre cette voie, car, s'ils ne parvinrent pas aux plus élevés des grades, comme leurs proches, leurs carrières n'en furent pas moins des mieux remplies, ainsi que nous allons le voir.

Philippe de La Charlonnie [1], que l'état de ses services tiré du ministère de la guerre présente sous le nom de *Nanclas*, vint au monde deux années après le mariage de ses père et mère, le 2 novembre 1698, et, le 1er avril 1718, c'est-à-dire à dix-neuf ans et demi, il entrait, en qualité de volontaire, au régiment de Flandres-infanterie, créé le 1er décembre 1684, au nom de cette province [2]. En mars de l'année suivante, *Philippe* partit avec son corps pour la guerre d'Espagne, dont les premières hostilités datèrent du mois d'avril.

Cette campagne engagée par Dubois, pendant la minorité de Louis XV, pour entraver les soi-disant projets de Philippe V à revendiquer la régence confiée à Philippe d'Orléans, fut conduite par le maréchal de Berwick, fils illégitime de Jacques II et d'Arabella Churchill, sœur du duc de Marlborough, et qui avait pris du service en France, après s'être distingué aux côtés de son père, au siège de Londonderry, en 1689, et à la bataille de La Boyne, le 1er juillet de l'année suivante. En remportant la célèbre victoire d'Almanza, en 1707, il avait sauvé la couronne de Philippe V, et, douze ans après, il se battait contre lui.

L'armée française forte seulement de quarante mille hommes ne compta que des succès ; les places de Fontarabie, de Saint-Sébastien et d'Urgel tombèrent tour à tour en notre pouvoir et la guerre finit en novembre, au gré du ministre français.

Philippe de La Charlonnie prit part à toutes les ren-

---

1. Sur les états de services de *Philippe* et de son frère, *Louis-François*, le nom de *La Charlonie* est écrit avec deux *n*.

2. *Histoire de l'infanterie française*, par le général Susane.

contres et se distingua dès les premières, car le 13 août, c'est-à-dire moins de dix-sept mois après son engagement, il reçut son brevet de lieutenant. Avec cela, il fut assez heureux pour se tirer sain et sauf de toutes les affaires. C'était d'un bon augure pour l'avenir et il se réalisa. Cette chance assez rare ne cessera, en effet, de le suivre dans ses nombreuses campagnes, ses états de services ne faisant mention d'aucune blessure.

Le régiment de Flandres rentra alors en France, où il devait tenir paisiblement garnison pendant treize années. *Philippe*, profitant de ces loisirs, venait en Angoumois. Le 18 février 1725, nous voyons qu'il fut parrain à Jarnac avec demoiselle Marie-Anne de Saint-Martin. Comme il n'avait déjà qu'à se louer de s'être fait soldat, il engageait beaucoup son jeune frère, *Louis-François*, qui était né le 2 octobre 1707 [1], à suivre son exemple, dès que son âge le lui permettrait. Celui-ci ne demandait pas mieux; mais comme il restait seul de garçon avec *Philippe*, *Jean* et *Jean-Charles* étant morts peu après leurs naissances, ainsi qu'il a été dit, ses père et mère goûtaient peu, sans doute, un projet dont la réalisation exposait leur second fils, tout comme le premier, à la mort. Les très-heureux débuts de *Philippe* triomphèrent des paternelles et surtout maternelles appréhensions, et *Louis-François*, à l'âge de vingt ans, en 1727, alla rejoindre son frère au régiment de Flandres, sur les contrôles duquel il figura sous le nom de *Nanclas de Monjourdain*, venant d'un fief entré dans la famille Laisné de Nanclas, le 7 août 1649. Le choix de ce corps était tout indiqué; *Philippe*

1. D'après les documents relevés au ministère de la guerre, *Louis-François* serait né le 1er septembre 1705. Cette date est erronée, ainsi que le prouve l'acte de baptême ci-après du registre paroissial de Jarnac : « Le 3 octobre 1707, a été baptisé *Louis-François*, fils naturel et légitime de messire *Jean de La Charlonie* et de dame Françoise de Laisné, du village de Nanclas de cette paroisse, né d'hier. Parrain F. Laisné, et marraine Marguerite de Laffon. »

n'y serait plus seul de la famille et son cadet, auquel il servirait de mentor, ne pourrait qu'y trouver bon accueil.

Les seules traces que nous ayons découvertes de lui, antérieurement à son incorporation, sont des 9 mars et 16 juin 1723. A la première de ces dates, il est parrain avec sa sœur, *Marie-Louise-Françoise*, de Louis Desbordes ; à la seconde, il est aussi parrain, cette fois avec Françoise Laisné, sa cousine, de François Laffie.

Notre jeune volontaire marcha sur les traces de son aîné; nommé enseigne [1], le 9 août 1730, deux ans après, le 19 du même mois, il fut promu au grade de lieutenant ; l'année suivante, le 11 avril, *Philippe* était fait capitaine. Mais ces bonnes nouvelles ne furent pas connues de leur père, qui mourut à Nanclas vers le milieu de 1729. *Louis-François* trouvait, toutefois, son avancement un peu en retard comparé à celui de son frère ; aussi pour l'activer souhaitait-il une très prochaine guerre. De son côté, *Philippe* pensait de même pour tous deux. Leurs désirs furent bientôt comblés avec la campagne d'Italie de 1733 et des années suivantes.

Cette guerre entreprise pour l'affranchissement de cette contrée du joug de l'Autriche (tout comme de nos jours de fâcheuse mémoire), commença en octobre. Quarante mille Français et douze mille Piémontais furent placés sous le commandement de Villars, nommé maréchal général, titre qu'avait porté Turenne. Plein d'ardeur, malgré ses quatre-vingts ans, il avait fait ses adieux en ces termes au cardinal-ministre de Fleury : « Dites au roy qu'il peut disposer de l'Italie, je vais la lui conquérir. » Le roi de Sardaigne, Charles-Emmanuel, avait été nommé généralissime

---

1. Un enseigne était un porte-drapeau. Les corps avaient plusieurs drapeaux à cette époque. Le régiment de Flandres en comptait trois, dont un blanc colonel et deux d'ordonnance formés dans chaque carré d'une bande jaune entre deux bandes bleues perpendiculaires à la hampe.

des forces combinées. L'armée impériale était sous les ordres du comte de Merci, feld-maréchal aussi actif qu'intrépide.

Le régiment de Flandres ne paraît pas avoir pris part aux premières opérations qui amenèrent la reddition de Vigevano, Pavie, Milan, Crémone, Novare, Tortone et d'autres places encore. Nous le retrouvons au combat de Colorno, livré dans les derniers jours de juin 1734, puis, le 19 du même mois, à la bataille de Parme. Villars, qui venait de mourir, le 17, à Turin, par suite de ses fatigues et surtout de l'amère déception que lui causa le rejet par Charles-Emmanuel du plan qu'il avait conçu, était remplacé par le maréchal, marquis de Coigni. La journée fut très chaude: Merci tomba mortellement blessé; le prince Louis de Wurtemberg, qui prit sa place, fut bientôt à son tour mis hors de combat; cinq autres généraux autrichiens et une foule d'officiers supérieurs eurent le même sort. Nos pertes en officiers furent presqu'aussi considérables, mais moindres de moitié en soldats. Le régiment de Flandres eut son mestre de camp tué, François-Armand de Laurencin, marquis de Mison, auquel ce corps avait été donné, le 6 décembre 1705, et qui le commandait conséquemment depuis vingt-neuf années. Plusieurs de ses officiers furent également frappés à mort et un plus grand nombre atteints de blessures plus ou moins graves [1]. *Louis-François de La Charlonie*, pour sa part, reçut un coup de feu à la hanche gauche. Quant à *Philippe*, il s'en tira sans la moindre égratignure.

La blessure du jeune lieutenant n'eut pas de suites fâcheuses et il put reprendre la campagne peu de temps après, ainsi que le prouve le détail de ses services.

Le colonel de Laurencin fut remplacé, le 19 juillet suivant, par Georges Erasmes, marquis de Contades [2].

Le roi de Sardaigne, qui était absent le jour de la bataille de Parme, reprit la conduite de l'armée, et sa lenteur habi-

1-2. *Histoire de l'infanterie française*, par le général Susane.

tuelle à poursuivre un ennemi battu nous causa une défaite à Guastalla, le 15 septembre. Ce jour-là, le général Konigsegg, qui avait remplacé Merci, tomba sur les Franco-Piémontais et faillit les mettre en déroute. Le régiment de Flandres était là ; mais, le 19, il prit aussi sa part de l'éclatante revanche des alliés [1]. Le prince Louis de Wurtemberg et plusieurs autres officiers périrent dans cette rencontre avec six mille hommes environ. Nos grands-parents passèrent sans atteintes ces deux journées, qui marquèrent les derniers combats de 1734. Toujours par suite du manque d'ardeur de Charles-Emmanuel à profiter de la victoire, des flots de sang avaient coulé sans résultat, depuis six mois, en Lombardie.

L'armée resta ainsi dans une funeste inaction, de la fin de septembre 1734 aux premiers mois de 1735; aussi, lorsque le duc de Noailles, successeur de Coigni, qui avait été mis à la tête de celle du Rhin (car nous nous battions également sur cette frontière), vint prendre son nouveau commandement, il fut atterré de l'état dans lequel il trouva ses troupes et ce fut à grand'peine qu'il parvint à améliorer cette situation. Heureusement qu'un renfort lui fut donné en mai, par les Espagnols, qui venaient d'inaugurer la dynastie des Bourbons de Naples, en créant ce trône pour don Carlos.

Devant ces forces imposantes, Konigsegg se replia prudemment sur le Tyrol italien. Revero, Reggio et Gonzagua furent le théâtre des rencontres dernières auxquelles prit part le régiment de Flandres [2]. La guerre était finie en principe, et si le traité de Vienne ne fut signé que trois ans après, c'est que l'Europe entière ayant voix au chapitre, des difficultés nouvelles surgissaient à chaque conférence.

Nos troupes regagnèrent la France. Le régiment de Flandres, qui, le 21 février 1735, était passé sous le com-

1-2. *Histoire de l'infanterie française*, par le général Susane.

mandement de Guy-Louis de Conningham [1], n'avait pas été un des moins éprouvés. Comme nous l'avons vu, les balles autrichiennes n'avaient pas épargné *Louis-François de La Charlonnie*, mais, à cette heure, la guérison de sa blessure était complète, et loin de se plaindre, il s'estimait au contraire heureux de sa situation, qui devint meilleure par son passage, le 9 mars 1735, à la compagnie colonelle, la première du régiment, celle que commandait le mestre de camp en personne. Il devait ce choix rare à la bravoure dont il avait fait preuve durant la campagne.

Quant à *Philippe*, comme en Espagne, l'ennemi ne lui avait fait aucun mal, et, à part les craintes que lui avait tout d'abord causées la blessure de son frère, il était sorti de cette guerre sans trop en souffrir.

Le traité de Vienne ayant attribué les duchés de Lorraine et de Bar à l'ex-roi de Pologne, Stanislas Leczinski, beau-père de Louis XV, qui devait à sa mort les donner à la France, ce qui advint en 1766, *Philippe* et *Louis-François de La Charlonnie* avaient donc combattu pour l'annexion future de cette province. A cent trente-deux ans de là, pendant l'année terrible, trois de leurs petits-neveux ont aussi combattu, dans les rangs du 75e de ligne, du 8e chasseurs à cheval et du régiment des mobiles de la Charente, pour la conservation de cette même Lorraine et aussi de l'Alsace; mais la France devait être mutilée. Fasse le ciel qu'à l'exemple de leurs devanciers, ils contribuent bientôt à leur retour à la mère-patrie! Après avoir subi la défaite, ils auront, Dieu aidant, leur petite part du triomphe.

Rentré en France, *Philippe* prit un congé et vint en Angoumois. Un acte du 27 décembre 1736, reçu par maître Cauroy, notaire à Jarnac [2], indique, en effet, qu'à cette époque il demeurait au lieu noble de Nanclas. Sans doute

---

1. *Histoire de l'infanterie française*, par le général Susane.
2. Archives de la Charente.

Louis-François fit de même. De retour à leur corps, les deux frères revécurent de la vie de garnison. Une nouvelle campagne, celle de Corse, s'ouvrit dans les premiers mois de 1738, mais le régiment de Flandres ne fut pas, dans le principe, désigné pour y prendre part.

Cette année-là, *Philippe* se trouvait de nouveau en Angoumois et assistait, le 17 novembre, au baptême célébré dans l'église de Saint-Léger de Cognac, d'Henri-Charles-Jacob de Brémond, né, le 21 juillet précédent, de Charles, comte d'Ars, et de Marie-Scholastique-Antoinette-Suzanne-Adélaïde-Gabrielle de Brémond. « Était présent, dit cet acte, messire *Philippe de La Charlonnie*, chevalier, seigneur de Nanclas, capitaine au régiment de Flandres-infanterie. »[1] Peu après *Philippe* rejoignit son régiment, qui partit bientôt pour la Corse.

La tyrannie exercée par les Génois sur leurs sujets corses avait de tout temps excité des révoltes qui n'avaient pu aboutir. Sous le roi Henri II, qui les secourut en 1547, ils eurent l'espoir de leur affranchissement, avec le patriote Sampiero à leur tête. Plus tard, en 1736, un aventurier allemand, le baron Théodore de Neuhof, vint en Corse et fascina tellement les insulaires qu'ils le proclamèrent roi. Mais la France, voyant sans peine dans cet homme un agent de l'Angleterre et de la Hollande, qui briguaient en commun le protectorat de cette île, s'entendit avec l'Autriche, qui ne s'opposa pas à une intervention armée, et, en février 1738, dix mille hommes de troupes françaises firent une descente. La résistance se montra très énergique et son ardeur eut plus d'un succès, facilités qu'ils étaient par les dispositions d'un pays des plus propices pour la guerre d'embuscades. Des renforts furent envoyés à notre petite armée, vers le milieu de 1739. Ils comprenaient, entre autres régiments, celui de Flandres, qui venait d'être donné, le 6 mai de cette même année, à

1. Registre paroissial de Cognac.

Joseph-Maurice-Annibal de Montmorency-Luxembourg, marquis de Béval [1]. Devant ces nouvelles forces, le soi-disant roi Théodore prit la fuite; c'était la fin des hostilités. Pour en prévenir le retour, les principaux chefs furent exilés. En septembre, la paix était rétablie.

Les deux frères sortirent sains et saufs de cette expédition, que le mode de combattre de nos adversaires rendait cependant très dangereuse. *Louis-François*, à cette occasion, donna encore des preuves de courage; le 25 novembre suivant, il eut rang de capitaine. L'absence d'une vacance empêcha de le pourvoir d'une compagnie, aussi resta-t-il à la première.

Pour assurer le maintien de la paix, les troupes ne quittèrent pas de suite la Corse. Elles n'en furent retirées que petit à petit, et le régiment de Flandres, sans doute parce qu'il avait été des derniers à prendre la campagne, fut des derniers aussi à revoir le continent; son retour s'effectua dans le courant de 1741. Mais *Philippe* l'avait précédé, ou, du moins, avait profité d'un congé, aussitôt la paix rétablie; le 11 mai 1740, il assistait encore, ainsi que le comte d'Ars, au baptême dans l'église de Saint-Léger de Cognac, de Louis Rodouan [2].

Le 27 janvier 1741, le commandement d'une compagnie avait été donné à *Louis-François*. Les deux capitaines vinrent, peu après, passer quelques mois près de leur mère, qu'ils perdirent vraisemblablement pendant ce séjour. A cette époque, *Philippe* ne possédait plus la seigneurie de Nanclas, qu'il avait vendue, trois années avant, le 12 mars 1738, à Jacques Poujaud, sieur de Chaignet [3], et à Suzanne Bigeon, sa femme.

Aucun autre incident de leur vie ne nous a été révélé jusqu'en

---

1. *Histoire de l'infanterie française*, par le général Susane.
2. Registre paroissial de Cognac.
3. Archives de la Charente. Cauroy, notaire royal à Jarnac.

1743, époque à laquelle leur régiment partit de nouveau pour l'Italie, où la guerre de la succession d'Autriche avait été entreprise, l'été précédent, par l'Espagne seule, la France, son alliée, ne lui ayant fourni aucun contingent, dans l'espoir de regagner Charles-Emmanuel, qui avait cédé aux instances des Anglais, après s'être assuré que la reine d'Espagne voulait tout pour son jeune fils.

Pendant les années 1743 et 1744 que Flandres employa à guerroyer dans l'Italie centrale d'abord, puis à Nice et à Coin, les faits intéressants pour nous ont trait à *Philippe*, qui prend le commandement d'une compagnie de grenadiers, le 10 septembre 1744, est fait chevalier de Saint-Louis, le 26 du même mois, et promu, le 19 novembre suivant, au grade de major.

L'année 1745 fut malheureuse pour l'Autriche et le Piémont. Les Franco-Espagnols, dans les derniers jours de septembre, écrasèrent le roi de Sardaigne; Acqui, Tortone, Pavie, Alexandrie, Valenza, Casal, Asti furent enlevées en quelques semaines. Nos troupes prirent leurs quartiers d'hiver en Piémont. Le régiment de Flandres, qui avait contribué à la prise de toutes ces places, celle de Casal seule exceptée, fut cantonné dans Asti [1].

Les débuts de l'année suivante devaient être funestes à *Louis-François de La Charlonnie*. Fréquemment inquiétés par l'ennemi, des sorties presque journalières étaient indispensables pour assurer la sécurité de nos cantonnements. C'est dans celle du 25 janvier que notre grand-parent reçut un coup de feu « au travers du corps », qui, pendant plusieurs jours, tint son existence en danger. Grâce à Dieu et aux soins assidus que lui fit donner son frère et qu'il lui prodigua lui-même, il échappa à la mort. Du reste, il n'avait pas été le seul à se plaindre de cette journée, dans laquelle le régiment tout entier fut fait prisonnier. Echangé peu après,

1. *Histoire de l'infanterie française*, par le général Susane.

il fut donné à François-Martial, comte de Choiseul-Beaupré [1]. Ce changement de colonel laisse supposer que le revers essuyé provenait de l'incurie ou de l'incapacité de l'ancien chef.

Cette fâcheuse guerre, à laquelle le cardinal de Fleury, mort depuis trois années, le 29 juin 1743, s'était opposé, ne fut plus qu'une série de fautes et d'échecs. L'armée française, sous les ordres du maréchal de Maillebois et les Espagnols commandés par le comte de Gagen furent battus le 16 juin. Le 10 août, ils prirent leur revanche, mais n'en surent profiter. Après s'être repliés à tort sur Nice, les alliés harcelés par les Piémontais abandonnèrent cette place et repassèrent le Var, le 17 septembre 1746. Par suite de cet abandon, les Gênois ouvrirent leurs portes aux Autrichiens; mais, outrés de leurs durs traitements, ils se révoltèrent, et, le 10 décembre, chassèrent leurs oppresseurs.

Le 21 janvier 1747, l'armée, sous le commandement du maréchal de Belle-Isle, reprit l'offensive sur tous les points. Gênes, en récompense de son courage, reçut des secours en argent et en hommes, qui lui permirent de tenir jusqu'à notre rentrée en Italie; mais les succès espérés ne se réalisèrent pas : le 19 juillet, nous essuyâmes, au col de l'Assiette, une défaite sanglante. Le chevalier de Belle-Isle, frère du maréchal, fut tué, au moment où il plantait un drapeau sur les retranchements piémontais. Peu après, le duc de Richelieu avec quinze mille hommes passa à Gênes, après avoir tourné l'ennemi, qui fut tout surpris de voir arriver sur ses derrières cette armée renforcée par les Génois. Les négociations furent alors entamées.

Les deux frères suivirent probablement la plupart de ces opérations. Toutefois, les renseignements conservés au ministère de la guerre ne constatent leur présence qu'à Nice en 1747 et à la défense de Gênes, dont nous n'avons pas encore parlé et qui date de février 1748. A cette époque, les

1. *Histoire de l'infanterie française*, par le général Susane.

Autrichiens tentèrent une nouvelle attaque contre le territoire génois, mais Richelieu les repoussa.

Cette défense marque la fin des campagnes de *Philippe* et de *Louis-François*. Si elles avaient failli, à deux reprises, coûter la vie à ce dernier, l'autre, par contre, était toujours sorti sans la moindre contusion de toutes ses rencontres avec l'ennemi, et il n'avait pas trop sujet de se plaindre non plus à l'endroit de son grade. En effet, l'année précédente, le 21 mars, il avait pris rang de lieutenant-colonel et, le 16 mars 1749, il fut promu au grade de commandant de bataillon.

Louis-François, comme il a été dit plus haut, avait été pourvu d'une compagnie, le 27 janvier 1741. En même temps que son frère prenait rang de lieutenant-colonel, le 21 mars 1747, il reçut la croix de chevalier de Saint-Louis. Avec ses blessures, il y a lieu de s'étonner que cette distinction ne lui ait pas été accordée plus tôt, d'autant qu'il ne fut pas trop privilégié non plus à l'endroit de l'avancement. A la fin des hostilités il était encore capitaine, et nous le retrouvons dans cette même situation, en 1751, lors de son mariage célébré, le 21 janvier, dans l'église de Saint-Léger de Cognac, avec Jacquette-Geneviève Roy, fille puînée de Guillemette Brugeron et de Pierre Roy, notaire royal à Segonzac, suivant lettres patentes du 30 janvier 1701, en même temps que juge-sénéchal des baronnie et châtellenies de Bourg-Charente, Moulinneuf, Les Courades, Puygallier, Mainxe et Mazottes. Née le 8 août 1711, à Segonzac, où elle fut tenue le 10 dudit mois, sur les fonts baptismaux, par Louis Gaultier et Jacquette Tabuteau, elle avait été mariée, le 14 avril 1744, à Joseph Gay de Bois-Clair, et devint veuve sans enfants, deux années après. Elle avait donc quarante ans, lorsqu'elle épousa en secondes noces *Louis-François*, qui en comptait alors quarante-quatre.

Son père était fils de Pierre Roy, aussi notaire royal, né en 1631, et décédé à Segonzac le 5 décembre 1700, qui eut encore d'Élisabeth Millaud, sa femme, une autre fille, Jeanne-Isabelle, et probablement deux fils : 1° Bernard, dont nous retrouvons le mariage à Segonzac, le 22 févrer 1694, avec Élisabeth de Jarnac; 2° François, sieur de Bel-Air, qui était parrain, le 21 mars 1688, de François de Saintarromain, et, le 23 avril 1698, du fils aîné, François, de Bernard Roy et d'Élisabeth de Jarnac. Dans ce dernier acte, il est qualifié de « major de la milice bourgeoise de Bouteville ».

Pierre Roy, l'aïeul de Jacquette-Geneviève, descendait sans doute de Jacques, qui vivait en 1593 et dont nous trouvons les traces dans les minutes de Mousnier, notaire à Angoulême, à propos de la vente faite, le 4 septembre de ladite année, par lui, Jacques Roy, notaire royal de la châtellenie de Bouteville, demeurant à Segonzac, à Louis Mongin, aussi notaire royal, demeurant au bourg de Bouteville, de sa charge et office. L'acte a été passé en présence de maître Daniel Brouchard, notaire royal à Cognac.

En 1770, Jean Roy, frère de Jacquette-Geneviève, fut anobli par l'acquisition de la charge de secrétaire du roy, maison et couronne de France près le parlement de Toulouse [1]. Avocat au parlement de Paris, qu'il habitait rue de l'Arbre-Sec, il avait précédemment acheté, en 1731, de maître Jean Bouhier, moyennant 2.400 livres, l'office de conseiller du roy et son procureur au siège de la prévôté royale de Bouteville. Il fut aussi lieutenant du roy en l'élection de Cognac. Mais ces charges ne l'avaient pas empêché de succéder à son père dans l'office de notaire royal qu'il vendit, toutefois, le 1er janvier 1750, pour 190 livres payées comptant, à Jean-Baptiste Gauron, praticien, demeurant au bourg de Vibrac.

Jean Roy acquit, en 1770, de la maison d'Ars, la terre

---

1. En disant que la charge de secrétaire du roi, maison et couronne de France anoblissait son titulaire dès le début de sa possession, nous commettons une erreur généralement accréditée. C'est à la troisième génération seulement que cet office conférait la noblesse et sous condition qu'il ait été possédé de père en fils, et par celui-ci, alors que celui-là était encore en exercice, ce qui nécessitait pour le fils l'acquisition d'une charge nouvelle.

d'Angeac, dont il prit le nom ; l'année précédente, il se disait seigneur des Courades, un petit fief de la paroisse de Segonzac et qu'il possédait par acquêt depuis 1768.

Il était né, le 18 février 1707, à Segonzac; avait eu pour parrain et marraine, Jean Brugeron, notaire royal, et Jeanne-Isabelle Roy, sa tante, et mourut en 1784. Marié, le 19 février 1737, à Julie Duquerroy, fille de Pierre, docteur en médecine, médecin du roy en la ville d'Angoulême, et de Julie Mesnard (contrat passé le 14 février 1737 devant maître Tabuteau, notaire royal à Angeac-Charente), il en eut cinq enfants, dont l'aînée, Guillemette-Anne, née à Segonzac, le 30 mars 1738, épousa, le 27 mai 1755, Jean Dupuy, avocat à Cognac et juge de la baronnie de Salles et Genté. Les 24 février 1759 et 30 novembre 1761, Jacquette-Geneviève et Julie issues de cette union eurent: la première, pour marraine dame Jacquette-Geneviève Roy, épouse de *Louis-François de La Charlonnie*, chevalier de Saint-Louis; la seconde, ce dernier pour parrain.

Deux ans après, c'est également *Louis-François* qui tint, comme il sera dit, sur les fonts baptismaux, dans l'église de Mérignac, *Marie de La Charlonnie*, fille de Jean-François, seigneur de Villars, et de Marie-Catherine de Jarnac. La marraine était Marie de Laborde, veuve de Jean de Jarnac, sieur de Bel-Air, avocat au parlement de Paris. Ce fait montre que les descendants des deux branches d'Angoulême et de Villars, bien que cousins à un degré très éloigné, n'en étaient pas moins demeurés unis comme leurs ascendants.

Revenons à *Louis-François* que nous retrouvons, le 12 janvier 1753, à la tête de la compagnie des grenadiers que commandait son frère, nommé, le 5 de ce même mois, lieutenant de roi de la citadelle de Strasbourg. Depuis le 3 décembre 1751, le régiment avait encore changé de colonel. Des mains du comte de Choiseul il était passé, à cette date, dans celles de Vital-Auguste de Grégori, marquis de Nozières, et, deux ans après, il fut incorporé en partie dans Touraine, le premier et le deuxième bataillons ayant formé le noyau d'un nouveau Flandres, que nous trouverons à Versailles, lors des tristes journées d'octobre 1789. Touraine, depuis le 1er février 1749, avait pour mestre de camp Anne-François, duc de Montmorency [1].

Le 14 février 1755, *Louis-François* fut admis à la retraite et vint avec sa femme se fixer à Cognac. Le 10 mars 1751, il avait fait abandon de son fief de Monjourdain à Jacques Poujaud de Chaignet, écuyer, seigneur de Nanclas, ce dernier fief acquis, nous l'avons vu, de *Philippe*, en 1738. Monjourdain en Jarnac avait appartenu aux Laisné à partir du 7 août 1649. Nous ne savons rien de *Louis-François*, de cette époque au 20 avril 1774, date de son admission aux Invalides comme commandant de bataillon de première classe. Nous n'avons pu également découvrir le pourquoi de cette détermination. Elle aurait pu provenir de la mort de sa femme; veuf et sans enfants, il se serait senti porté vers ses anciens camarades, bien qu'il eut deux sœurs qui auraient été heureuses certainement de le conserver près d'elles; mais Jacquette-Geneviève Roy existait à cette époque. Quelle qu'ait été la cause de cet éloignement de sa famille, le fait n'en est pas moins certain, ainsi que le prouve le détail de ses services et la note suivante copiée dans le registre matricule de l'hôtel des Invalides: « *Louis-François de La Charlonnie*, sieur de Monjourdain, chevalier de Saint-Louis, âgé de soixante-sept ans, natif de Saint-Pierre de Jarnac en Angoumois, élection de Coignac, généralité de La Rochelle, premier capitaine des grenadiers au régiment de Flandres, incorporé dans Touraine, où il a servi en cette même qualité pendant deux ans, et, avant cela, en qualité de capitaine factionnaire [2], etc., pendant vingt-six ans. Retiré en 1755, avec une pension de 500 livres, supprimée

---

1. *Histoire de l'infanterie française*, par le général Susane.

2. Capitaine d'infanterie qui devait passer à la place de capitaine de grenadiers, quand elle devenait vacante.

par son admission à l'hôtel, en qualité de commandant de bataillon de la première classe, suivant l'ordre du ministre du 20 avril 1774 et l'état dudit jour.

» Il fut blessé à Parme, en 1734.

» Est marié, catholique, pensionné chez lui. »

Cette nouvelle existence ne sourit pas longtemps à *Louis-François*. Sans pouvoir fixer le moment de sa sortie des Invalides, nous savons toutefois qu'elle fut antérieure au 3 février 1777, attendu qu'à cette date il assistait, dans la chapelle du château de Jarnac, en qualité de témoin, au mariage de « très-haut, très-puissant et très-illustre seigneur monseigneur Charles-Rosalie de Rohan-Chabot, comte de Jarnac, mestre de camp d'un régiment portant son nom, veuf de très-haute et très-illustre dame madame Guyonne-Hyacinthe de Pons, fils légitime de très-haut et très-illustre seigneur monseigneur Guy-Auguste de Rohan-Chabot, de son vivant lieutenant général des armées du roy, et de très-haute et très-illustre dame madame Marie-Yvonne Silvie de Rays, demeurant en son château de Jarnac, d'une part ; et de demoiselle mademoiselle Elisabeth Smith, fille majeure et légitime de feu très-haut et très-puissant seigneur monseigneur Jacques Smith, membre du parlement d'Irlande, esquire, et de vivante très-haute et très-puissante dame madame Marie Agat, de la ville de Dublin en Irlande, demeurant en la ville de Jarnac, d'autre part..... »[1]

A la signature de « messire *Louis-François de La Charlonie*, chevalier, seigneur de Foussan, chevalier de l'ordre royal et militaire de Saint-Louis », sont jointes celles des autres témoins : « Messire Louis-François Saulnier de Pierre-Levée, chevalier, seigneur de Gondeville, chevalier de l'ordre royal et militaire de Saint-Louis ; messire François-Hyacinthe Hauteclaire, chevalier, seigneur baron de Gour-

---

1. Registre paroissial de Jarnac, conservé au greffe du tribunal de Cognac.

ville, chevalier de l'ordre royal et militaire de Saint-Louis; messire Jérémie-Pierre-Eustache Bertrand, écuyer, sieur de Puyraimond. »

Ce document nous apprend aussi que *Louis-François* avait acquis, peu d'années avant sans doute, la terre de Foussan, située tout près de Jarnac, sur la rive gauche de la Charente. Mais ses jours étaient comptés: le 20 juin suivant, il mourut sans enfants, à Cognac, où il fut enterré le lendemain. Il était dans sa soixante-dixième année.

Sa veuve continua à vivre à Cognac. Le recensement de la population fait le 1er janvier 1793 porte à son endroit la mention suivante :

« Rue du Port des Frères, aujourd'hui rue Saulnier, nº 744 de la ville, maison Desbrunais-Lachataignerais.

» Jacquette-Geneviève Roy, veuve *La Charlonnie,* née à Segonzac, quatre-vingts ans, vivant de ses rentes.

» Marie Ferret, sa servante, trente ans, née paroisse d'Anville. »

La liste des logements militaires, pour la même année, en parle aussi comme suit :

« Nº 744, rue du Port des Frères, la citoyenne veuve *La Charlonnie*, deux volontaires. Le 16 mai ; le 18 mai ; 30 mai; 6 juin. Morte. »

En effet, le 10 juin 1793, à sept heures du matin, dit l'état civil de Cognac, Jacquette-Geneviève Roy mourut à l'âge de quatre-vingt-trois ans. La déclaration du décès fut faite par sa servante, Marie Ferret.

Nous avons laissé le frère de *Louis-François de La Charlonnie, Philippe,* au moment où il fut nommé gouverneur de la citadelle de Strasbourg, en 1753. Aucun incident de sa vie en Alsace ne nous a été révélé. Nous savons seulement qu'il conserva ses nouvelles fonctions jusqu'au 21 février 1782, date de sa mort, ainsi qu'il est dit dans son acte de décès rédigé en latin. Voici ce document pour la délivrance duquel l'autorité allemande, soit dit en passant, a fait preuve de plus de bonne volonté que nous n'en attendions d'elle : « Anno Domini millesimo septingentesimo octogesimo secundo die vigesimâ primâ februarii mortuus est : prænobilis et strenuus D. *Philippus de Charlonnie de Nanclas*, regii et militaris ordinis Sancti-Ludovici eques, antehac in arce Argentinensi Regis locum tenens annos octoginta quatuor circiter natus, sacramentis pœnitentiæ, Eucharistiæ et Extremæ-unctionis rite munitus ; et die sequenti ejusdem mensis et anni a me infra scripto honorifice sepultus est in cimeterio ecclesiæ nostræ contiguo : præsentibus testibus RR. DD. Bartholomæo Petit, submissario, et Bernardo Bert, Parochiæ vicario, qui una mecum subscripserunt.

» Petit, Bert, Pallas, canonicus et plebanus. »

Au moment de sa mort, deux sœurs restaient à *Philippe Marie-Louise-Françoise*, qui fut inhumée, le 26 septembre 1784, à Chassors, et *Jeanne-Françoise*, qui, le 20 avril 1749, avait épousé, par contrat du 14 de ce mois [1], son cousin, Louis de Laisné, écuyer, seigneur de La Barde, co-seigneur de Gondeville, fils de Philippe et de Marguerite Fé. Cette union avait été bénie à Chassors par *François de La Charlonnie*, de la branche de Villars, et, à l'époque, gardien [2] des Pères Cordeliers de Cognac, dont le couvent, le plus ancien de cette ville, avait été fondé, en 1281, par Guy de Lésignan, sire de Cognac, Merpins et Archiac, qui y fut inhumé en 1288. Assistaient audit mariage : Messire Pierre de Laisné, prêtre, curé de la paroisse de Mainxe ; messire Jean Dexmier, curé de Chassors ; Charles Balluet et *Jeanne de La Charlonie*, qui signe *J. de La Charlonie de Saint-Georges*, du nom de son mari, Antoine Le Roy, chevalier de Lenchère, seigneur de Saint-Georges.

C'est à *Jeanne-Françoise* seule qu'échurent les biens de

---

1. Archives de la Charente. Cauroy, notaire royal à Jarnac.

2. Supérieur.

son frère *Philippe*. Cinq années avant sa mort, le 12 décembre 1777, ce dernier avait fait un testament mystique déposé entre les mains de « maître Lacombe, notaire royal, immatriculé au conseil souverain d'Alsace, résidant à Strasbourg, rue des Frères, paroisse Saint-Étienne ». D'après ce document, ouvert le 23 février 1782, et qui spécifiait son désir « d'être enterré avec le moins de pompe possible (les frais de ses obsèques s'élevèrent à 651 livres), et sur le cimetière ordinaire de la paroisse où il décéderait », il instituait Mme Françoise, baronne de Guntzer, née de Joham, dont il tenait, moyennant un loyer de 600 livres par an, le logement qu'il occupait rue de la Nuée bleue, héritière de « ses biens, soit à Strasbourg, soit autre part en Alsace, à charge d'acquitter les legs suivants : 100 livres aux RR. PP. Récollets de Strasbourg, priés de dire cent quarante messes pour le repos de son âme ; 1.200 livres à son laquais, nommé Rondeau, et une même somme d'argent à Marianne Marétienne, sa cuisinière ».

Mais *Philippe de La Charlonnie* devait survivre à sa légataire, et il résulte de certain passage de l'inventaire dont il va être parlé, qu'il reprit, tout au moins avec sa sœur, *Jeanne-Françoise*, les rapports qui paraissaient rompus entre lui et sa famille. Nous voyons, en effet, dans cet acte que, le 14 septembre 1781, celle-ci lui souscrivit une reconnaissance de 275 livres, dont les motifs ne sont pas donnés. Aussi, le 25 février 1782, c'est-à-dire quatre jours après sa mort, est ce en sa qualité de « curateur établi par justice aux héritiers absents montrés et enseignés par Marianne Marétienne, la gouvernante; Marguerithe Regeot, la servante, et Pierre Schauf, domestique du défunt, que Jean-Joseph Bitschnau, licencié ès-lois et procureur vicaire au magistrat de Strasbourg, requit Béguin, greffier du petit sénat de cette ville, pour inventorier la succession », et il est dit dans ce travail que *Philippe* laissait, pour seule et unique héritière *ab intestat*, sa sœur, dame de Laisné. Cependant, son autre sœur, *Marie-Louise-Françoise*, existait encore, puisqu'elle ne mourut qu'en 1784, comme nous l'avons dit plus haut. Ce semblant d'erreur peut s'expliquer, par un désistement de la part de cette dernière, motivé par les charges de famille de sa sœur, alors qu'elle était demeurée célibataire.

La succession, défalcation faite des sommes antérieurement dues et des frais de dernière maladie, atteignit 9.104 livres 3 sols 3 deniers et 1 quart, dont 5.173 livres 10 sols 5 deniers et 1 quart pour l'argenterie seule. On découvre dans l'énumération des divers autres objets, trois tabatières, dont une en or estimée 322 livres, et six portraits de famille. M. Rambaud de Larocque, notre cousin, a eu la bonne fortune, nous l'avons dit, d'en retrouver deux ; mais que sont devenus les autres?

L'estimation de la cave par le tonnelier Hartmann est assez curieuse à parcourir : Le vin de champagne blanc ou rouge est coté à 12 sols la bouteille; le bourgogne, à 10 sols; le bordeaux blanc et rouge, à 8 sols; « le malaia », à 20 sols; l'eau-de-vie d'Orléans (?), à 16 sols; le vin de muscat, à 12 sols; l'eau de cerise, à 2 livres 8 sols la cruche.

Cet inventaire nous apprend encore que, par contrat passé, le 26 octobre 1748, devant maître Véziau, notaire royal à Montpellier, *Philippe de La Charlonnie*, alors à la veille de sa promotion de gouverneur de la citadelle de Strasbourg, avait remis « à l'hôpital général et de charité de Montpellier », une somme de 12.000 livres, pour la constitution à son profit d'une rente viagère de 1.100 livres, payable au 1er novembre de chaque année. De cette rente il avait, en vertu d'un contrat sous seing privé, cédé à M. Jacques André, baron de Gail, 264 livres payables par année, sa vie durant.

Revenons à sa sœur, *Jeanne-Françoise*. De son mariage avec Louis de Laisné naquirent quatre filles : 1° Jacquette ; 2° Françoise ; 3° Louise ; 4° Marguerite-Jeanne-Élisabeth. Ces deux dernières étaient jumelles et reçurent le baptême à Chassors, le 29 septembre 1754. Les parrain et marraine de Louise étaient : messire Jean-Philippe de Laisné, prêtre, curé de Mainxe et seigneur de La Barde, que nous avons vu au mariage de ses père et mère, et *Louise de La Charlonie*, sa tante; ceux de Marguerite-Jeanne-Élisabeth : messire *Louis-François de La Charlonie*, capitaine de grenadiers au régiment de Flandres, son oncle, et Jeanne-Marguerite Saulnier de Pierre-Levée. La cérémonie avait été célébrée par messire Dexmier, curé de Chassors, qu'il desservait encore en septembre 1772, époque à laquelle il fut remplacé par *François de La Charlonnie*, le supérieur des Cordeliers de Cognac, dont il a été parlé.

De Louise, aucun renseignement n'a pu être découvert. Quant à Marguerite-Jeanne-Élisabeth et à Jacquette, elles entrèrent en religion. En 1782, la première était prieure des religieuses du tiers-ordre de Saint-François d'Angoulême, nommées Tiercelettes, dont le couvent était autrefois le château des Taillefer, comtes héréditaires de l'Angoumois, de qui l'ont eu les Nesmond de La Courage, derniers propriétaires avant elles. Par acte passé, cette même année, en l'étude de maître Jehu, le 2 avril [1], Marguerite-Jeanne-Élisabeth faisait, ainsi que sa sœur, vicaire de ce même couvent, et quatre autres religieuses franciscaines, Lucrèce de La Porte, Jeanne Lambert, Madeleine Guitton et Marguerite de Paris, la cession d'une maison sise à Angoulême, paroisse de Saint-André, en échange d'un autre immeuble situé dans le Petit-Saint-Cybard.

Leur quatrième sœur, Françoise, née en 1750, épousa, en 1775, Robert-Bernard, marquis d'Asnières, chevalier, seigneur de Nitrat, La Barde et Lugérac, ce dernier fief situé dans la paroisse de Montignac-Charente. Trois années après, le 30 mars 1778, elle mourait, à peine âgée de vingt-huit

1. Archives de la Charente.

ans, laissant un fils, Robert, qui se maria, le 18 vendémiaire an V (9 octobre 1796), à sa cousine, Jeanne-Marguerite-Catherine Laisné de Marancheville, fille de Louis-François et d'Élisabeth-Julie Phelip. De cette union naquit Eugène-Robert-Bernard, conseiller général de la Charente, père d'Eugène-Robert-Henri d'Asnières et de Jeanne-Françoise-Clémence, mariée à Pierre-Louis Rambaud de Larocque, dont nous parlerons plus loin.

Jeanne-Françoise de La Charlonie mourut à Gondeville, le 20 novembre 1787. L'acte d'inhumation est ainsi libellé : « Le 22 novembre mil sept cent quatre-vingt-sept, a été inhumé dans le cimetière de cette paroisse le corps de dame Françoise *de La Charlonie*, veuve de messire Louis de Laisné, seigneur de La Barde, décédée le vingt, âgée d'environ soixante-quinze ans. L'enterrement fait en présence des soussignés : Saulnier de Sonneville, Saulnier de Pierrelevée (père), Pautier, curé. »

Son mari l'avait précédée de huit années dans la tombe. Voici son acte de décès pareillement relevé dans le registre paroissial de Gondeville : « Le trente-et-un août mil sept cent soixante-dix-neuf, est décédé messire Louis de Laisné de La Barde, âgé d'environ soixante-trois ans. Son corps a été inhumé le lendemain dans le cimetière par le soussigné Taillefer, curé. »

Françoise de La Charlonie fut la dernière survivante des *La Charlonie de Nanclas*, et sa mort, ainsi qu'il a été dit, laissa ceux de *Villars-Marange* seuls représentants du nom.

V

Branche de noble Joseph de La Charlonnie
et d'Annet de La Charlonnie, seigneur de Villars-Marange.

Avant de parler de JOSEPH DE LA CHARLONNIE, dont le fils, ANNET, acquit le fief noble de Villars-Marange en Mérignac, et qui descendait vraisemblablement de JOSEPH, sieur de Cogulet en Chabanais, frère de *Charles*, avocat au parlement d'Angoulême en 1601, de MARTIAL, conseiller de la maison de ville en 1578, et de *Jehan*, sénéchal de Chabanais en 1608, disons que le sieur de Cogulet, qui vivait en 1581, paraît avoir eu huit autres enfants :

1° *Gabrielle de La Charlonnie*, qui devint la femme de Gaspard de Limaignes;

2° Une autre fille, dont le prénom est inconnu et qui fut mariée à Jean Plument, écuyer, sieur de Sonpérine, du village d'Écossas, et mourut, le 10 mars 1631, laissant après elle : *a*. Marie, qui épousa, en 1624, Antoine Tesserot; *b*. Jean, écuyer, sieur d'Écossas, marié à Marie-Gionne de Singareau;

3° *Marie de La Charlonnie*, mariée, le 15 mai 1614, à François Bertrand, sieur de Goursac en Chasseneuil ;

4° *Bertrand de La Charlonnie*, qui naquit en 1602 et habitait la paroisse de Saint-Pierre de Chabanais, lorsqu'il mourut en 1677. Toutefois, son inhumation eut lieu, le 1er octobre de ladite année, « devant l'église de Grenord »;

5° *Catherine de La Charlonnie*, mariée, le 3 janvier 1633, à N. Normand et décédée le 22 janvier 1643. De leur union était issu, le 24 juin 1640, un fils, Jean, qui eut pour marraine *Anne de La Charlonye* ;

6° *Pierre de La Charlonnie*, sieur du Parc, né en 1580 et décédé le 8 septembre 1658. De sa femme, Catherine Bouyer, qu'il épousa le 8 mars 1639, sont issus : *a. François*, tenu sur les fonts baptismaux, le 15 juillet 1640, par noble François Bertrand, écuyer, sieur de Percin, et noble damoiselle Marie de Coignalt ; *b. Junien*, né le 11 août 1641 ;

7° Autre *Pierre de La Charlonnie*, qui épousa Suzanne Maurisset et mourut en 1658. Son corps fut déposé, le 4 février, dans le cœur de l'église de Grenord; le décès de sa femme date du 26 du même mois;

8° *Gabriel de La Charlonnie*, sieur de Cogulet, qui semble avoir eu de sa femme Catherine Plument, sans doute la sœur de Jean Plument, son beau-frère : *a. Gabrielle*, baptisée à Grenord, le 5 mars 1624, devant son oncle Gaspard de Limaignes, et sa tante, *Gabrielle de La Charlonnie* ; *b. Martial*, qui, clerc en 1655, assiste au baptême de Joseph Moraud, fils de Joseph et de Marguerite de Lage ; *c. Joseph*, sieur de Puyer, né en 1642 et décédé en 1682. Son corps fut déposé, le 4 avril, en l'église de Saint-Sébastien de Chabanais, « dans les tombeaux de ses prédécesseurs » ; *d. Michel*, que son mariage avec sa cousine *Anne-Marie* nous fera retrouver et qui en eut : *Gabrielle*, née en 1661 et décédée le 2 octobre 1676, et *Marie*, née en 1664 et décédée le 29 septembre 1676, comme sa sœur ; toutes deux furent inhumées dans l'église de Grenord ; *e. Pierre*, qui épousa Jeanne de La Salmonie, dont il eut : *Léonard*, né le 24 novembre 1672 et baptisé le 27 suivant, avec Léonard Paillot pour parrain, et Anne de La Salmonie pour marraine, et *Pierre*, né et baptisé le 6 novembre 1673 ; *f. Gédéon*, qui signe au baptême, célébré le 26 novembre 1672, de François Fisty, dont sa cousine, *Marie de La Char-*

lonnie, était marraine ; *g. Jean*, marié à Françoise de Loménie, de laquelle nous connaissons deux fils, également prénommés *François* : l'un né le 11 janvier 1668, l'autre le 5 avril 1672 ; ce dernier, baptisé le lendemain, fut tenu sur les fonts par *François de La Charlonnie*, son oncle, qui suit, et « la marquise Paillot, du bourg de Grenord » ; *h. François*, qui épousa Anne Delamétrie, dont *Léonard*, décédé le 30 octobre 1673, à l'âge de six ans.

Ainsi que l'indiquent les doutes exprimés touchant l'exactitude des filiations qui précèdent, nous offrons sous toutes réserves ces renseignements, que nos propres recherches dans les registres des paroisses de Grenord et de Chabanais, ainsi que dans le nobiliaire de Nadaud, ne nous ont malheureusement pas permis d'établir d'une façon plus assurée. Ceci dit, revenons à JOSEPH DE LA CHARLONNIE, pour la descendance duquel nous n'avons, par contre, que des données absolument certaines à présenter.

Noble JOSEPH DE LA CHARLONNIE, qui dut naître de 1590 à 1600, épousa sa cousine, *Jeanne de La Charlonnie*, que nous n'avons pas autrement retrouvée qu'à un baptême du 29 juin 1644, où elle est marraine avec Junien de Limaignes, fils d'Annet et de Marie Du Pont. Avocat au parlement, juge-sénéchal de Chabanais, JOSEPH mourut vers 1658 et sa femme antérieurement à 1664. Ils laissaient après eux huit enfants : 1° ANNET ; 2° *Françoise ;* 3° *Anne-Marie ;* 4° *Jacquette ;* 5° *Renée ;* 6° *Marie ;* 7° *Jehanne ;* 8° autre *Annet*. Les dates de leurs naissances n'ont pu être retrouvées, sauf pour *Jehanne*, qui vit le jour à Chabanais, en 1642. Elle fut baptisée, le 22 avril, par le prieur de Saint-Sébastien et eut, pour parrain, son frère, ANNET DE LA CHARLONNYE, et pour marraine, Jeanne Dupont. Elle se fit religieuse ; c'est tout ce que nous savons d'elle. De ses deux aînées, *Renée* et *Marie*, et de son plus jeune frère, *Annet*, nous ne connaissons rien autre que leur mort prématurée ; en 1664, ils n'existaient plus, ainsi qu'il résulte des termes de l'acte de partage de la succession de leurs père et mère, en date du 25 mars de ladite année[1]. Toutefois, le registre paroissial de Chabanais nous apprend que *Renée* et *Marie* assistaient, le 2 mai 1619, à un baptême où leur sœur *Jacquette* était marraine.

Jacquette de La Charlonnie fut mariée à François de La Salmonie, docteur en médecine à Chabanais. Le marrainage du 2 mai 1619, que nous venons d'indiquer, est la seule trace retrouvée d'elle.

Anne-Marie de La Charlonnie, à l'imitation de sa mère, choisit, comme nous l'avons vu, son mari dans la famille. Le 13 novembre 1658, elle s'unit à son cousin, *Michel de La Charlonnie*, avocat en parlement, fils de feu *Gabriel*, sieur de Cogulet, et de Catherine Plument. Nous avons dit que, le 24 juin 1640, *Anne-Marie*, tout enfant, avait été marraine, en l'église de Saint-Pierre de Chabanais, de Jean Normand, fils de Normand et de *Catherine de La Charlonnie*. Nous avons aussi parlé plus haut de ses deux filles. Le 19 janvier 1661, elle fit son testament, reçu par maître de La Quintinie, notaire royal à Chabanais, et dont une des clauses concernait une rente de 26 livres, sous condition que le curé de Saint-Sébastien dise, toutes les semaines, une messe pour le repos de son âme. La donatrice chargea de ce legs son cousin, le sieur de Goursac, issu de François Bertrand et de *Marie de La Charlonnie*, dont il est parlé plus haut. Par la suite, cette rente fut acquittée successivement par ANNET DE LA CHARLONNIE, sieur de Léas, frère de la testatrice, Jean Plument de Bailhac, son neveu par alliance, dame Françoise Laurent, femme de ce dernier, enfin par MM. Sardin de La Soutière et de Saint-Michel de Beauregard, aussi parents d'*Anne-Marie*[2]. La famille de Saint-

1. Archives de la Charente. Guillaume Jehu, notaire royal à Angoulême.

2. Archives du château de Chabanais. Communication de M. de La Quintinie.

Michel, massacrée en 1793, a été la dernière à acquitter cette rente.

Françoise de La Charlonnie, que nous trouvons, le 21 juin 1641, avec la qualification de « damoiselle de La Soutière », présente au mariage de Françoise Laurent, dont elle était marraine, avec Pierre Plaisance, tous deux en service chez ses père et mère, se maria, vers 1664, avec François Laurent, écuyer, qui prit alors le nom de La Soutière. Deux filles naquirent de ce mariage: 1° Jacquette, baptisée, le 1er septembre 1666, à Grenord, avec François Dauphin, écuyer, seigneur de La Cadoue, comme parrain, et comme marraine, *Jacquette de La Charlonnie*, tante de l'enfant; 2° Françoise, qui, le 25 novembre 1694, épousait à Grenord, Jean Plument, écuyer, sieur de Bailhac, né, le 25 septembre 1675, de Charles, écuyer, et de Louise de Rousseau. C'est tout ce que nous savons de la descendance de *Françoise de La Charlonnie*, qui n'existait plus en 1694. Nous pouvons ajouter, toutefois, que le sieur de La Soutière et sa femme ne furent pas exempts de soucis dans leur union. Nous retrouvons, en effet, dans un acte du 20 septembre 1688 [1], les deux époux séparés de biens.

Annet de La Charlonnie, sieur de Léas dans la paroisse de Grenord, naquit en 1630 et, le 25 janvier 1659, il épousa Marie de Lalande, d'Angoulême, fille de Pierre, sieur de Rousselet, et de Jacquette Juillard. En 1662, il entra dans la maison commune d'Angoulême, en qualité de pair-échevin; sa réception date du 13 octobre [2].

Le 15 février 1664, un compromis fut établi chez maître Guillaume Jehu, entre lui et François Laurent, sieur de La Soutière, son beau-frère, et la femme de ce dernier, sa sœur *Françoise*, au sujet de leurs partages, qui furent définitivement

1. Archives de la Charente. *Information criminelle.*

2. Papiers de famille.

arrêtés dans un acte du 25 mai 1661 [1]. Le 8 mai de l'année suivante, autre partage entre ANNET et le mari de sa sœur *Jacquette*, François de La Salmonie [2].

Peu après son entrée dans l'échevinage d'Angoulême, ANNET DE LA CHARLONNIE, qui habitait la paroisse de Saint-Jean, devint aveugle, par accident sans doute, l'âge des infirmités étant encore loin de lui; aucune indication n'a pu être découverte à ce propos.

Le 16 mars 1666, il fit l'acquisition du logis noble de Villars-Marange en Mérignac et de la terre y attenant. Ce fief, qui devait rester deux cent neuf ans dans la famille, tenait une partie de son nom de la petite forêt de Marange et appartenait autrefois aux comtes héréditaires d'Angoumois. Le premier document que nous en ayons retrouvé est du 23 avril 1520. A cette date, Marguerite Portier, dame de Gademoulins, Jean Désandrieux, son fils, écuyer, et Marguerite de La Force, sa bru, vendirent l'hôtel noble de Villars-Marange à sire Jean Challant, receveur des domaines du roy [3] Marguerite Portier tenait Villars de son père, noble homme Jean Portier, écuyer, sieur de Villars, décédé le 2 mars 1492, et qui avait épousé N. de Villars, descendant de Guillaume de Villars, possesseur du fief de Gademoulins.

Le nouveau seigneur le céda, le 9 mai de la même année, à noble homme Jean de Fontenay, écuyer, conseiller du roy et président à Angoulême, qui en rendit hommage, onze jours après, à Catherine de Clermont, dame de Mareuil-Villebois, Boursac, Vibrac et Angeac-Charente [4].

Moins de quatre ans après, Villars changea encore de maître. Le 3 mars 1524, il appartenait à Hélies Dussault, écuyer, seigneur de Birac et autres places, dans la famille duquel il demeura jusqu'à son acquisition par ANNET DE LA CHARLONNIE [5].

1-2-3-4-5. Papiers de famille.

Durant cette possession, Gérard Dussault, fils du précédent, écuyer, seigneur de Birac et de Villars, qui avait épousé, en 1550, Claire Méhée, rendit hommage, le 4 janvier 1567, pour Villars-Marange, à messire Nicolas d'Aniou, chevalier de l'ordre du roy, seigneur des baronnie de Mareuil et châtellenies d'Angeac et de Vibrac. Toujours pour ledit hôtel noble, Pierre Dussault, écuyer, fournit, le 1er mai 1598, un dénombrement à « haut et puissant seigneur Loys de La Vallette, duc d'Espernon, pair et colonnel de France, gouverneur et lieutenant général pour le roy des pays d'Angoumois, Saintonge et Aulnix, ville et gouvernement de La Rochelle ». En 1617, il vendit à Collas Danieu, laboureur, une pièce de terre appelée « La Grand-Résie des Mallets ». Il avait épousé, en 1597 (le contrat est du 12 septembre), Christine de Chambes, dame de Vilhonneur, fille de feu Pierre, en son vivant écuyer, sieur de Vilhonneur, et de Catherine Tizon.

Après lui, nous trouvons Antoine Dussault, écuyer, seigneur de Villars et Vilhonneur, marié, en 1632, à Jeanne Bouchard d'Aubeterre. C'est lui qui vendit Villars, en 1666, à Annet de La Charlonnie.

Cette même année, Marie de Lalande mourut et fut inhumée dans l'église de Saint-Jean, sa paroisse, avons-nous dit. Cette perte paraît avoir décidé Annet à abandonner Angoulême pour se retirer à Villars, où il décéda au commencement du nouveau siècle, en janvier 1700, dans sa soixante-dixième année.

Le 26 mai 1690, il avait cédé une rente sur la terre des Dauges en Grenord contre un legs de Léonard, de Jean de La Quintinie et de René de Rocquard, seigneur des Dauges. Relatons aussi que dans un testament du 17 août 1694, à l'exemple de sa sœur, *Anne-Marie*, il avait fait un don pieux à l'église de Chabanais, à la charge de deux messes par mois pour le repos de son âme. Cette rente a été, dans le principe, acquittée par son petit-fils, Annet de Chilloux, sieur de Fontenelles, dont nous allons parler, puis par le sieur Laigeau, fermier de la terre de Léas, dont il devint acquéreur en 1783[1].

Enfin, en 1696, Annet de La Charlonnie, qui avait alors soixante-six ans, se démit de ses biens. Cet abandon motiva un acte de partage du 5 novembre de ladite année et par lequel son fils François devint naturellement possesseur de Villars[2]. Nous venons de dire qu'il mourut quatre ans plus tard.

Sa descendance, moins nombreuse que celle de son père, complait, à notre connaissance, quatre enfants : 1° François, qui suit ; 2° *Jean* ; 3° *Marie* ; 4° *Fleurique*.

Jean de La Charlonnie naquit à Angoulême et fut baptisé à Saint-Jean, le dimanche 14 novembre 1666, avec vénérable Jean Réguauld, escuyer, sieur de Pondeville, chanoine de l'église cathédrale de Saint-Pierre, pour parrain, et damoiselle Marie Arnaud pour marraine. C'est tout ce que nous savons de lui[3].

Marie de La Charlonnie ne nous est connue que par son assistance à deux baptêmes, célébrés dans l'église de Grenord et où elle est dite, en sa qualité de marraine, « damoiselle *Marie de La Charlonnie de Villars* » : le premier à la date du 2 mars 1676 : parrain, Jacques Durousseau, escuyer, sieur de Férière ; le second, du 14 avril de l'année suivante : parrain, Annet de La Salmonie. Elle a dû mourir très-jeune.

Fleurique de La Charlonnie épousa, le 3 mai 1696, Estienne de Chilloux, écuyer, sieur de Fontenelles en Champniers, ancien patrimoine de cette famille, dont on connaît

1. Archives du château de Chabanais. Communication de M. de La Quintinie.

2. Papiers de famille.

3. Registre paroissial de Saint-Jean d'Angoulême.

Guillaume de Chilloux, reçu, le 14 novembre 1642, comme premier pair de la maison de ville d'Angoulême, en l'office de conseiller vacant par la promotion à celle d'échevin de François de Paris, écuyer, sieur de L'Espineuil, conseiller du roy au présidial d'Angoumois, appelé à remplacer Jacques de Villoutreys, écuyer, sieur de Rochecoural, décédé.

Guillaume eut un fils, Étienne de Chilloux, sieur de Fontenelles, père de Geoffroy de Chilloux, marié en premières noces à N. Gentils et, en secondes, à Françoise Chapiteau, dont il eut Guy, écuyer, clerc tonsuré en 1714, plus tard curé de Fontclaireau. Du premier lit sont issus : 1° Guy ; 2° Léonard ; 3° Pierre, prêtre, curé de Balzac ; 4° Marguerite ; 5° Estienne, écuyer, sieur de Fontenelles, le mari en secondes noces de *Fleurique de La Charlonnie.* D'un premier mariage, Estienne de Chilloux avait un fils, Pierre, sieur de La Groix, décédé à l'âge de seize ans et inhumé, le 28 août 1708, dans l'église de Grenord.

En 1720, *Fleurique* n'existait plus ; la preuve en est dans la quittance donnée, en juillet dudit an, à son mari comme légal administrateur des enfants qu'il avait de feue sa femme, quittance d'une somme de 600 livres représentant le capital d'une rente de 300 livres par Jérôme Sardin, écuyer, sieur de Villebet, demeurant au bourg de Mouton, et Pierre Sardin, écuyer, sieur de Beauregard, demeurant en la ville de Chabanais, frères, fils et héritiers institués de feu Olivier Sardin, écuyer, sieur de Saint-Michel [1].

Après la mort prématurée de sa seconde femme, Estienne de Chilloux convola en troisièmes noces avec Marguerite de Villoutrey, de Bellevue, qui lui donna deux filles. De *Fleurique de La Charlonnie,* il avait eu une fille et trois garçons : 1° Jacquette, née à Chabanais le 4 juin 1697 ; 2° Annet de Chilloux, écuyer, sieur de Fontenelles, baptisé, quatre jours après sa naissance, le 25 juillet 1698,

---

1. Archives de la Charente. Pierre Jehu, notaire royal à Angoulême.

avec son aïeul pour parrain, ANNET DE LA CHARLONNIE, qui déclara ne pouvoir signer étant privé de la vue ; 3° Pierre, écuyer, sieur de Churet, né le 2 juillet 1699, tenu sur les fonts baptismaux par son oncle, Pierre de Chilloux, alors diacre, et par dame Françoise Chapiteau ; sa mort suivit de près son mariage avec Anne Barbarin, qui donna le jour à quatre enfants ; 4° Olivier, sieur de Léas, qui ne paraît pas s'être marié et demeura dans la paroisse de Grenord avec ses neveux, dont la descendance n'a pu être retrouvée.

Ajoutons à cette généalogie qu'en 1666, les de Chilloux ont été maintenus par d'Aguesseau.

FRANÇOIS DE LA CHARLONNIE, qui apparaît le premier avec la qualification de seigneur de Villars, naquit en 1662. Entré à vingt-un ans aux gardes du roy, dans la compagnie de Lorges, brigade de La Roche, il se retira en 1694, après dix années de services, soit dans cette compagnie, soit en qualité de cornette [1] au régiment de Cibour-cavalerie [2]. Ce corps créé ou obtenu, le 22 septembre 1677, par N. de Cibour, réformé en 1679 et rétabli le 20 août 1688, et qui devait être réformé de nouveau, le 15 août 1714, pour être incorporé dans « Commissaire général », formé du régiment de M. d'Esclainvilliers, premier commissaire général par commission, fut cité, le 1er juillet 1690, à la bataille de Fleurus [3]. Les recherches opérées au ministère de la guerre n'ont pu faire découvrir si notre ascendant contribua pour sa part à la défaite qu'infligea, dans cette journée, le maréchal de Luxembourg aux Allemands du prince de Waldeck.

Peu après la mort de son père, le 26 juin 1700, FRANÇOIS fit un partage avec son beau-frère de Chilloux, et, l'année suivante, par contrat du 12 janvier, il épousa Suzanne

---

1. Cornette, officier, dans les corps de cavalerie, chargé de porter l'étendard.

2. Papiers de famille.

3. *Histoire de la cavalerie française*, par le général Susane, et *Sixième abrégé de la carte générale du militaire de France de 1739*, par Simon de La Jaisse.

Gorribon, fille de Jacques, sieur de La Bourgeterie en Saint-Laurent des Combes, et de Jeanne Allaire, de Cognac. La bénédiction nuptiale leur fut donnée, le 3 février 1701, dans l'église de Saint-Léger de cette ville.

La nouvelle épousée descendait d'une famille protestante, originaire sans doute de La Rochelle, où nous avons trouvé de nombreuses traces du nom. Avant son mariage, elle avait fait abjuration « des hérésies et erreurs de Luther et de Calvin », le 13 janvier, dans cette même église de Saint-Léger. Son père abandonna comme elle la religion réformée, peu avant sa mort, à soixante-quinze ans, en avril 1701, et, le 8 de ce même mois, il fut inhumé dans l'église de Saint-Laurent. Le 5 mars 1684, il avait été parrain de Jacques Malépart, avec Louise de Montalembert, veuve d'Henry de Blois, écuyer, seigneur de Roussillon. Suzanne n'était pas son unique enfant; elle avait un frère, Daniel, sieur de La Bourgeterie, marié à Marie-Anne Brunet, dont il eut: 1° Henry, né à Cognac, le 2 avril 1700, et baptisé ce même jour, avec Henry Gorribon, son oncle sans doute, pour parrain, et Anne Arnauld pour marraine; décédé, le 28 février 1758, à Saint-Laurent, il fut inhumé dans l'église de cette paroisse; 2° Jeanne, baptisée, le 3 juillet 1706, dans l'église de Saint-Léger de Cognac; mariée à N. Béchet, de La Rochelle, elle fut marraine, le 3 décembre 1754, à Saint-Laurent des Combes, de Jean Béchet, né le même jour, de Vincent-Auguste et de Thérèse Perrin, son épouse, avec Jean Perrin de La Coinche, échevin de Cognac, dont il fut maire en 1761, pour compère; 3° Daniel, qui vit le jour le 17 mars 1718.

Le père de Suzanne avait une sœur, Magdeleine Gorribon, mariée à Jean Roux, sieur de La Rouhaudrie en Richemont. Elle aussi fit abjuration, le 22 février 1678, et décéda le 1er mai 1700. Ses restes furent déposés, le lendemain, dans l'église de Saint-Léger. Mentionnons encore J. Gorribon, prêtre, vicaire de Gensac, en 1679.

Il n'a pas été possible de retrouver dans le pays de Cognac d'autres ascendants de Suzanne Gorribon et nous ne saurions dire quelle parenté pouvait l'unir aux Gorribon de La Rochelle ; savoir : Olivier Gorribon, pair de la maison commune, qui mourut en 1567 [1]; Toussaint Gorribon, capitaine de la tour de la Chaîne, décédé en 1597 [2]; Jehan Gorribon, qui vivait en 1599 et était avec Jacques Cholet « coesluz du mayre, Alexandre d'Harouader », juge de la bourse en 1604, et « coeslu » encore du maire, Jacques Vacher, avec Isaac Blandin, escuyer, sieur des Herbiers [3].

Relatons aussi l'existence à Marennes, en 1677, de « messire Pierre Gorribon, prestre, docteur en théologie et chapellain de la chapelle des Coindries », témoin, le 22 juin de ladite année, de la protestation de Pierre Mestreau, boulanger, et de noble maistre Jean de Certain, advocat, anciens fabriqueurs de Marennes, contre Raymond Dufaur, procureur d'office dudit Marennes, et Jean Guion, boulanger, fabriqueurs en charge [4].

François de La Charlonnie devait mourir jeune ; le 28 juin 1707, six ans et quelques mois après son mariage, il décéda, à peine âgé de quarante-cinq années. Sa veuve, qui lui avait donné quatre enfants, paraît s'être promptement consolée de sa perte, car, le 18 juin de l'année suivante, elle laissait ses voiles de deuil pour se remarier avec François Dubois, de Mérignac. Le registre de cette paroisse nous apprend qu'elle en eut trois enfants : 1° Jacques-François, né le 10 mai 1712 et baptisé le 25 ; parrain, Jacques Joubert, sieur de Rides; marraine, Marguerite Dubois ; 2° Pierre, né le 27 juillet 1713 et baptisé le 30 ; parrain, Pierre Navarre, sieur du Boisderetz, maître de poste à Villars-Marange,

---

1. *Archives historiques de Saintonge et d'Aunis*. Vol. de 1889.
2-3. *Ibid*. Vol. de 1878.
4. *Ibid*. Vol. de 1879.

par brevet royal du 18 mars 1714 ; marraine, Marie Arnauld, sa femme ; 3° Marguerite, née le 26 septembre 1714, baptisée le 3 octobre suivant ; parrain, François Boucher à la place de François Dubois, sieur de La Cour, oncle sans doute de l'enfant.

Les 19 juin et 28 juillet 1709, il fut procédé, sur la requête de Suzanne Gorribon, à l'inventaire, au logis de Villars, des meubles de feu son premier mari, dont la descendance comptait un seul garçon et trois filles, qui virent le jour avant leur frère. La tutelle en fut confiée à leur oncle, Daniel Gorribon, contre lequel des procédures furent engagées à ce titre, sous la requête de Philippe Maulde, sieur de Puymesnier, aux fins d'être payé des arrérages d'une rente annuelle s'élevant à 16 livres 12 sols 6 deniers.

La première des filles, *Marie-Madelaine de La Charlonnie*, née le 17 octobre 1701, à Villars, où la famille est dorénavant tout à fait établie, et sa sœur, *Jacquette*, du 12 août 1702, moururent tout enfants. La première avait été tenue sur les fonts baptismaux par Pierre Lambert, écuyer, sieur de Cesseau en Moulidars, conseiller du roy et assesseur de la ville de Cognac, et Marie-Madelaine Roux.

Jane de La Charlonnie, qui vint au monde le 5 novembre 1703, embrassa la vie religieuse. En 1726, nous la trouvons au couvent du Tiers-ordre de Saint-François à Angoulême, précédant ainsi dans cet ordre ses deux cousines, Jacquette et Marguerite-Jeanne-Elisabeth de Laisné.

Le 30 juillet 1705, un garçon vint enfin combler les vœux de ses parents ; Jean fut son prénom. L'époque prématurée de son mariage, le 22 juin 1723 (il n'avait pas encore dix-huit ans), permet de supposer qu'il avait hâte de s'affranchir de l'existence, sans doute peu agréable, qui lui était faite par le second mari de sa mère. Françoise Tallon, sa femme, était fille de François, habitant Orlut en Mérignac, et d'Antoinette Clémenceau, dont nous retrouvons l'acte d'inhumation dans l'église de Mosnac, à la date du 2 février 1763, et à l'âge de quatre-vingt-neuf ans.

Nous n'avons pu découvrir les autres ascendants de Françoise Tallon, malgré les recherches faites à ces fins dans les communes de Mérignac, Echallat et Mosnac, où les traces du nom sont cependant nombreuses. M. l'abbé Tricoire, dans son ouvrage *Le château d'Ardenne*, rappelle que, le 19 avril 1739, Jean Tallon, sieur d'Orlut, Jean Tallon, sieur de La Rente, et Pierre-Louis Rullier, sieur d'Orlut, veuf de Françoise Tallon, que nous croyons être une belle-sœur de Jean de La Charlonnie, rendirent aveu et dénombrement à Pierre Méhée d'Ardenne, à cause de sa seigneurie de Lartige, de deux fiefs situés dans Mérignac: l'un, de soixante-dix journaux, appelé Le Mas des Brousses ; l'autre, de cinquante-six, dénommé Les Petites Plantes et autrefois Le Mas.

Nous pensions être plus heureux à Angoulême, où habitait, en 1764, dans la paroisse de Saint-André, une autre sœur de Françoise Tallon, Marie, épouse de Jean-François Rullier, sieur des Fontaines, dont nous parlerons bientôt. Mais, là encore, nos investigations n'ont pas abouti. Rappelons, toutefois, ce qui a été dit plus haut, à savoir, qu'en 1656, un Tallon, prénommé Pierre, était chanoine du chapitre d'Angoulême.

L'union de Jean de La Charlonnie et de Françoise Tallon fut très heureuse pendant dix-neuf années, durant lesquelles douze enfants vinrent en resserrer les liens. Mais le 25 décembre 1742, la mort détruisit ce bonheur, en enlevant la mère à ses nombreuses et profondes affections. Elle était âgée de quarante ans. Ce coup du sort devait être funeste au père, qui mourut moins de quatre années après, le 21 septembre 1746. En 1731, il avait été en procès devant le parlement, ainsi qu'Henri Gorribon, son oncle, avec Joseph de Marin, chevalier, seigneur de Saint-Pallais-sur-mer, Fayolles et autres lieux, tant au nom de dame Marie-Scolastique de

Culant, sa femme, que comme fondé de procuration de messire François-Louis de Culant, chevalier, seigneur d'Anqueville, officier dans Royal-artillerie, son beau-frère [1]. La raison de ce litige, qui donna lieu à une transaction, passée en la susdite année, ne nous est pas connue.

La nombreuse descendance de JEAN DE LA CHARLONNIE et de Françoise Tallon comprenait : 1° *Marie*, née le 22 août 1724 et qui reçut le baptême, le 27 du même mois, ayant pour parrain Annet de Chilloux, son cousin, et pour marraine Marie Tallon, sa tante. Elle entra au Carmel d'Angoulême, et, sous le nom de *Marie de la Trinité*, fut reçue à la vêture, le 11 mai 1761, et à la profession, le 23 mai de l'année suivante. Elle mourut à Angoulême, le 12 janvier 1795, dans la maison de Marie Masiot, située section des Sans-culottes. Le 2 septembre 1759, elle avait cédé à son père tous ses droits, moyennant 6.000 livres, qu'elle transporta aux Carmélites, le 23 mai 1762. Son frère, JEAN-FRANÇOIS, en fit la déclaration, le 17 ventôse an III (7 mars 1795), au directoire du district d'Angoulême;

2° JEAN-FRANÇOIS, qui suit;

3° *Janne*, née le 20 septembre 1726 et baptisée le 22 dudit mois. Parrain, Pierre Le Chantre; marraine, damoiselle Janne Tallon, sa tante. *Janne* n'existait plus en 1767; elle mourut sans s'être mariée, et, sans doute, bien antérieurement à cette époque. Tout autre renseignement fait défaut sur elle;

4° *Marie*, née le 9 septembre 1727. En 1758, le 20 juin, elle épousa « Jean-Baptiste Boucheron, sieur de Marsac, officier de marine aux îles de Saint-Domingue, ancien écrivain du roy et officier d'artillerie, au port et département de Rochefort, dans la compagnie du duc de Charoste, fils de Sicaire Boucheron, sieur de Puycocu, ancien garde du roy, et

---

1. Archives de la Charente. Tabuteau, notaire royal à Angeac-Charente.

de Françoise Dubois de La Coste, de la paroisse de Saint-André d'Angoulême ». Assistaient à la bénédiction nuptiale donnée à Mérignac : le père de l'époux ; Hélie-François Rabouin, maître chirurgien, demeurant à Mérignac; Louis Guillemain, du bourg d'Asnières; Estienne Tallon, sieur de La Rente; Jean Mallet, notaire royal, et *Jean de La Charlonnie.*

L'ascendance de Sicaire Boucheron, sieur de Puycocu, le père de Jean-Baptiste, n'a pu être retrouvée d'une façon sûre, malgré nos recherches, tout d'abord dans l'état civil de Vaux-la-Valette, qui comprend le village de Puycocu, puis à Salles-la-Valette, Villebois-la-Valette, Marsac, Fouquebrune, Angoulême et ailleurs encore; nous ne saurions donc l'indiquer parmi les filiations découvertes dans certaines de ces paroisses. Toutefois, il est vraisemblable qu'il descendait de Jehan Boucheron, procureur postulant, en 1652, du duché de La Valette, lieutenant dudit duché, en 1661, et époux de Joachine Roy, décédée, le 15 août 1694, à l'âge de soixante-dix ans. De l'aîné de leurs huit enfants, Jehan Boucheron, baptisé à La Valette, le 9 avril 1652, notaire royal et procureur postulant après son père, et marié, le 28 avril 1676, à Marie Deviges, naquit, en 1678, Jean, sieur de La Faye, qui entra au service du roi. Lieutenant au régiment d'Auxerrois, créé sous Louis XIV, en novembre 1692 et au nom de cette province, il épousa, en 1701, Marthe-Rose Faunié, fille de Pierre Faunié, sieur du Plessis, seigneur de Vœuil-le-Giget, et de Catherine d'Arnac, dont il eut dix-sept enfants, parmi lesquels ne se voit pas Sicaire Boucheron; mais peut-être cette nombreuse progéniture fut-elle plus nombreuse encore et comprit-elle, par suite, le père de Jean-Baptiste, à moins qu'il ne descendit plutôt, soit de Pierre Boucheron, sieur de La Fontaine, qui vivait en 1650; soit de Jean Boucheron, sieur de La Borderie, né en 1671, syndic perpétuel de La Valette, fabriqueur de l'église paroissiale, marié à Marie Constantin ; soit enfin de Nicolas

Boucheron, sieur des Bordes, né en 1666, époux d'Anne-Marie Tibaud de La Carte, d'abord capitaine dans le régiment d'Artaignant, puis lieutenant-colonel, en 1703, de celui de Puyol; capitaine du château de La Valette, en 1724; capitaine d'un corps d'invalides, en 1729, à Saumur; chevalier de l'ordre royal et militaire de Saint-Louis.

Ce qui ne fait aucun doute, c'est que ces Boucheron et le sieur de Puycocu sortaient de la même souche. Nous voyons, en effet, qu'au mariage célébré à La Valette, le 7 juillet 1728, entre Nicolas-Louis Delonlaigne, praticien, et Marthe-Rose Boucheron, née le 30 mars 1709, de Jean, sieur de La Faye, et de Marthe-Rose Faunié, assistaient : de Boucheron-Desbordes, Boucheron-La Borderie, Deviges de Bellefond, Boucheron de Puycocu et autres.

De son union avec *Marie de La Charlonnie*, décédée à Marsac, le 17 fructidor an XII (4 septembre 1804), Jean-Baptiste Boucheron, qui signait Boucheron de Marsac et y mourut, le 21 thermidor an XIII (10 juillet 1805), dans sa quatre-vingt-deuxième année, eut cinq enfants : 1° Marie, née à Villars, le 29 juin 1759, et mariée à Marsac avec François Bernard-Pellegrain, le 24 floréal an II (13 mai 1794); 2° Jeanne, née en 1761, et décédée à Ronsenac, le 21 août de l'année suivante; 3° Jean-François, qui suit; 4° Marie-Julie, née à Angoulême, en 1765, mariée à Marsac avec Robert Salomon de Boussaye, le 27 juillet 1790, et décédée à Angoulême, le 4 décembre 1839;

5° Jeanne-Rose, née à Marsac, le 5 mai 1769. Elle épousa, le 19 pluviôse an XII (9 février 1804), à Fouquebrune, Jean de Manny, chevau-léger de la garde du roi et descendant d'une très ancienne maison, qui, d'après une tradition de famille, aurait son berceau en Bretagne (Grande-Bretagne), d'où, pour échapper aux barbares traitements de l'envahisseur jotique Hengist, elle émigra, vers le milieu du ve siècle, avec quantité d'autres Bretons, pour venir dans la Gaule et se fixer en Armorique, qui prit d'eux le nom de

Bretagne. Cette tradition se trouve corroborée par un arrêt de maintenue rendu en faveur du bisaïeul de Jean de Manny par le conseil d'état du roi, le 10 décembre 1668, et dans lequel il est dit que les Manny sont « de noble race et originaires des royaumes de France, d'Angleterre et d'Ecosse »[1]. De leur seconde patrie, les ancêtres de Jean se répandirent, par la suite, en Hainaut et Namur, Normandie, Guyenne, Anjou, Artois, Picardie, Lorraine, Bourgogne et Angoumois.

On constate dans cette famille une particularité, qui, du reste, existe pour d'autres; il s'agit du nom, qui, jusqu'au xviie siècle, était *Mauny*, au lieu de *Manny* qu'il est devenu depuis cette époque. Le moindre doute ne saurait être permis sur la consanguinité des personnages qui ont vécu avant ou après cette transformation, qu'explique le seul jambage modifié d'une lettre. En effet, dans l'arrêt cité plus haut, il est parlé de l'un des six Mauny qui se croisèrent, ainsi que d'un autre qui fut, en 1404, grand chambellan de Charles VI, comme étant les ascendants de Jean de Manny de Fleuray, escuyer, sieur de La Barre en Ronsenac, au profit duquel était rendu ledit arrêt, et dont, nous l'avons déjà indiqué, le mari de Jeanne-Rose Boucheron était l'arrière-petit-fils.

Les Mauny ou Manny comptent de nombreuses illustrations: ce sont d'abord les croisés au nombre de six déjà indiqué; Olivier et Eustache, qui prirent part à la première croisade[2]; Pierre, seigneur de Thun, qui, encore d'après l'arrêt de 1668, était avec eux et portait « son escu semé de croix recroisettées au pied fiché de gueules, qui lui furent données par Godefroy de Bouillon »; Vautrier ou Gautier

1. Papiers de famille.

2. Manuscrits de la bibliothèque nationale analysés dans *La noblesse de France aux croisades*, par P. Roger, sous-préfet de Ploërmel, membre de la société des antiquaires de Picardie, 1845.

qui prit part à la troisième [1]; Gossuin, à la cinquième [2]; Garnier, à la sixième [3]. Puis viennent : Robert, comte de Namur, qui rendit de notables services à Philippe VI, premier roi de France de la maison de Valois, contre les Anglais devant Cambrai [4]; Gauthier, chevalier banneret, seigneur de Sorby, chevalier de la Jarretière, qui, n'étant encore qu'écuyer, fut du nombre des chevaliers désignés pour l'escorte de Philippa de Hainaut se rendant de Valenciennes en Angleterre, lors de son mariage avec Édouard III, en 1327. Chargé de garder la frontière du côté de l'Écosse, en 1334, « il se couvrit de gloire » et fut fait chevalier peu après, en récompense de ses services, qui lui valurent aussi, en 1337, la nomination de conseiller intime du roi. A deux années de là, on le retrouve à la rencontre de Buironfosse. Peu après, il s'empara de Thun-l'Évêque, dont il confia la garde à son frère Gilles, qui fut tué, en 1340, sous les murs de Cambrai, à la porte Robert, par Guillaume Marchand, dans un combat singulier, et fut inhumé par ses deux autres frères, Jean et Thiéry, dans l'église des Cordeliers de Valenciennes.

Gauthier de Mauny, lui aussi, devait mourir tragiquement; au retour d'un pèlerinage à Saint-Jacques en Galice, il fut tué dans une embuscade par les parents de Roger de Lévis, qu'il avait, par mégarde, blessé à mort dans un tournoi.

Ses nombreux hauts faits d'armes lui avaient valu son mariage avec une cousine d'Édouard III, à qui, après avoir été chargé de traiter de la reddition de Calais, en 1347, il

---

1. Manuscrits de la bibliothèque nationale analysés dans *La noblesse de France aux croisades*, par P. Roger, sous-préfet de Ploërmel, membre de la société des antiquaires de Picardie, 1845.

2. Charte de Damiette, 1218. *La noblesse de France aux croisades.*

3. Charte d'Acre, 1240. *La noblesse de France aux croisades.*

4. *Histoire de France*, par Guizot.

avait présenté les six notables : Eustache de Saint-Pierre, Jean d'Aire, Jacques et Pierre de Wissant, Jean de Fiennes et André d'Ardres, qui se dévouèrent si généreusement pour leurs concitoyens et en faveur desquels il était intervenu, en même temps que la reine implorait de son époux la grâce qui leur fut accordée [1].

Citons encore nombre de valeureux chevaliers, dont Olivier, seigneur de l'Ormois, qui prit femme dans la maison de Roye et était cousin et l'un des plus anciens compagnons d'armes du connétable Bertrand du Guesclin, qui le nomma, en 1366, capitaine de la forteresse de son comté de Borja. Le 13 mars de l'année suivante, Olivier fit prisonnier, sur la frontière de la Navarre et de l'Aragon, Charles II, le Mauvais, roi de Navarre; en récompense de ses brillantes actions, Charles V le fit chevalier [2]; Charles, seigneur de La Faye, grand chambellan de Charles VI, en 1404, celui dont il est parlé dans l'arrêt de 1668; Hervé, Ier du nom, baron de Torigny, aussi chambellan de ce même prince, et qui épousa, en 1373, Anne-Marie de Craon, dame de Saint-Aignan, fille de Guillaume, Ier du nom, surnommé le Grand, seigneur de La Ferté-Bernard, de Sainte-Maure et de Sablé, et de Marguerite de Flandre, vicomtesse de Châteaudun [3]; Hervé II, fils du précédent, baron de Torigny, seigneur de Saint-Aignan, Verbocage et Arouville, qui prit part, sous le commandement du connétable Artus de Bretagne, duc de Richemont, le 15 avril 1450, à la bataille de Formigny, qui décida du sort de la Normandie. Fait chevalier pour la valeur qu'il déploya dans cette mémorable journée, il devint chambellan de Louis de France, duc d'Orléans, et épousa Jeanne de Saiges, dame de Sacé [4]; Pierre, petit-

---

1-2. *Chroniques de Froissard*, publiées par la société de l'histoire de France.

3-4. *Dictionnaire de la noblesse*, de La Chesnaye-Desbois.

fils du précédent, chevalier, seigneur de Saint-Aignan, chambellan du duc d'Alençon, et qui s'unit à Françoise de Beaumanoir [1].

Citons aussi François III, abbé de Noyers, pourvu, le 20 septembre 1544, de l'évêché de Saint-Brieuc, sur la résignation que fit en sa faveur Jean de Rieux, seigneur de Châteauneuf. Le 8 juin 1545, il obtint, en commende, le siège de Tréguier, mais ne quitta point l'administration de son premier diocèse. Après la démission du cardinal Jean du Bellay, François de Mauny fut transféré à la métropole de Bordeaux par une bulle du 4 novembre 1553, qu'il fit présenter au chapitre de Saint-André, le 26 avril 1554. Lors de son entrée solennelle, le 11 novembre suivant, il fut harangué par Pierre Eyquem, seigneur de Montaigne, ancien jurat, maire de la ville et père de Michel de Montaigne, l'auteur des *Essais*. Un brevet royal du 20 février 1555 confirma définitivement en sa personne et aux archevêques de Bordeaux, ses successeurs, la prérogative de siéger, avec le titre de conseiller-né, au parlement de cette ville. Il mourut en 1558 [2];

Pol et Christophe de Mauny, faits chevaliers de Malte, le premier en 1608.

Après ce brillant défilé d'aïeux, ajoutons à la preuve déjà donnée de leur parenté avec les Mauny d'Angoumois, celle de l'identité des armes. En effet, le blason de ceux-ci : *D'argent au croissant de gueules*, n'est autre que celui présenté par Froissart pour Pierre, le croisé; par La Chesnaye-Desbois, selon La Roque et Chevillard, pour Charles, Hervé Ier, Hervé II et Pierre, chambellans de Charles VI, de Louis duc d'Orléans et duc d'Alençon, et par M. H. Fisquet, dans *La France pontificale*, pour François, l'archevêque de Bordeaux.

---

1. *Dictionnaire de la noblesse*, de La Chesnaye-Desbois.
2. *La France pontificale*, par M. H. Fisquet.

L'ascendance de Jean de Manny a pu être reconstituée jusqu'à son cinquième aïeul, René, Ier du nom, escuyer, seigneur de Fleuray, chevalier de l'ordre du roy, né en 1525 environ et marié, en premières noces, à damoiselle Anne de Mercy, dont il eut révérend Père en Dieu, Mathieu, escuyer, abbé de Fourcamond, maintenu en avril 1581. De sa seconde union avec Antoinette de Léomerie est issu René de Manny de Fleuray, IIe du nom, escuyer, seigneur de La Choguinière et de La Barre, maintenu le 30 septembre 1601. Par contrat du 29 juin 1585 (Texeron, notaire royal), celui-ci avait épousé Jeanne-Marie Dusou, qui donna le jour à trois enfants, en faveur desquels leur père testa, le 15 décembre 1610 (Huget, notaire royal) : 1o René, IIIe du nom, escuyer, qui suit; 2o Jean, escuyer, seigneur de La Choguinière, marié avec Anne-Françoise de Brémond; 3o Pol, le chevalier de Malte de 1608.

René de Manny de Fleuray, escuyer, seigneur de La Barre, épousa, par contrat du 28 avril 1613 (Florance, notaire royal), Jacquette Avril, dont il eut : 1o Jean-Jacques, qui suit; 2o Gaston, seigneur de La Bergère et de Champoser, enseigne au régiment de Sénaut, tué au service de Louis XIII, en 1640, sous les murs de Turin; 3o Anne; 4o Marguerite.

Jean-Jacques de Manny de Fleuray, escuyer, seigneur de La Barre, confirmé dans sa noblesse par l'arrêt de 1668 précité, naquit vers 1623, son acte d'inhumation à Ronsenac, le 16 octobre 1684, le disant âgé de soixante-et-un ans environ. Il s'était marié à Ronsenac (contrat du 7 janvier 1642, Dexmier, notaire royal), avec Louise-Marie de Faye, dont il eut : 1o Marie-Elisabeth; 2o Christophe-Joseph, escuyer, seigneur de La Barre, de l'Étang et du Maine-Gruyer en Charmant. Baptisé à Ronsenac, le 16 octobre 1656, il entra au service de Louis XIV comme volontaire dans l'armée du maréchal duc de Navailles, qui guerroyait en Catalogne. De son mariage, en 1677, avec Louise Viaud, fille de Gilbert, seigneur d'Aigues en Blanzac, sont issus :

1° Jean, qui épousa, en 1718, Jeanne Lortel, dont progéniture; 2° Pierre, demeuré garçon; 3° Pierre-Gaston, qui naquit le 1er mai 1685 et s'unit, le 7 janvier 1717, à Marie-Pétronille Ferret, fille de Gille, écuyer, sieur de La Font, et de Magdeleine Juglard. Elle fut la mère de cinq enfants, dont le plus jeune, Joseph de Manny, épousa, le 10 novembre 1750, Marie Dusouchet de La Coudre, et mourut, à l'âge de soixante-sept ans environ, au Maine-Gruyer, le 6 août 1780[1]. Quatre années avant, le 24 février 1776, sa femme avait été inhumée dans l'église de Notre-Dame de Charmant[2]. De leur union étaient nés six enfants :

1° Jean, seigneur du Maine-Gruyer, né à Landolle, le 30 septembre 1751, et qui devait épouser Jeanne-Rose Boucheron;

2° Paul, seigneur de Beaumont, né le 17 octobre 1752; chevau-léger de la garde du roi. Émigré, il devint officier dans Béon, et après le désastre de Quiberon, fut condamné à mort à Vannes, le 13 thermidor an III (31 juillet 1795). « Vive le roi! je meurs pour mon Dieu et ma patrie », s'écria-t-il en tombant sous les balles des républicains. Son nom est gravé (Des Manny, par erreur) sur le monument érigé à la mémoire des héroïques martyrs[3]. Il avait épousé, le 4 octobre 1780, à Léguillac en Limousin, Jeanne Doumeix, sa cousine, fille de Michel et de Gabrielle de Manny, et veuve d'Antoine-Romain de Larocheaymond. Elle devait mourir peu après, le 9 octobre 1783, à l'âge de vingt-quatre ans, laissant un fils unique, Étienne (Gaston en famille), qui était venu au monde, le 13 septembre 1781, et fut maire de Charmant. Marié, le 5 mai 1816, à Suzanne-Marie Boivin, il en eut : *a*. Étienne, né le 25 janvier 1818, avocat, et qui a épousé Caroline de Chergé; *b*. autre Étienne, né, le 3

1-2. Registre paroissial de Charmant.

3. *Les débris de Quiberon*, par Eugène de La Gournerie. Nantes, 1886.

septembre 1840, à Charmant comme son frère, docteur en médecine, ancien juge de paix du canton de Brossac et Chalais, actuellement conseiller général de la Charente et maire de Brossac. Nous ne saurions oublier que c'est à sa gracieuse obligeance que nous devons la grande majorité des renseignements qui ont permis d'établir cette notice sur sa famille. Qu'il veuille bien agréer ici nos vifs remerciements.

Le 14 octobre 1867, Étienne de Manny a épousé à Brossac Marie-Cécile-Julia Marchadier, fille de N. Marchadier, capitaine en retraite, chevalier de la Légion d'honneur. De ce mariage sont issus : *a.* Jean-Jules-Marie-Gaston, né le 9 mars 1869, étudiant en médecine; *b.* Marie-Élisabeth-Antonine, née en avril 1872 et décédée le 30 septembre 1873; *c.* Marie-Élisabeth-Hélène, née le 18 novembre 1874.

Continuons les hoirs de Joseph et de Marie Dusouchet :

3° Autre Jean, né en 1756;

4° Sicaire, seigneur de Fleuray, né en 1758. Officier sur les vaisseaux du roi, il fut tué à Saint-Domingue, lors de la révolte des nègres, en octobre 1790;

5° Renée, qui vit le jour en 1764 et mourut célibataire;

6° Anne, baptisée à Charmant, le 15 juillet 1766, mariée à François de Lachaize, et qui mit au monde trois enfants : *a.* Émilie, restée fille ; *b.* Jules, qui fut capitaine; *c.* Léon, garde du corps de Charles X et qui se retira en 1830.

Revenons à Jean de Manny, le mari de Rose Boucheron. On sait qu'il vit le jour à Landolle, comme tous ses frères et sœurs, et en 1751, le 30 septembre. Le lendemain, il fut tenu sur les fonts baptismaux de Notre-Dame de Charmant par messire Jean Dusouchet, écuyer, et demoiselle Renée Dusouchet, sa tante, qui épousa Joseph Dubosson, écuyer, seigneur de Saint-Seurin, et, devenue veuve et sans enfants, constitua pour son héritier universel son autre neveu, Paul, lors de son mariage, en 1780, à charge de legs à ses frères et sœurs.

L'état des services de Jean de Manny, tiré du ministère de la guerre, nous apprend qu'il entra, le 27 septembre 1769, aux chevau-légers de la garde du roi, qu'il quitta, le 21 juillet 1785, par suite de sa promotion d'aide-major d'Angoulême. En novembre 1791, il émigra, emportant avec lui les clés du château, et se rendit en Allemagne près des princes, frères du roi, pour les leur remettre. Le comte d'Artois, en les recevant, lui dit que « ce n'était qu'un dépôt qu'il lui faisait et qu'il ne l'oublierait pas en temps et lieu ». [1]

Placé dans la première compagnie noble d'ordonnance, il fit la campagne de 1792, et, après le licenciement de ce corps, fut nommé officier dans celui de Béon, pour les campagnes de 1793 à 1795, en Hollande. Plus heureux que son infortuné frère, Paul, avec lequel il se trouvait à la triste journée de Quiberon, il parvint à s'échapper et se rendit, en juin 1796, à l'armée du prince de Condé, avec lequel il guerroya, jusqu'en février 1801, dans les rangs de l'infanterie noble. Il mourut à Paris, à l'hôpital de la garde royale, le 15 février 1815. Ces derniers services sont consignés dans le certificat qui lui fut délivré à Veistritz, le 13 février 1801, par Louis-Joseph de Bourbon, prince de Condé, et dans lequel il est dit que, de 1796 à 1801, « il a servi sans interruption dans l'infanterie noble, qu'il s'est trouvé à toutes les affaires qui ont eu lieu et qu'il s'est conduit avec honneur, se distinguant par son zèle, son courage et sa bonne tenue. » [2]

L'ouvrage d'Eugène de La Gournerie cité en note, mentionne qu'à la Restauration, le roi, fidèle à la promesse qui avait été faite à Jean de Manny de ne pas oublier

---

1. Papiers de famille. Communication de Mme la supérieure du couvent du Bon Pasteur d'Angoulême, sœur Marie de Saint-René, née Marie-Théolinde Boucheron.

2. Papiers de famille.

ses services, le nomma maréchal de camp. Les archives du ministère ne relatent pas cette promotion; elle n'est cependant pas douteuse, la preuve en étant donnée par les documents que possède la famille, entre autres une lettre du duc de Damas, du 29 mars 1817, appuyant « une demande de Mlle de Manny pour l'obtention du brevet de maréchal de camp de son père ».

Jean de Manny avait été fait chevalier du Lis le 23 janvier 1815.

Lorsqu'il s'unit à Jeanne-Rose Boucheron, en 1804, il était veuf de Marie-Magdeleine-Dorothée de Montalembert, fille de Jean-Charles de Montalembert de Cers, chevalier, seigneur du Groc, de Fouquebrune et de Houlme, chevalier de Saint-Louis, major et commandant des ville et château d'Angoulême, et de Marie-Suzanne Hinault. Cette union avait été bénie à Fouquebrune, le 29 décembre 1773, et suivie de la naissance de cinq filles: *a.* Adélaïde-Renée; *b.* Marie-Françoise, mariée à N. de Pradelle, dont une fille, Clotilde-Marie-Thérèse, qui a épousé N. de Poutier; *c.* Dorothée-Euphrasie; *d.* Suzanne-Pauline; *e.* N, qui est décédée tout enfant.

De son second mariage, Jean de Manny eut deux filles: *a.* Adèle, née à Fouquebrune, le 9 juin 1807, et mariée à Philippe Ducluzeau; *b.* Marie-Jeanne, née aussi à Fouquebrune, le 9 janvier 1810, et qui épousa François Defarge. Leur mère est décédée à Marsac, le 12 mars 1840.

Après cet exposé de la généalogie des Manny, dont l'alliance honora la famille Boucheron, reprenons la descendance de Jean-Baptiste Boucheron et de *Marie de La Charlonnie*, en parlant de leur fils, Jean-François, qui devait en être le continuateur.

Jean-François Boucheron, qui vit le jour en 1762 et mourut à Marsac, le 30 septembre 1814, s'unit à sa cousine, Élisabeth Boucheron, dont il eut trois enfants: 1° Jean-Baptiste, qui suit; 2° Jean-Baptiste, né le 29 messidor an VI

(17 juillet 1798), et décédé à Marsac, le 22 avril 1818, sans s'être marié ; 3° Marie-Élisabeth, née le 16 germinal an VIII (6 avril 1800), unie, le 12 août 1819, à Antoine Guitard et décédée à Marsac, le 11 juin 1857.

Jean-Baptiste Boucheron naquit, le 3 thermidor an V (21 juillet 1797), à Marsac, comme ses frère et sœur, et décéda à Angoulême, le 13 avril 1869. Il s'était marié avec Marie Braud, qui devint mère de plusieurs enfants tous morts en bas âge, sauf une fille, Marie-Théolinde, née le 22 janvier 1831, au lieu dit Chez-Raveaux, dans la commune de Ronsenac, et qui, dès l'âge de seize ans, embrassa la vie religieuse. Entrée, sous le nom de sœur *Marie de Saint-René*, au monastère d'Angoulême de Notre-Dame de charité du Bon-Pasteur d'Angers, elle en est devenue la Supérieure par ses vertus et ses mérites. Elle est la dernière Boucheron descendant de Jean-Baptiste et de *Marie de La Charlonnie*.

Sa modestie voudra bien nous permettre, malgré sa recommandation, de parler d'elle encore, pour rappeler la réponse si simplement enjouée qu'elle nous fit, lors de notre visite, l'an dernier, pour la remercier de son empressement à nous communiquer, en vue de notre travail, ses papiers de famille, avec ses indications personnelles sur ses ascendants.

C'était le 19 mai, dans la matinée; la sœur tourière nous avait fait entrer dans un parloir, où, pour occuper notre attente, nous examinions les images pieuses appendues aux murs, lorsque nous arrivâmes en face d'une baie encadrant une grille, que nous n'avions pas remarquée tout d'abord. A ce moment, nous nous souvînmes que nous étions dans un couvent cloîtré, et la sœur, qui nous avait introduit et à laquelle nous avions remis notre carte, vint nous prier de passer dans un autre parloir, celui-ci dépourvu de toute grille, où Mme la Supérieure arriva aussitôt, et, pendant toute la durée de notre entretien, nous tint sous le charme de son affectueuse réception.

En partant, comme nous témoignions à notre vénérée cousine notre surprise de cette entrevue *intra muros* : « Vous devez, en effet, vous estimer très-privilégié, nous répondit-elle en souriant; pareille faveur ne peut être accordée que par Mgr l'Évêque, mais je ne pouvais en référer à notre saint prélat; il est décédé avant-hier [1]. »

Nous la quittâmes avec la promesse de lui donner encore l'occasion d'enfreindre pour nous les règles de son ordre. Qu'elle veuille bien, en attendant, agréer ici, une fois de plus, nos respectueux remerciements pour son obligeant et affectueux concours.

Reprenons la suite de la descendance de JEAN DE LA CHARLONNIE et de Françoise Tallon, à leur cinquième enfant.

5° *Jean*, né et baptisé le 26 janvier 1729, resta garçon. Dans les actes où son nom figure, il est qualifié sieur des Garennes;

6° *Pierre*, né et baptisé le 10 janvier 1730, entra dans l'ordre des Récollets du couvent de Cognac fondé, en 1685, par messire de Salcède. Il y prit le nom de *Luc* et reçut l'ordination en 1766. Du 10 janvier 1779 au 3 février suivant, nous le retrouvons desservant par suppléance la paroisse de Chassors, que venait de quitter son frère puiné, *François*, appelé à la cure de Saint-Rémy de Vaux. Il était alors « définiteur », c'est-à-dire qu'il assistait le Provincial dans l'administration des affaires de l'ordre. En 1791, il habitait Cognac, dont la municipalité lui faisait une pension annuelle de 800 livres, et il mourut à Villars, le 4 février 1794. Son acte de décès est ainsi libellé : « Le 16 pluviôse et an second de la République française, le citoyen JEAN-FRANÇOIS D'ACHARLONIE, agriculteur, domicilié au lieu de Villars, a déclaré à

---

1. Alexandre-Léopold Sébaux, évêque d'Angoulême depuis le 21 mars 1873, chanoine honoraire de la cathédrale de La Rochelle, décédé à Angoulême, à l'âge de soixante-dix ans, le 17 mai 1891.

Jacques Gouillard, officier public, membre du conseil général de la commune de Mérignac, que le citoyen *Pierre d'Acharlonie*, son oncle, ci-devant prêtre récollé, agé de soixante-quatre ans, domicilié audit lieu de Villars, est décédé la nuit précédente, à dix heures du soir, audit lieu de Villars. »

7° *Louis-François*, baptisé le 3 juin 1731. Son acte de baptême nous apprend qu'il naquit ce même jour, à six heures du matin. Comme son frère, *Jean*, celui-ci ne paraît pas s'être marié. En 1767, il avait cessé de vivre;

8° Autre *Jean*, né le 29 juillet 1732, ne vécut que dix-sept mois. Son décès date du 29 décembre 1733 ; son corps fut le premier de la famille déposé dans la chapelle dite « des La Charlonnie », située dans le bas-côté droit de l'église de Mérignac. Comme nous allons le voir, sa sœur, *Marie-Thérèse*, prit place près de lui, en 1741, et, l'année suivante, ainsi qu'en 1746, ce fut au tour de leurs père et mère, dont nous avons déjà relevé les décès;

9° *Jean-François*, né le 25 octobre 1734, est le bisaïeul de l'auteur de ces lignes. Il sera parlé de lui et de sa descendance après ses frères et sœur puînés;

10° Autre *Jean*, né le 26 novembre 1738, fut baptisé le lendemain. Tout porte à croire encore que celui-ci resta célibataire. Ce qui est certain, c'est qu'il n'existait plus en 1767;

11° *Marie-Thérèse*, née le 16 mars 1740 et décédée le 24 octobre 1741. Comme il est dit plus haut, son corps fut inhumé, le 25, dans la chapelle de la famille;

12° *François*, né le 7 janvier 1742, embrassa l'état ecclésiastique; il était des ordinands de 1768 [1]. En octobre 1772, il fut nommé à la cure de Chassors, et, six ans et demi après, à celle de Saint-Rémy de Vaux, où nous trouvons ses premières traces, à la date du 30 octobre 1779, à propos de la sépulture de Marie Fournier. Les dernières

1. *Mémoire sur le séminaire d'Angoulême*, par un prêtre de la Mission.

nous sont fournies par son acte d'inhumation ainsi libellé : « Le 17 juin 1784, a été enterré dans le sanctuaire messire *François de La Charlonnie,* curé de cette paroisse, âgé d'environ quarante-trois ans, décédé d'hier. Présents : de Montozon, curé de Sigogne; David, prestre, curé de Plaizac; Vachier des Moulins, prieur d'Eschallat; Laforest, curé de Cybardeaux. »

Les chapitres suivants sont consacrés aux deux frères pareillement prénommés *Jean-François* et qui, seuls de cette nombreuse lignée, donnèrent des rejetons mâles.

Nous parlerons d'abord de notre bisaïeul, le garde du corps, auteur du rameau de Saintonge, puis de son aîné, le chef de la famille, dont la descendance s'est maintenue plus longtemps que la sienne.

VI

Rameau de Saintonge de Jean-François de La Charlonnie, écuyer, brigadier aux gardes du corps du roi.

Notre arrière-grand'père, nous l'avons déjà dit, vint au monde à Villars, le 25 octobre 1734. Son acte de baptême, à la date du 27, porte qu'il vit le jour sur les neuf heures du matin. Son frère, JEAN-FRANÇOIS, alors âgé de neuf ans, fut son parrain, avec *Marie*, leur sœur aînée, pour marraine.

Dès les premières années de sa vie, les plus cruelles douleurs de la famille vinrent le frapper. Il avait huit ans à peine, lorsqu'il perdit sa mère, et la mort de son père survint quatre années après, ainsi qu'il a été rapporté plus haut. Cette double perte fut pour ces douze enfants, dont la plus âgée, *Marie*, ne comptait que vingt-deux ans et le plus jeune, *François*, onze mois à peine, à la mort de leur mère, un deuil facile à comprendre, en même temps qu'une cause de difficultés pour l'éducation d'une aussi nombreuse famille. Mais les parents ne furent pas avares de leurs attentions de toutes sortes et, Dieu aidant, leur tutelle fut menée à bonne fin. Nous avons vu que trois de ces enfants se vouèrent à la vie religieuse; *Jean-François* se fit militaire, et, par l'intermédiaire de ses cousins, *Philippe* et *Louis-François de Nanclas*, il fut admis, le 24 mars 1759, aux gardes du corps du roi. Placé à la troisième compagnie, dite de Luxembourg, du nom de son capitaine, Charles-François-Frédéric de Montmorency, duc de Luxembourg-Piney, il sut, dès ses débuts dans sa nouvelle vie, se faire remarquer par sa bonne tenue et son désir de bien faire.

Au moment de son arrivée aux gardes, la compagnie de Luxembourg se trouvait à Dreux, sa garnison habituelle, lorsqu'elle n'était pas auprès du roi, c'est-à-dire du 1er octobre au 31 décembre de chaque année. Le service des trois autres quartiers était fourni par les deux autres compagnies et la compagnie écossaise. Nous croyons intéressant, pendant que notre bisaïeul va passer ses premières années de soldat, de donner ici sur les gardes du roi quelques renseignements puisés aux meilleures sources, entr'autres l'*Histoire de la cavalerie française*, par le général Susane.

Nous venons de le dire, les gardes du corps étaient composés de quatre compagnies : La première, appelée compagnie écossaise, en souvenir de sa création, en 1440, par Charles VII, reconnaissant ainsi les services que les soldats d'Écosse lui avaient rendus, pendant la guerre de cent ans, sous les ordres de Jean Stuart, comte de Boucau, connétable en 1423, n'avait plus, au moment de l'incorporation de *Jean-François de La Charlonnie*, que le nom d'écossais, son recrutement étant effectué en France. A cette époque, elle conservait aussi de son origine l'usage de répondre à l'appel du guet : *Hamir!* corruption des mots écossais : *Hhay ham ier*, correspondant à l'anglais : *I am here* (*je suis ici*). Mais ses privilèges sur les trois autres compagnies, dites françaises, lui restaient; en raison de son ancienneté, elle avait le pas sur elles et les commandait en toute occasion. C'était son capitaine qui marchait à la tête des quatre compagnies, soit en paix, soit en guerre. Le blanc était sa couleur distinctive : les étendards, bandoulières, banderoles de trompettes et de timbales étaient blancs rehaussés d'argent; l'équipage du cheval était rouge avec bordure d'argent. La compagnie écossaise fournissait le premier quartier de l'armée à la Cour. Quand elle n'était pas à Versailles, Beauvais était sa garnison habituelle.

Les trois compagnies françaises avaient été instituées: deux par Louis XI, en 1475 et en 1477 ; la troisième, par François Ier, en 1515. A l'époque dont nous nous occupons, sous Louis XV et Louis XVI, la première compagnie avait ses étendards, bandoulières, banderoles et équipages bleus. Son service près du roi s'effectuait pendant le trimestre d'avril et elle avait ses quartiers ordinaires, d'abord à Coulommiers, puis à Châlons en Champagne. La deuxième se distinguait par la couleur verte. Du 1er juillet au 1er octobre, elle était à la Cour et résidait à Pontoise, puis à Troyes, pendant les neuf autres mois de l'année. La troisième avait ses étendards, bandoulières et équipages de couleur jaune. Il a été mentionné que, pendant le dernier quartier de chaque année, elle quittait Dreux pour son service à Versailles. En 1785, Amiens était son emplacement en dehors de la Cour.

Cela dit, rejoignons notre bisaïeul, que nous retrouvons en Allemagne, en 1761 et 1762, c'est-à-dire à la fin de la guerre de sept ans, si désastreuse pour la France, qui y perdit sa prépondérance en Europe et ses plus belles colonies.

Cette guerre, qui moissonna un million d'hommes, dont deux cent mille pour notre part et ce fut la plus forte, avait épuisé aussi bien les ressources en soldats que celles en argent. Les gardes du corps, qui d'ordinaire n'allaient au feu que pour y suivre le roi, durent prêter leur concours à l'armée. Une seule compagnie fut maintenue pour le service de la Cour et il y a toutes raisons de croire, eu égard à l'époque de l'année, que ce fut la première. Celle-ci se trouvait, en effet, à Versailles, au moment du départ des trois autres.

Le commandement, conformément aux prérogatives rappelées plus haut, fut pris par le capitaine de la compagnie écossaise, Jean-Louis-François-Paul de Noailles, duc d'Ayen. La deuxième compagnie avait à sa tête Gabriel-Louis-François de Neufville, duc de Villeroy. A la troisième se trouvait encore le duc de Luxembourg.

Ce corps d'élite sous tous rapports fit donc partie des forces énormes qui auraient été « suffisantes, si elles eussent été bien conduites, pour conquérir l'Allemagne », dit Napoléon dans ses *Mémoires*, mais elles étaient commandées par le prince de Soubise, Charles de Rohan, grâce à la faveur, comme il a été dit plus haut, de la toute puissante Madame de Pompadour, qui, en 1753, avait fait marier sa fille avec le prince de Condé. L'armée entra en Westphalie, en juin, et fut battue par Ferdinand de Brunswick à Willinghausen. Les opérations qui suivirent ne furent pas plus heureuses.

Malgré ces résultats, Soubise fut maintenu dans son commandement, l'année suivante, pendant laquelle nous le retrouvons en Hesse avec quatre-vingt mille hommes. Toutefois, sa protectrice lui avait fait adjoindre le maréchal d'Estrées, pour prévenir le retour de la défaite du 5 novembre 1757, à Rosbach. Le prince Ferdinand, sous l'influence de ses récents succès, surtout ceux obtenus à Créfeldet et à Minden, en 1758, saisit l'offensive pour tenter de recouvrer la Hesse. Il attaqua, le 24 juin, à Wilhemstadt, par un double mouvement enveloppant, qui fit perdre la tête aussi bien à d'Estrées qu'à Soubise, et la retraite fut ordonnée. Cette défaite, qui avec d'autres chefs eut été une victoire, provoqua l'arrivée de la réserve de trente mille hommes commandés dans le Bas-Rhin, par le prince de Condé. Mais nous devions être battus quand même. Le temps des victoires que Turenne, le tapissier de Notre-Dame, avait données au grand roi, n'était plus! Après quelques rencontres sans importance sur la Fulde, les deux maréchaux se replièrent sur la Lahn, laissant un corps de troupes dans Cassel. Ferdinand, que ses nouveaux lauriers rendaient plus entreprenant encore, s'empara, le 1er novembre, de cette place, avec sa garnison, presque sous les yeux de d'Estrées et de Soubise.

Ce fut la fin des hostilités et nos troupes décimées par le fer, le feu, le typhus et la misère, regagnèrent la France. Les trois compagnies des gardes du roi n'avaient pas été plus épargnées que les autres corps, mais notre bisaïeul n'avait reçu aucune blessure, l'état de ses services étant muet à cet endroit. Elles rejoignirent leurs quartiers respectifs, pour y reprendre, à tour de rôle, leur service trimestriel près de la Cour. Le 23 mars 1764, le commandement de la troisième compagnie passa des mains du duc de Luxembourg-Piney dans celles de Charles-Fançois-Christian de Montmorency, prince de Tingry.

Nous n'avons rien retrouvé sur *Jean-François de La Charlonnie* jusqu'en 1767; cette année-là, le 5 février, lui et son frère, *François*, cédèrent, contre 8,000 livres chacun, à leur aîné, JEAN-FRANÇOIS, seigneur de Villars-Marange, leurs droits mobiliers et immobiliers sur « ledit fief, avec toutes ses circonstances et dépendances, attendu que le domaine ne pouvait se diviser sans une perte très-considérable ».

Cet acte, en mentionnant que la portion de chacun représentait un sixième du tout, nous apprend les décès de quatre autres frères et sœur : *Louis-François*, *Jean*, *Jeanne* et *Jean*, sieur des Garennes. Restaient donc : l'aîné de la famille, JEAN-FRANÇOIS ; *Marie*, carmélite depuis 1762 ; *Marie*, mariée à Jean-Baptiste Boucheron, sieur de Marsac ; *Pierre*, le récollet ; *François*, qui sera bientôt curé de Chassors, et le garde du roi, *Jean-François*, qui, le 4 décembre 1773, fut élevé au rang de capitaine de cavalerie, ainsi que le mentionnent ses services, bien que la commission donnée par le roi à ce propos soit postérieure de quinze années, comme nous le verrons.

En 1775, notre bisaïeul fit partie de l'escorte qui accompagna à la frontière la fille du dauphin Louis, fils de Louis XV, Madame Adélaïde-Xavière-Marie-Clotilde de France, allant épouser le prince de Piémont, fils du roi de Sardaigne, et, plus tard, son successeur, sous le nom de Victor-Amédée III. C'est cette princesse que le peuple, en raison de son embonpoint extraordinaire, avait surnommée *Gros-Madame*, et ce sobriquet avait été accepté gaiement à la Cour. Douée d'un esprit fin et doux, cette future reine ne s'offensa pas même de ce quatrain qui courut partout, lorsqu'après le mariage des deux princesses de Savoie avec les deux frères du roi, on apprit encore cette troisième alliance avec la même maison :

> Le bon Savoyard, qui réclame
> Le prix de son double présent,
> En échange reçoit Madame :
> C'est le payer bien grassement [1].

Pie VII, qui fut témoin des vertus privées et des œuvres pieuses de cette princesse, la déclara, en 1808, vénérable, premier degré de la béatification. L'Église l'honore le 7 mars.

Quatre ans après, notre bisaïeul épousa à Saintes la fille d'un conseiller en l'élection. Le contrat fut passé pardevant Me Pasquier, notaire royal en cette ville, sur l'état civil de laquelle l'acte de mariage est ainsi libellé : « Le 2 juin 1779, les fiançailles ont été célébrées entre messire *Jean-François de La Charlonnie*, écuyer, garde du corps du roy, fils majeur et légitime de feu sieur JEAN DE LA CHARLONNIE et de dame Françoise Tallon, de la paroisse de Mérignac, diocèse d'Angoulême, d'une part, et demoiselle Marie-Marguerite-Agathe-Monique de Beausoleil, fille aussi majeure et légitime de feus Me Joseph-Alexandre, conseiller du roy en l'élection de Saintes, et de dame Catherine-Agathe Martin, de cette paroisse, d'autre part,

---

1. *Les femmes des Tuileries*, par Imbert de Saint-Amand.

après avoir publié un ban de leur futur mariage et vu les dispenses des deux autres: celle de Monseigneur l'évêque d'Angoulême en date du 21 mai dernier, signée Ja. Episco. Engolis, et celle de messieurs du chapitre de Saintes en date du 23 de ce même mois, signée Delaage, doyen, et ne s'y étant trouvé aucun empêchement, je, soussigné, curé de l'église cathédrale et paroissiale de Saint-Pierre de Saintes, leur ai donné, le même jour, la bénédiction nuptiale avec les cérémonies prescrites par la sainte Église, en présence de messire *François de La Charlonnie*, prêtre et curé de Vaux, de messire Eutrope-Barnabé Pichon, écuyer, seigneur de Saint-Thomas, de Pierre Brunet, de François Priolaud, qui ont signé avec nous. »

Monique de Beausoleil avait pour aïeul René-Louis, sieur des Mouniers, conseiller du roy élu en l'élection de Saintes, échevin de la maison commune, marié, par contrat du 7 avril 1688, à Marie Méneau, fille de noble Jean Méneau, procureur au siège présidial et aussi échevin de Saintes, et de Marguerite Dugadonneys; pour bisaïeul, François de Beausoleil, « mètre chirurgien maior de la marine », qui, à l'âge de vingt-six ans, le 24 avril 1651, avait épousé Catherine Chevreuil, issue de Richard Chevreuil et de Jeanne Normandin, et habitant Dolus en l'île d'Oleron, dont il était lui-même originaire et où sa famille, qui paraît avoir eu pour berceau Melle en Poitou, était venue se fixer au XVe siècle, ainsi qu'à La Rochelle; pour trisaïeul, honnête personne Jacques de Beausoleil, époux de Marguerite Gaultier et demeurant à La Gautirie, située en Saint-Denis d'Oleron, où il se livrait au négoce.

Il existe dans les papiers de la famille une pièce, dont la signature offre de l'intérêt; c'est une attestation, par le duc de Richelieu [1], des bons services rendus par François de Beau-

1. Armand-Jean du Plessis, petit neveu du cardinal, né le 3 octobre 1629, duc de Richelieu et de Fronsac, pair de France, prince de Mortagne, mar-

soleil, frère de Jacques et chirurgien de la marine, comme son neveu François, dont il était sans doute le parrain. Voici, du reste, la teneur de ce document délivré le 20 octobre 1647 :

« Le duc de Richelieu, pair et général des galères de France, lieutenant général pour le roy et mers de Levant et commandant l'armée navale de Sa Majesté,

« Certifions à qui il appartiendra que François de Beausoleil a servy le roy en qualité de chirurgien sur l'un des vaisseaux de Sa Majesté, nommé le *Saint-Louis*, durant la présente campagne; en tesmoing de quoy nous avons signé le présent certificat, fait apozer le sceel de nos armes et fait contresigner par notre secrétaire ordinaire, au bord de l'*Admiral* mouillé à la rade de Toulon, le xxe jour d'octobre 1647.

« *Signé* : LE DUC DE RICHELIEU.

« Par mondit seigneur,

« *Signé* : MARTIN. »

Au surplus, la carrière de François de Beausoleil a présenté des phases assez curieuses, pour que nous cédions au désir d'en donner ici le détail établi par lui-même dans la pièce dont suit la copie exacte :

---

quis de Pontcourlay, comte de Cosnac, baron de Barbezieux, de Cozes et « Saugeon », suivit d'abord le parti de l'Église et fut abbé de Saint-Ouen de Rouen, dont il se démit, puis il fut nommé chevalier des ordres du roy, général des galères de France, gouverneur des ville et citadelle du Havre et dépendances, dont il se démit également par la suite et mourut, le 20 mai 1715, dans la quatre-vingt-sixième année de son âge. — *Dictionnaire de la noblesse*, de La Chesnaye-Desbois.

Rainguet, dans ses *Études historiques sur l'arrondissement de Jonzac*, p. 297, nous apprend qu'il avait été marié trois fois : 1° En 1649, à Anne Poussart du Vigean; 2° en 1684, à Marie-Anne d'Acigné; 3° en 1702, à Marguerite-Thérèse de Rouillé, veuve du marquis Jean-François de Noailles.

« François de Beausoleil certifie avoir servy le roy en callitté de chirurgien maior sur un des vaisseaux du roy, commandé par M. de Saint-Estienne soubz monseigneur l'Archevesque de Bordiaux, général de l'armée navalle au siège de Tharagonne, l'année 1641.

« Deplus, a servy le roy en la mesme quallitté sur le vaisseau nommé le *Saint-Michel*, de Lubecq, commandé par M. Banos au combat randu contre l'Espagnol devant Barselonne, où M. de Cange fut brûlé par un brûlot et ladite armée commandée par Monseigneur le marquis de Brezé, et, au retour de la campagne, ledit sieur Banos avait esté commandé de prandre sur son vaisseau l'anbassadeur de Portugal, pour le conduire à Roume, où j'ay ausy faict ladite campagne en l'année 1642.

« Deplus a servy le roy sur un des vaisseaux du roy, commandé par monseigneur Gabaret dans le détroit aux costes d'Espagne et au siège de Roze en Catalogne, l'année 1643, et, au retour, j'ay servy sur le *Corsaire*, commandé par M. de Liret.

« Déplus j'ai séruy Sa Magesté en callitté de chirurgien maior sur le vaisseau nommé le *Faucon* au siège de Tharagone. Ledit vaisseau commandé par M. le chevallier de Fonteny, en 1644.

« J'ay ausy servy ledit sieur Gabaret en l'armée navalle commandée par Monseigneur le ducq de Brezé aux costes d'Espagne, Affrique, où nous avons combattu l'Espagnol, au cap de Gatte, au retour du service d'anvoy, année 1645.

« J'ay ausy servy sur le vaisseau nommé le *Sourdy*, commandé par Monseigneur le chevallier Garnier, au siège d'Orbitrille (un nom illisible) et Piombino, et, ayant levé le siège dudit Orbitrille, nous combatismes l'Espagnol, entre le (un nom illisible) et le mont Argenta, où mondit seigneur de Brezé y fut tué sur l'*Amiral*, l'année 1646.

« J'ay ausyservy le roy sur le *Saint-Louis*, commandé par ledit sieur Garnier, aux costes de (un nom illisible) et autres mers du Levant, soubz le commandement de Monseigneur le duc de Richelieu, l'année 1647.

« J'ai ausy servy le roy au royaume de Naples en callitté de mareschal des logis des chevaux-légers de Son Altesse de Guize[1], commandés par Monsieur le chevalier de La Martre, autrement (un mot illisible), où j'ay resté jusqu'à la révolte de Naples, où nous fûmes faict prisonniers, l'année 1648.

« J'ay ausy servy pour le roy en la rivière de Bordeaux, en callitté d'enseigne de Monsieur le chevallier de Lalande, sur le vaisseau nommé le *Mazarin*, et, au retour de ladite campagne, nous fusme en course aux costes d'Espagne et d'Affrique, les Canaries, Madère et autres lieux, et, après avoir demeuré un an entier, nous fûmes pris par quatre frégattes anglaizes parlementaires, qui nous menèrent prisonniers à Calios, l'année 1649 et 1650.

« Deplus j'ay servy à Brouage en callitté de garde de M. le comte Daignon, l'espace de dix-huit mois, années 1652 et 1653.

« Du depuis, M. de La Villette me commanda de prendre la charge d'une compagnie de millice au régiment de Dollus, où j'ay touiours séruy. »

A cet exposé de services, qui, on en conviendra, ne manquent pas d'une certaine originalité, sont joints quatre certificats, dont celui du duc de Richelieu, et rédigés dans les mêmes termes. Un cinquième document de l'espèce donné à

---

1. Henry de Guise, né en 1614, mort en 1664, entra d'abord dans les ordres et fut, à l'âge de quinze ans, nommé archevêque de Reims; mais, à la mort de son frère aîné, il renonça à la prélature. Ses nombreuses folies et ses aventures galantes le rendirent célèbre. Il se joignit aux adversaires de Richelieu, fut condamné à mort, en 1641, et s'enfuit dans les Pays-Bas. Il rentra en France à la mort de Louis XIII. Pendant la révolte de Naples, sous Masaniello, Guise résolut de conquérir un trône. A la tête de vingt partisans, *inter quos* François de Beausoleil, il débarqua à Naples, en 1647, aux applaudissements de la population; mais bientôt les Napolitains l'abandonnèrent et livrèrent la ville aux Espagnols. Il fut emmené prisonnier en Espagne, où il resta jusqu'en 1652.

Charente nous apprend que Beausoleil reprit, en 1667, sa trousse de chirurgien, du 1er avril au 16 octobre, et que, comme précédemment, « il a bien et fidellement séruy sur le vaisseau nommé la *Royale* et commandé par le chevalier de Verdille. »

Revenons à notre bisaïeul.

Jean-François de La Charlonnie était âgé de quarante-six ans à l'époque de son mariage, qui l'amena en Saintonge, aux Mouniers, terre située dans la paroisse de Saint-Eutrope de Saintes et qui est devenue la propriété de notre cousine, Clémence Dières-Monplaisir. Les Mouniers avaient été acquis, en 1692, par René-Louis de Beausoleil, au prix de 7,000 livres, d'Alexandre Béraud de La Bellerie, écuyer, conseiller du roy et trésorier de France au bureau de Poitiers. L'acte passé devant Me Mareschal, notaire royal à Saintes, est du 5 janvier. Le vieux logis construit en 1620, avec sa chapelle et son portail d'entrée flanqué de contreforts, offre un aspect sévère, auquel contribuent les bois environnants.

Le mariage de notre bisaïeul modifia sa vie militaire, en lui permettant de ne plus fournir que six mois de services actifs, trois à la Cour et trois à Dreux, pour passer le reste de l'année près de sa famille naissante composée de trois enfants : 1o *Marie-Anne-Agathe-Eustelle*, née le 26 janvier 1781 ; 2o *Marie-Anne-Agathe-Victoire*, née le 29 décembre 1782; 3o *Jean-Joseph*, né le 7 août 1784.

La première eut pour parrain et marraine: son oncle, Alexandre, frère de sa mère et avocat en la cour et parlement de Bordeaux, et sa grand'tante, Marie-Anne Martin.

Pour la seconde, les registres de Saint-Pierre nous apprennent qu'elle fut ondoyée le 31 décembre 1782 et baptisée le 6 janvier suivant. Son oncle, *Jean de La Charlonnie*, et Marie-Anne Timbaudy, épouse de M. Arnaud et dont il sera reparlé, étaient ses parrain et marraine.

Jean-Joseph fut tenu sur les fonts baptismaux par un des

frères de sa mère, Joseph, et par la belle-sœur de son père, Marie-Catherine de Jarnac.

L'aménité de caractère de *Jean-François*, cette qualité prédominante des La Charlonnie, faisait le bonheur des siens, qui le lui rendaient en une affection aussi profonde que respectueuse. Aussi les quartiers de services paraissaient-ils autrement longs que ceux d'un aussi heureux séjour aux Mouniers, dont les rapports avec Villars conservèrent l'intimité qui ne s'est pas démentie par la suite, malgré l'élargissement des degrés de parenté. Cette durable et mutuelle affection est témoignée par plusieurs lettres qui trouvent ici leur place. La plus ancienne date justement du temps dont nous venons de parler; elle est écrite de Villars, le 2 décembre 1784, par l'aîné de la famille qui s'exprimait en ces termes:

« Cher frère,

» Je profite de la première occasion que j'ai rencontrée pour t'envoyer tes quatre sacs de linge; et, comme Sorilet m'avait dit que tu l'avais chargé de te porter ton fusil, je fis venir en même temps quatorze ou quinze petits articles que je jugeais qu'il pourrait mettre dans ses paniers, sans que cela puisse l'embarrasser. Mais, comme il m'a dit que la saison ne lui permettait guère de passer sitôt par Saintes, j'ai cru convenable de t'envoyer le tout par cette même occasion. Nous en avons fait un petit paquet que nous avons mis dans le sac d'où M. l'abbé en avait sorti deux, pour ranger les garnitures de ton lit. Je ne te fais point le détail de ces bagatelles; mais tu les connaîtras en lisant ton mémoire. Je te préviendrai seulement qu'il y a, dans ce nombre, un petit miroir, que nous avons renfermé dans la couverte, pour sa conservation. Ainsi, qu'on y fasse attention, en la déployant. Quand il sera possible de t'envoyer les autres effets, sois assuré que je ne négligerai rien pour te les faire rendre le plus promptement que je pourrai.

» Nous avons été au désespoir, cher frère, en apprenant l'incommodité de la chère sœur, à qui nous faisons mille amitiés, et je t'assure que nous avons partagé bien sincèrement la peine et le chagrin que tu as ressentis à ton arrivée. Mais la lettre que m'a écrite la petite et le rapport que nous a fait Sorilet ont un peu calmé notre inquiétude, et nous ne désirons rien tant que d'apprendre son parfait rétablissement et la continuation de ta santé, de même que celle de la petite famille, que nous embrassons de tout notre cœur.

» Je ne saurais assez te témoigner, cher frère, combien je suis sensible à toutes les attentions que toi et la chère sœur avez pour notre fille, et de pousser encore ces excès jusqu'à pourvoir à ses besoins particuliers, ce dont je ne te sais pas bon gré d'avoir été si discret, pendant que tu étais ici. Pour la pauvre petite, qui n'y porte pas tant de façons, elle ne s'inquiète point de vous embarrasser, ou de devenir incommode, car elle me fait entrevoir par sa lettre qu'elle voudrait une robe; pour la satisfaire, vous êtes les maîtres de faire tout ce que vous jugerez convenable. Je l'approuve avec la plus grande satisfaction et vous en aurai une obligation infinie, vous priant de me croire avec le plus sincère attachement

» Votre affectionné frère,

» LA CHARLONNIE DE VILLARS. »

« Il n'a pas été question de la commission que la petite me donnait à l'égard du (nom illisible); car, lorsque j'ai reçu sa lettre, il était loué chez Lasserde, et, malgré toutes les recherches que nous avons pu faire, il n'a pas été possible d'en trouver un autre qui puisse te convenir et de pouvoir te l'envoyer tout de suite. Mais j'en ai rencontré un qui est dévoué, actuellement domestique à Mérignac, dont on m'a fait tous les éloges possibles à tous égards; il doit sortir à Noël et serait disposé à te servir. J'ai demandé à son père de ne point le relouer; que je te manderais si tu en avais besoin pour ce temps-là; aussi j'attends ta réponse là-dessus.

» Je te dirai que j'ai vendu hier toutes mes eaux-de-vie, à raison de 91 livres la vieille et 85 la nouvelle. Aussi, comme j'espère te voir ici avant ton départ pour ton quartier, je te donnerai tout l'argent que tu voudras.

» Quoique j'aie écrit à M. le curé de Vaux dès la semaine de la Toussaint, je n'en ai point encore reçu de réponse, et, comme je lui ai demandé 800 livres pour chacun de nous, s'il arrivait qu'il te vît en passant à Saintes, fais en sorte que nous ne nous trouvions point en contradiction. »

Ces lignes, marquées au coin de l'amitié la plus franche, nous apprennent que la fille du châtelain de Villars, *Marie-Marguerite*, alors âgée de vingt-et-un ans et appelée quand même *la petite*, se trouvait, à ce moment-là, aux Mouniers, où ses oncle et tante étaient toujours très-heureux de la recevoir.

M. le curé de Vaux dont il y est parlé aussi était messire Grenier de La Flotte, successeur de *François de La Charlonnie*, et qui ne paraît pas avoir pris possession de ses bénéfices avant le milieu de 1785, attendu qu'après notre grand-parent, la paroisse fut desservie par l'abbé Clémenceau, qui lui-même mourut le 9 janvier de ladite année, à l'âge de vingt-cinq ans. Quant à la somme d'argent qui lui avait été demandée, il s'agissait sans doute de la succession des bénéfices et du règlement de compte qui était établi pour l'inventaire, au décès du curé, entre sa famille responsable et le successeur entrant en charge et en possession.

Sorilet devait être un commissionnaire.

Cette lettre, par sa date, nous fait aussi connaître que *Jean-François* profitait, à l'époque, d'un congé motivé probablement par la maladie d'une certaine gravité, paraît-il, et dont fut atteinte sa femme vraisemblablement après la naissance de *Jean-Joseph*.

L'année suivante, le 24 mars, notre bisaïeul fut fait chevalier de Saint-Louis, en considération, disent les lettres du roi données ce jour à Versailles, « des services qu'il nous rend depuis vingt-six ans, pendant lesquels il a fait deux campagnes. » Sa réception eut lieu le 12 avril, ainsi que le prouve la pièce dont la teneur suit :

« Nous, Ferdinand-Jacob d'Aix de Lignes, lieutenant-colonel de cavalerie, sous-lieutenant des gardes du corps du roy, compagnie de Luxembourg, chevalier de l'ordre royal et militaire de Saint-Louis, certifions à tous qu'il appartiendra qu'aujourd'hui, 12 avril, en vertu des ordres du roy [1], avoir reçu chevalier de l'ordre militaire de Saint-Louis, monsieur *Jean-François de La Charlonie*, garde du corps du roy, dans la compagnie de Luxembourg, et avoir procédé à cette réception suivant les formalités ordinaires. En foi de quoi, nous avons délivré le présent pour servir à ce que de raison. A Amiens, le douze avril mil sept cent quatre-vingt-cinq.

» Signé : D'Aix de Lignes. »

Nous voyons par ce certificat que l'emplacement de la troisième compagnie, en dehors de son service à la Cour, n'était plus Dreux, mais Amiens, comme nous l'avons dit plus haut. Nous trouvons ce même renseignement dans l'*État militaire de France pour l'année 1780*, l'annuaire militaire de l'époque, qui indique, en même temps, que le récipiendaire de notre bisaïeul, M. de Lignes, était un des deux porte-étendards de la compagnie. L'autre était M. Desmontis.

Jusqu'au 1er janvier 1788, date de la promotion de *Jean-*

---

1. La lettre écrite à ce propos par le roi à *Jean-François de La Charlonie* est du 30 mars 1785. (Papiers de famille).

François au grade de brigadier « pour prendre rang de capitaine dans nos troupes de cavalerie », dit la commission signée du roi, aucun fait ne nous est resté de sa vie, qui paraît s'être partagée, sans incidents de quelque intérêt, entre son service à la Cour et ses semestres de repos au milieu des siens aux Mouniers et aussi à Villars, qu'il ne devait pas négliger. Pour ces déplacements, les moyens de locomotion dont il usait étaient loin de ceux d'aujourd'hui. En quittant son corps, il achetait un cheval, qui, en quinze jours environ, l'amenait en Saintonge et le retournait, six mois après, à sa garnison, où il le revendait, pour se servir des chevaux du roi.

Cette existence calme et facile devait avoir une fin; 89 et la tourmente révolutionnaire approchaient. De plus, un deuil cruel vint frapper la famille; le 29 novembre 1788, JEAN-FRANÇOIS, le chef de la maison, mourut à Villars. Il n'était âgé que de soixante-trois ans, et cette mort, en enlevant à notre bisaïeul le frère qu'il affectionnait le plus, l'impressionna très-douloureusement.

Lorsqu'en juin 1789, il quitta Les Mouniers pour aller reprendre son service, la séparation fut plus triste qu'elle ne l'avait jamais été; c'est que l'orage qui commençait à gronder à Paris s'entendait de province, et les appréhensions de la famille n'étaient que trop fondées. Il rejoignait sa compagnie, commandée, depuis le 4 mars 1784, par Jean-Paul-Emmanuel-Sigismond de Montmorency, prince de Luxembourg, à la veille des journées des 5 et 6 octobre, ces prémisses des horreurs qui suivirent.

Le 1er de ce mois, un jeudi, les gardes du corps voulant fêter leurs camarades du régiment de Flandres, formé en partie des premier et deuxième bataillons de l'ancien et commandé par le comte de Lusignan (Hugues-Thibaud-Henri-Jacques), et venu de Douai à Versailles depuis peu de jours, leur offrirent un repas. Les officiers des Suisses et les chasseurs de Lorraine furent aussi invités, ainsi que ceux de la garde nationale de Versailles, que commandait le comte d'Estaing. A ce festin, qui eut lieu dans la salle du théâtre, assistèrent des loges les seigneurs de la Cour. Les esprits, très-gais d'abord, s'exaltèrent bientôt ; en brandissant leurs épées, les convives portent la santé de la famille royale; le chant si expressif : *Oh Richard! oh mon roi! l'univers t'abandonne,* sort de toutes les poitrines. A ce moment, une députation des gardes du corps accourt près de la reine pour la prier d'honorer le festin de sa présence. Louis XVI, qui rentrait de la chasse, est entraîné avec Marie-Antoinette, et, dans la salle de la fête, chacun se jette à leurs pieds, en promettant de mourir pour leur défense. Puis ils sont conduits en triomphe à leurs appartements.

Le lendemain, un déjeûner fut pareillement offert par les gardes du corps et, cette fois, dans leur hôtel. La reine, à qui on alla présenter les hommages de tous, répondit que les preuves de dévouement qui avaient été données la veille à la famille royale la rendaient très-heureuse.

Ces fêtes ne pouvaient rester ignorées de Paris. Le peuple prétextant d'y voir une insulte à sa misère, alors qu'elles n'étaient que la manifestation de la fidélité la plus dévouée, se remit à proférer le cri du moment : *A Versailles! à Versailles!*

Le lundi suivant, dès le matin, une horde de quatre cents poissardes, véritables furies, ivres et échevelées, prit la route de Versailles. Vomissant des imprécations contre la reine et les aristocrates et traînant à bras les canons argentés du roi de Siam enlevés du garde-meuble, elles forçaient à les suivre tous ceux qu'elles rencontraient sur le chemin. Elles avaient à leur tête l'huissier Maillard, le futur héros des drames sanglants des journées de septembre 1792, et l'on voyait parmi elles la fameuse Théroigne [1] en veste rouge d'amazone,

---

1. Théroigne de Méricourt, révolutionnaire française, dont le vrai nom était Anne-Josèphe Terwagne, née dans le Luxembourg, en 1762, morte en

ainsi qu'un certain nombre d'hommes habillés en femmes, couverts de haillons pour la plupart et faciles à reconnaître à leurs regards et leurs gestes plus menaçants encore que ceux de leurs dignes compagnes. Véritables bêtes fauves, ils marchaient poussant d'affreux hurlements, armés de quelques fusils et surtout de vieilles piques, de haches, de couperets de bouchers et de grandes gaules ayant à leur extrémité des lames d'épées et de couteaux.

Dans l'après-midi, quelques districts voulurent les suivre pour aller déloger les gardes du corps, le régiment de Flandres, puis massacrer la reine et ramener le roi à Paris avec le dauphin. Mais un chef leur manquait; ils s'adressèrent à La Fayette, que son libéralisme et ses succès en Amérique avaient rendu très populaire et qui, de plus, avait fait adopter, le 26 juillet, le drapeau tricolore. C'est lui, du reste, que le roi avait chargé d'organiser la garde nationale, que Lafayette appelait *sa fille aînée*, et dont le commandement lui avait été donné par le peuple. Après avoir résisté pendant deux heures, il consentit à se mettre à leur tête.

A ce moment, les mégères, en route depuis l'aube, arrivaient à Versailles et, tout aussitôt, faisaient irruption au milieu de l'assemblée en criant : *Du pain !*

Louis XVI, instruit de l'insurrection par M. de La Devèze, gentilhomme dauphinois, était rentré de la chasse en toute hâte. On lui proposa de se porter sur Rambouillet avec deux mille cavaliers; il refusa sur les conseils de Necker et en di-

---

1817. Fille d'un fermier, elle arriva à Paris en 1789, et devint populaire sous les noms d' « Amazone de la révolution » et de « belle Liégeoise ». Elle fut arrêtée en 1790, s'échappa et fut emprisonnée, en 1791, par les Autrichiens pour une prétendue conspiration contre Marie-Antoinette. En juin 1792, elle était à la tête d'un corps d'insurgés à Paris. Plus tard, ayant conseillé plus de modération, elle fut publiquement dépouillée et fouettée par des femmes furieuses. Ce traitement la rendit folle, et elle passa le reste de sa vie dans un asile d'aliénés. (*Dictionnaire encyclopédique*, de J. Trousset).

sant : « Je reste ici, mais qu'il ne soit fait aucun mal à mon bon peuple. »

Infortuné roi ! Son bon peuple ! Qui aurait à ces paroles reconnu le dauphin répondant à des seigneurs de la cour, lui demandant quel surnom il préférait : « Je veux, avait-il dit, qu'on m'appelle Louis-le-Sévère. »

En parlant ainsi, le prince, qui avait été élevé dans les règles d'une piété un peu étroite avec le duc de La Vauguyon pour gouverneur, le marquis de Sinesty pour sous-gouverneur, l'évêque de Limoges, de Cœtlosquet, pour précepteur, et l'abbé de Radonvilliers, membre de l'académie française, pour sous-précepteur, personnages auxquels fut adjoint, à la mort du dauphin, le P. Berthier, le prince, disons-nous, visait très certainement le relâchement des mœurs sous les règnes précédents. La panique jetée parmi les courtisans, après cette réponse, ne laisse aucun doute à ce sujet; toutefois, n'y a-t-il pas lieu de s'étonner que cette précoce fermeté de caractère ait été suivie de tant de faiblesses ? Préférer toujours la condescendance à la rigueur, l'ajournement à la solution : voilà tout Louis XVI.

Ainsi que le dit M. Imbert de Saint-Amand dans ses études sur *Les femmes de Versailles*, « la fin des gouvernements n'est presque jamais une mort naturelle, c'est un suicide. Ils se perdent parce qu'ayant la force du droit, ils hésitent à se servir du droit de la force..... Il y a tel capitaine de grenadiers qui eut sauvé le roi, s'il l'avait laissé faire. » Mais ce monarque trop bon « avait défendu aux troupes de le défendre », a écrit Alphonse Karr dans un article plein de vérités inséré dans l'un des suppléments littéraires du *Figaro*. Et il ajoute : « Il eut été peut-être le meilleur des rois, s'il eut été un peu moins le meilleur des hommes, s'il avait fait emprisonner ou rejeter hors de France une douzaine de fous furieux, de coquins hypocrites et de scélérats.... Il eut probablement sauvé la vie à plus d'un millier d'hommes, de femmes et d'enfants massacrés sous la Terreur. Peut-être à cinq millions d'hommes, dont Napoléon a jonché les champs de bataille! Il eut épargné à la France de longues guerres et trois invasions, et les haines, les rancunes, les représailles et les défiances incurables de l'Europe, que nous subissons encore aujourd'hui. »

Jean-François de La Charlonnie, qui prit part à toutes les péripéties de ces affreuses journées, n'avait que trop raison lorsque, par la suite, il répétait avec des regrets plein la voix : « Si le roi nous avait laissé faire, comme il aurait été facile de le délivrer, ainsi que la famille royale ! mais nous étions contraints à l'inaction. » Et Louis XVI le sentait bien lui-même, quand il disait, le lendemain, en regardant toute cette lie de la capitale, des fenêtres où se tenait ce conseil, dans lequel personne ne fit preuve de la moindre énergie : « Tout cela serait facile à balayer, je n'aurais qu'à faire un signe à mes fidèles gardes du corps ; mais non, je ne veux pas qu'un seul homme périsse pour ma cause. »

Revenons à la première journée. En face de l'insurrection toujours grandissante, les gardes du corps, Flandres, les chasseurs de Lorraine, les Suisses et la garde nationale se forment en bataillon carré sur la place d'armes, et, sous la provocation et les menaces des vraies harpies qui les entourent, quelques coups de pistolet partent des rangs des gardes du corps; une femme est tuée. Ses dignes compagnons ripostent ; un officier des gardes, M. de Savonnières, a le bras cassé d'un coup de feu. Il expira deux jours après des suites de cette blessure. Mais voilà le régiment de Flandres qui lâche pied et se disperse, la garde nationale l'imite. Pendant ce temps-là, des ordres formels de la part du roi se succèdent à chaque moment, pour empêcher ses fidèles de faire feu. Cette défense coupable, rappelée par De Sèze dans son plaidoyer, quand il dit : « Vous lui reprochez le sang répandu. Vous voulez que ce sang crie vengeance contre lui! contre lui, qui empêcha à Versailles ses propres gardes de le défendre! » cette défense, disons-nous, faisait frémir de douleur et de rage ces vaillants soutiens de la monarchie, ainsi réduits à la plus pénible inaction. C'étaient encore là les propres expressions de notre bisaïeul, lorsqu'il rappelait ces tristes heures et ces ordres fâcheux. Ils restaient cependant impassibles, dans la crainte, si peu qu'ils se fussent défendus, d'exposer les jours de Louis XVI et de la famille royale. Bientôt, vu l'impossibilité d'une situation pareille, ils se replient vers le palais, dont cinquante d'entre eux vont défendre les appartements royaux, pendant que les deux cent cinquante autres se dirigent sur le Grand-Trianon.

Il était sept heures. A minuit, arrivait La Fayette avec sa troupe armée de trente canons. Peu après les tambours battent la générale; c'est le roi qui convoque d'urgence l'Assemblée nationale au château. L'hôtel des gardes du corps, qui se trouve sans défense, est pris et occupé par les districts parisiens, et à six heures du matin, le siège du château commence. Les gardes du corps résistent, mais leur dévouement est inutile. Deux d'entre eux, MM. Deshuttes et du Repaire, sont renversés et couverts de blessures. Deux autres, MM. de Miomandre de Sainte-Marie et de Varicourt, ce dernier frère de la marquise de Villette [1] et d'un curé de Gex, député à l'assemblée nationale, sont massacrés et mutilés à la porte de la chambre de Marie-Antoinette, dans laquelle la populace finit par se ruer. *Sauvez la reine!* fut le dernier cri de ces infortunés gentilshommes. A demi-vêtue, celle-ci s'est précipitée dans l'appartement du roi, qu'elle trouve sain et sauf, entouré de La Fayette ainsi que de plusieurs députés et montrant le plus grand sang-froid. Ses enfants sont là; elle les presse dans ses bras.

Les galeries et les cours sont bientôt envahies. Cette prise

---

1. Un neveu de M. de Varicourt, M. de Villette, ne se montra pas moins dévoué à la cause des Bourbons, en 1832, en s'offrant au maréchal Soult, président du conseil des ministres, comme otage pour la duchesse de Berry, alors emprisonnée dans la citadelle de Blaye.

de possession et quelques mots de La Fayette amènent un calme relatif et momentané. Un nommé Jourdan, qui se faisait appeler *coupe-tête* et qui figura plus tard dans les diverses scènes de carnage de la révolution, tranche la tête aux deux cadavres des gardes du corps et le peuple les envoie à Paris, comme pour témoigner de son triomphe hideux et se faire acclamer. Mais le sang de ces valeureux défenseurs de la royauté va couler encore. L'un d'eux posté sur l'escalier de marbre est insulté; d'un coup de pistolet il tue l'énergumène qui l'injurie et aussitôt il est mis en pièces et de son crâne brisé sort sa cervelle sur les marches du roi. Les autres gardes postés aux alentours sont pris au nombre de dix-sept. Ils vont être pendus, lorsqu'une centaine de grenadiers de Flandres, que le sentiment du devoir et l'amour de la famille royale a retenus près d'elle, les arrachent des mains de leurs bourreaux et se retirent avec eux dans leur dernier retranchement, l'autre chambre du roi, pour y mourir au poste d'honneur. Mais ils sont impuissants à contenir le flot envahisseur et la porte saute sous les coups de hache. Le roi apparaît; à ses côtés est encore La Fayette, qui arrête les forcenés, en les apostrophant avec l'éloquence du désespoir. Alors Louis XVI se dirige vers le balcon, d'où La Fayette, qui l'a suivi, annonce la rentrée de la Cour à Paris. Il était près de midi.

Une heure après, la famille royale avait quitté la ville de Louis XIV, qu'elle ne devait plus revoir. Le convoi de la royauté était sur la route de la capitale, sans l'escorte des gardes du corps. Le peuple, qui commençait à parler en maître, avait exigé qu'ils ne quittassent pas Versailles. « J'étais à la grille du palais, dit un témoin de ce triste départ; j'ai vu dans toute sa beauté la douleur profonde et noble de ces malheureux soutiens de la monarchie. »

Notre bisaïeul sortit sans blessure de ce premier acte de la révolution, malgré les dangers auxquels l'exposa son dévouement, tout le temps de ces deux journées. Les données nous manquent pour préciser les lieux où il fit tête à la populace, après la rupture du bataillon carré formé au début de ces massacres. Toutefois, M. du Repaire dont il vient d'être parlé, étant un des officiers de sa compagnie, nous avons toutes raisons de croire qu'avec lui, il prit part à la défense des appartements royaux.

Contraints de rester à Versailles, les gardes du corps n'y furent plus en sûreté; maintes fois, La Fayette, seul capable de maîtriser les monstres naissants que son amour de la liberté empêchait de répudier, dut intervenir pour protéger leurs personnes et leur hôtel.

Véritable corps sans âme, leurs jours étaient comptés; le 25 juin 1791, l'Assemblée nationale décréta leur licenciement, après avoir suspendu Louis XVI de ses fonctions royales, à sa rentrée malheureuse de Varennes.

Jean-François regagna alors Les Mouniers, et, cette fois, pour ne les plus quitter. Sa fille aînée, notre grand'mère, était dans sa onzième année et *Jean-Joseph*, son plus jeune enfant, dans sa sixième.

De loin, il suivait avec anxiété, sur les *Papiers-nouvelles* du temps, les faits et gestes des hommes de la Révolution. L'attaque des Tuileries, le 20 juin 1792; la mise à sac du palais et le massacre des Suisses, le 10 août suivant; trois jours après, l'emprisonnement de la famille royale au Temple; les massacres de septembre; la proclamation de la république, le 21 du même mois; le procès du roi, en décembre; sa condamnation, le 20 janvier; sa mort sur l'échafaud, le 21, furent pour lui et les siens autant d'actes douloureux de cet horrible drame des dernières années du XVIIIe siècle. Les tortures et la fin tragique de Marie-Antoinette, ainsi que les souffrances infligées à l'enfant royal, qu'il avait vu grandir aux jours heureux de Versailles, ne le consternèrent pas moins que le martyre du père; et la période révolutionnaire, si justement nommée la *Terreur*, lui rappela, en province, les premières atrocités de Paris et de Versailles.

Ses services à la Cour semblaient devoir le désigner à la haine de la tourbe populaire assoiffée de sang; mais la douceur de son caractère et les bons offices qu'il se plaisait à rendre à tous dans la mesure de ses moyens le sauvèrent ainsi que sa famille. « Le citoyen *de La Charlonnie* est un bon patriote, disaient les autorités saintaises du moment; il nous a laissé prendre dans ses bois nos arbres de la liberté, nous ne l'inquièterons pas. » Toutefois, ces tristes personnages ne vinrent pas seulement aux Mouniers pour y chercher ces souvenirs de l'ère nouvelle; une autre visite promettait d'être plus intéressée, en préparant l'enlèvement de tous les grains qui s'y trouvaient et dont une très-faible part était laissée au propriétaire. Fort heureusement que cette opération, que les accaparements, déclarés crime capital par la Convention, avaient faussement prétextée, n'eut pas son exécution.

Au commencement de 1794, notre bisaïeul vit, un jour, arriver M. Pierre-Ignace de Fonrémis, conseiller du roi, lieutenant particulier du sénéchal au présidial de Saintes. Accusé, ainsi que son frère, Pierre, de conspirer contre la république, il lui annonça qu'il allait se livrer au comité de salut public. Lâchement dénoncés par des habitants de la paroisse de Berneuil, dans laquelle se trouve la terre de Beauregard, qu'ils habitaient, ils n'avaient eu que le temps de s'éloigner de leur demeure pour échapper à leurs ennemis, et, pendant de longues semaines, les bois du pays leur avaient servi de refuge, durant le jour; la nuit, avec mille précautions, ils allaient, chez les plus dévoués de leurs fermiers, prendre quelque nourriture et s'enquérir des nouvelles sur leur compte.

A sa vue notre bisaïeul ne put taire sa grande surprise, en même temps que ses appréhensions pour les conséquences du parti extrême qu'il prenait. « Je ne saurais longtemps continuer cette existence, lui répondit M. de Fonrémis; mon frère n'en est pas moins fatigué, aussi se rend-il comme moi. Du reste, nous n'avons rien à nous reprocher ; la fausseté des rapports dressés contre nous sera reconnue et nous pourrons alors vivre tranquilles. »

Jean-François de La Charlonnie usa de tous les moyens qu'il crut les meilleurs pour détourner son ami d'une aussi funeste inspiration. Rien n'y fit; aussi se sentit-il le cœur serré, en lui donnant une dernière fois la main, lorsqu'il le quitta pour reprendre le chemin de la ville. Peu de jours après, le 12 germinal an II (1er avril 1794), les deux frères étaient condamnés à mort par le tribunal criminel extraordinaire et révolutionnaire de Léquinio et Laignelot établi à Rochefort, et exécutés, le lendemain, sur la place Colbert, dite place de la Liberté, de cette commune.

En apprenant l'affreuse nouvelle, notre arrière-grand'père déplora amèrement de n'avoir pas été plus persuasif auprès de son infortuné voisin, et le nombre des victimes, qui allait toujours grandissant, les plus innocents indices faisant des suspects et presque toujours des condamnés, le fit trembler pour les siens plus encore que pour lui-même, surtout après la triste fin de ses amis. Aussi, le 10 thermidor an II (28 juillet suivant), la mort de Robespierre provoqua-t-elle aux Mouniers, comme dans toute la France, un véritable cri de soulagement!

Nous regrettons de n'avoir rien pu retrouver, dans les dernières années du siècle, qui soit de quelque intérêt, sur les ascendants qui nous occupent. Le premier fait que nous relevons ensuite date du 9 thermidor de l'an VIII (28 juillet 1800) ; c'est le mariage de la fille aînée de *Jean-François, Marie-Anne-Agathe-Eustelle de La Charlonnie*, notre aïeule, avec Eutrope-Raphaël Mollet, juge, depuis le 28 germinal an V (17 avril 1797), près le tribunal civil de Saintes, et dépossédé de cette magistrature par suppression dudit tribunal, le 24 floréal (14 mai) de cette même année de son mariage.

La bénédiction nuptiale leur fut impartie, clandestinement,

à cette date, dans la demeure de Mme Arnaud, aux Gonds, près de Saintes, par l'abbé Duloya, qui n'avait pu échapper à la persécution qu'en se cachant. Mme Arnaud était une demoiselle Timbaudy, descendant de François Timbaudy, lieutenant général de la table de marbre de Bordeaux. Les deux familles étaient liées par une étroite amitié. Nous avons vu que la sœur d'*Eustelle de La Charlonnie, Marie-Anne-Agathe-Victoire*, avait été tenue sur les fonts baptismaux par Mme Arnaud. Quant au mariage civil, il eut lieu le lendemain, sur les dix heures du matin, dit l'acte au bas duquel figurent les signatures du père de la mariée; d'Augustin Mollet, avocat en parlement et au présidial de Saintes, oncle du marié; de Louis Rullier, également avocat, et de JEAN-FRANÇOIS DE LA CHARLONNIE, cousins germains de la mariée, et chose étrange, et qui peint bien le bouleversement de tout en ces temps-là, c'est dans une église, celle du collège, que cette union fut établie, les révolutionnaires ayant choisi ce lieu pour la célébration de toutes leurs fêtes.

Au moment de son mariage, notre aïeule avait vingt ans et Eutrope-Raphaël Mollet, étant né le 10 février 1763, en comptait dix-sept de plus qu'elle. Ce dernier, qui avait eu pour parrain et marraine son oncle, Pierre-Raphaël Mareschal, et sa grand'tante, Jeanne de La Vallade, épouse de messire Guenon, escuyer, sieur de La Joubertière, « appartenait à une de ces familles de la vieille bourgeoisie chez lesquelles les traditions d'honneur sont héréditaires. »[1] Dans celle d'Eutrope-Raphaël Mollet, l'état et office de notaire royal réservé existait depuis deux siècles et demi et devait y être maintenu pendant plus de trois; fait rare et peut être unique.

---

1. *Notice nécrologique* publiée par M. Denys d'Aussy dans le *Progrès de la Charente-Inférieure* du 30 décembre 1891, sur Antoine-Charles-Louis Mollet, maire des Essards, ancien notaire, ancien membre du Conseil d'arrondissement de Saintes, petit-neveu d'Eutrope-Raphaël et dernier représentant du nom, décédé le 8 du même mois.

Les Mollet ont aussi marqué leur place comme magistrats au présidial de Saintes et aussi dans la maison de ville. Trois d'entre eux y ont été échevins : Élie en 1695, Anthoine en 1732, et Augustin en 1782; ce dernier, procureur du roi à Saintes.

La généalogie de la famille est une de celles dont la reconstitution a pu être portée le plus loin. C'est en effet vers 1515 qu'a dû naître Jehan Mollet, le cinquième aïeul d'Eutrope-Raphaël. Une note en marge d'un acte du 21 septembre 1649, passé devant Me Perruchon [1], nous apprend « qu'il était sorti de Paris et venu, en 1550 environ, à Corme-Royal avec le seigneur de Tanzac [2], » ce qui laisse croire qu'il pouvait être de la famille, voire le fils, de Claude Mollet, premier jardinier des rois Henri IV et Louis XIII, le précurseur du célèbre agronome, Jean de La Quintinie, et qui traça le plan des jardins de Saint-Germain, de même qu'il fit des plantations dans les Tuileries et à Fontainebleau. Décédé vers 1612, deux de ses enfants, André et Noël, très habiles horticulteurs eux aussi, publièrent, en 1652, l'ouvrage de leur père, intitulé *Traité des plans et jardinages* et suivi d'une étude sur l'astrologie, et réimprimé, en 1660 et 1676, sous le titre de *Théâtre du jardinage* [3].

Jehan s'établit à Corme-Royal, où il épousa Léa Pérauld, dont il eut trois enfants : 1° Pierre, 2° Jean, 3° Anne. Est-ce lui qui le premier de la famille exerça en Saintonge l'office de notaire ? C'est présumable. Pour son fils aîné, Pierre, le doute ne semble pas possible, la qualité de « maître » lui étant conservée dans un acte notarié postérieur à sa mort [4].

---

1. Papiers de famille.

2. Sans doute Paul de Rabaine, seigneur de Tanzac, Briaigne et Usson, fils de René, seigneur d'Usson, et petit-fils de Jacques et de Perrette de Beaumont.

3. *Biographie générale* de Hœfer.

4. Papiers de famille.

Jehan mourut antérieurement au 18 mai 1599, sa veuve ayant consenti seule, à cette date, une obligation [1].

Pierre, qui ne paraît pas s'être marié, a dû décéder peu avant la majorité de ses frère et sœur, puisque Rolland, leur curateur, leur a rendu compte, définitivement clos, le 23 avril 1624, par décision de Montaigne, président et lieutenant général au présidial de Xaintes [2].

Jean, son frère, qui a dû lui succéder vers 1629, était en même temps procureur fiscal de la châtellenie de Corme. Il se maria à sa cousine, Marthe Pérauld, dont sont issus trois enfants : 1° Pierre, qui alla prendre femme dans la paroisse de Tanzac, où il habitait le Maine-Ogemont en 1679, année pendant laquelle il vint, le 11 février, à Corme-Royal pour l'échange d'immeubles avec sa belle-sœur; 2° Anthoine, qui suit; 3° Jehan, né à Corme le 24 août 1638.

Anthoine succéda à son père en 1658, et fut après lui nommé procureur fiscal. Le 6 novembre 1658, il épousa, à Soulignonne, Marthe Chancellée, fille de Pierre et de Marie Tourneur. Dans le contrat passé, le 11 septembre précédent, pardevant Me Cailleau, Jean Mollet constitua à son fils l'état et office de notaire dont il était pourvu. Le 18 novembre 1668, il mourut prématurément, laissant à sa veuve, qui ne devait le suivre dans la tombe que cinquante-quatre ans après, le 24 décembre 1722, trois enfants mineurs : 1° Marthe, 2° Marie, 3° Anthoine. Ce dernier vint au monde le 16 février 1665. Le 14 août 1690, il se fit pourvoir de l'office de notaire dont il avait reçu donation de sa mère, suivant les dernières volontés du père, exprimées dans son testament du 16 novembre 1668, avant-veille de son décès.

---

1. Papiers de famille.

2. Raymond de Montaigne, conseiller du roy, président présidial en la sénéchaussée, siége de Xaintonge, abbé de Sablonceaux, évêque de Bayonne, fils de Geoffroy, seigneur de Bassaguet de Gauzac et de Saint-Genez et cousin de Michel de Montaigne, l'auteur des *Essais*. (*Études sur la ville de Saintes*, par le baron Eschassériaux).

En 1691, il épousa Jeanne Ocqueteau, de la paroisse de Champagne, fille de feu François et de Marie Vieuille. Le contrat fut signé, le 19 juin, en l'étude de Me Vieuille, notaire à Pont-l'Abbé, oncle de la mariée. François Ocqueteau, qui se livrait au négoce, possédait plusieurs métairies en Saint-Porchaire, Les Essarts, Soulignonne et Champagne. Sa fille fut largement dotée, indépendamment des rentes et obligations que lui abandonnèrent ses frères, Nicolas et Jacques; ce qui permit à Anthoine Mollet d'acquérir La Grande Pallurie d'Anthoine de Lafargue. Après cinquante-six années d'exercice, il mourut en 1746 et fut inhumé, le 4 décembre, dans l'église de Saint-Nazaire de Corme-Royal.

Son fils, Anthoine, né, le 21 mars 1692, à Soulignonne, devint procureur au siège présidial et élection en chef de Saintes, et conserva quand même l'office de notaire pour l'aîné de ses six enfants. Il fut échevin de Saintes et signait, en cette qualité, une pétition adressée au roi, en 1732, pour l'imposition, au profit de la ville, d'un droit « de 40 sols sur chaque thonneau de boisson qui y entreront et dans les fauxbourgs, sur les exempts, privillégiés et non privillégiés [1] ». Marié, en 1723, à Jeanne Perruchon, née aux Maisons-Neuves, seigneurie de Ransanne, le 28 novembre 1694, et descendante d'Étienne Perruchon, notaire royal et juge assesseur de Pisany, en 1646, il en eut :

1° Pierre, qui suit;

2° Geneviève, qui épousa Pierre-Raphaël Mareschal. Cette union fut bénie dans l'église de Sainte-Colombe de Saintes, le 5 janvier 1759, par Jean-Baptiste Leskain, prêtre, docteur en théologie et prieur des Frères prêcheurs ;

3° Marguerite-Eustelle, mariée, le 31 juillet 1760, également à Sainte-Colombe, à Julien Huteau, notaire royal et procureur fiscal de la châtellenie de Brisambourg ;

1. *Études sur la ville de Saintes*, par le baron Eschassériaux, député.

4° Estienne-Maurice, décédé en 1763, et inhumé dans l'église de Sainte-Colombe, le 24 décembre;

5° Eutrope, qui entra dans les ordres;

6° Augustin, né le 10 novembre 1741. Avocat en parlement et au siège présidial de Saintes, il y fut nommé procureur du roi. On le retrouve pourvu de cette magistrature en 1782. Il faisait en même temps partie de la maison de ville en qualité d'échevin, et fut un des commissaires de Saintes aux Etats provinciaux avec Geoffroy des Arènes. Marié, en 1766, à Jeanne-Eustelle, fille de Michel Fourestier de Pouyade, médecin, et d'Eustelle Bertry, il mourut sans hoirs, en 1831, à La Font-du-Loup. Incarcéré, en 1793, ainsi que sa femme, au « ci-devant couvent des Sainte-Claire de Saintes », il fut conduit à Rochefort pour y être jugé, c'est-à-dire condamné à mort, et dut la vie à un contre-ordre *in extremis* arraché au conventionnel Garnier par les instantes supplications d'un de ses neveux, qui le porta à franc étrier à Rochefort, avec une hâte aussi grande que pleine d'angoisses. Le 10 thermidor rendit la liberté à sa femme, tout étonnée d'avoir encore sa tête sur les épaules.

Pierre Mollet naquit à Saintes en 1726. Aux termes d'un acte dressé par Me Dolivet, notaire en cette ville, le 11 février 1754 [1], son père lui céda l'état et office de notaire, « qui lui venait de ses ascendants et conservé toujours dans la famille, malgré les vacances de 1668 à 1690 et de 1746 à 1754, pendant lesquelles un droit de capitation était acquitté annuellement pour le maintien de l'hérédité. » Pierre, qui fut installé, le 11 mars suivant, était aussi fermier de la terre et seigneurie de Saint-Georges des Coteaux, Puironneau et Courpeteau. Le 20 novembre 1753, après contrat du 8 du même mois, passé pardevant Me Roy, notaire royal à Saint-Georges [2], il épousa aux Essards, où l'étude de la famille fut

1-2. Papiers de famille.

transférée vers cette époque, Marie-Jeanne-Charlotte-Gabrielle Geoffroy du Coudret, qui hérita de cette terre à la mort de son frère aîné, Nicolas. Elle était fille de Jean-Baptiste, écuyer, et de Marie-Gabrielle de La Vallade, lequel, Jean-Baptiste, avait pour trisaïeul Guillaume Geoffroy, marié, en 1595 environ, avec Pasquette Symon, dont le fils, Jehan, conseiller du roy, pair et eschevin de Xaintes, en 1653, fut capytaine de la ville, élu maire, le 13 janvier 1668, et maintenu, le 31 du même mois de l'année suivante. Gabrielle Geoffroy du Coudret était, par sa mère, l'arrière-petite-fille d'Arthur de La Vallade, escuyer, sieur de Lhaurière, et de Mathurin Bonnet, sieur de La Bertonnière, conseiller magistrat en la cour présidiale de Xaintes.

Le jeudi, 14 août 1659, Jehan Geoffroy assistait, comme échevin, à l'arrivée à Saintes de Louis XIV se rendant chercher sa fiancée, Marie-Thérèse, pendant que Marie Mancini, avec qui il avait eu à Saint-Jean d'Angély une courte et dernière entrevue, s'acheminait vers son triste exil de Brouage. Le roi fut reçu par le marquis de Montauzier, gouverneur d'Angoumois et de Xaintonge, et le soubsmaire, Pierre Bibard, sieur des Combes, conseiller du roi, magistrat au siège présidial [1]. Un an après, pour le passage de Marie-Thérèse, à son tour, le 20 janvier 1660, Jehan Geoffroy fut chargé avec trois autres de ses collègues, de Guip, Rutier et Beschet, accompagnés d'une douzaine d'habitants choisis par le maire, Sébastien Labbé, conseiller du roy, magistrat au siège présidial, d'aller à Pons « faire la soumission et la révérence d'usage » [2].

C'est lui qui, en 1645, fit l'acquisition du Coudret. « Ladicte vandition faite, pour et moyennant le prix et somme de 9,000 livres tournois, dont ledict Geoffroy a baillé et payé manuellement contant au découvert et à la vue de Me De Rocquancourt, notaire royal à Xaintes, et tesmoins, par les

1-2. *Entrées royales à Saintes*, par M. Louis Audiat.

héritiers de deffunt noble homme Jehan Berthon, conseiller et esleu pour le roy en ladicte eslection de Xaintes, et feue damoiselle Magdelaine Fenelleteau, sa femme. » Les vendeurs étaient, d'une part, les filles dudit Jean Berthon : « 1° Marie, veufve de maistre Jehan Humeau, enquesteur au siège présidial de Poitiers; 2° Jeanne, femme de maistre Pierre Bibard, sieur des Combes, conseiller du roy, magistrat au siège présidial de Xaintes et soubsmaire; 3° Renée, femme de noble homme Jacques Dalvy, pair et eschevin de la maison commune de Xaintes; 4° Marguerite, femme de maistre Jehan Tesnière, greffier des petits cayers dudit siège présidial. D'autre part, ses petits-enfants : 1° Claire de Caterousse, femme de maistre Henry Dussaud, advocat en la cour et parlement de Bordeaux; 2° Magdelaine de Caterousse, veufve de noble homme maistre Pierre Jolly, conseiller du roy et esleu pour le roy en l'eslection dudit Xaintes ; 3° et encore ledict sieur Bibard, comme ayant charge de maistre Bernard de Caterousse, docteur en téologie, absan de cette province... »

D'après ce contrat, en date du 29 juin, que nous possédons et d'où il résulte que le Coudret, dénommé Couldret dans les vieux actes [1], appartient à notre famille et nos ascendants maternels depuis deux cent quarante-sept années,

---

1. Dans un aveu et dénombrement fourni par Jeanne de Villars, abbesse de Saintes, le 23 septembre 1572, il est parlé du « chemin qui vient de la rivière jusques au bois du Couldret... » *Archives historiques de Saintonge et d'Aunis*, vol. de 1877.

Dans un acte du 3 février 1523, signé Gauthier et Brelay, notaire royal à Xaintes, on cite « une pièce de boys taillis au fief Fromentin, près le Couldret, et tenant au boys du Couldret ».

De même, en 1652, Jean Thibaudeau, seigneur du Cormier, assigne « maître Morice Couldreau, advocat au siège de Xaintes, à propos de la rente ou terrage de certaine terre labourable confrontant d'une part à la fourest du Couldret, et d'autre au grand chemin par lequel on va dudit Couldret à Xaintes.... » Tome 9, pages 111 et 201 du *Recueil de la Commission des arts et monuments historiques de la Charente-Inférieure.*

cette terre mouvait du fief de Beaupuy, dépendant de la seigneurie de l'évêque de Saintes, auquel était payée une redevance de 3 livres et 6 chapons de rente noble, directe et foncière. Nous ne saurions dire quels en ont été les possesseurs avant les Berthon; toutefois, il y a lieu de penser qu'elle s'est trouvée, à une époque, dans la famille de Claude Guillemey, escuier, sieur du Coudret, témoin de l'hommage rendu, le 23 février 1622, à Monseigneur de Xaintes par Charles de Courbon, pour les dimes de Corme-Escluze[1]. L'habitation de maître, en 1645, n'occupait pas l'emplacement du logis actuel, édifié, en 1803, par notre aïeul et dont la partie gauche a pris la place de la fuye, construite, en 1626, avec l'autorisation accordée à Me Jehan Berthon par l'évêque Michel Raoul. C'est à droite du portail d'entrée que se trouvait la maison, dont l'escalier de pierre en colimaçon montre encore ses marches presque coupées en deux par l'usure.

Moins favorisé que le corps de ville d'Angoulême et de plusieurs autres cités des généralités du Poitou et de La Rochelle, celui de Saintes n'a jamais eu, d'une façon durable du moins, le privilège de la noblesse pour ses magistrats. Aussi est-ce par lettres patentes de Louis XIV données à Versailles en décembre 1702, que les Geoffroy ont été anoblis dans la personne de Thomas, fils du précédent, père de Jean-Baptiste, écuyer, époux d'Angélique Martineau, aïeul de Jean-Baptiste, écuyer, bisaïeul de Marie-Jeanne-Charlotte-Gabrielle, et marié, le 29 octobre 1655, à damoiselle Ozanne Toussaint, fille de sire Élie et de Gabrielle Rousset.

Thomas, receveur des dixmes de 1680 à 1702, fut nommé conseiller pair échevin le 25 février 1680, et lieutenant de la milice bourgeoise de la paroisse de Saint-Pierre, le 21 août 1693, puis capitaine. Ses lettres d'anoblissement disent : « Et comme nous avons été pleinement informez de la famille, vertus et bonnes qualités de notre cher et bien amé,

1. *Archives historiques de Saintonge et d'Aunis*, vol. de 1876.

Thomas Geoffroy, sieur du Coudret et des Arennes, capitaine de la milice bourgeoise de la ville de Xaintes, conseiller et l'un des anciens échevins de ladite ville, dans les fonctions desquelles charges il s'est acquis une réputation toute particulière, aussi bien que feu son père dans celle d'ancien échevin et maire de ladite ville, les ayant exercées avec beaucoup d'application et d'intégrité pour notre service, au veu et seu de tous les cytoïens de ladite ville. » Ces lettres ont été registrées en la cour du parlement de Bordeaux, le 7 avril 1707; à la cour des aydes, à Paris, le 15 février 1703, et en l'élection de Saintes, le 26 mai de cette dernière année.

Rapportons encore que, lors du passage à Saintes, le 23 décembre 1700, du petit-fils de Louis XIV, Philippe de France, duc d'Anjou, accompagné de ses frères, Charles, duc de Berry, et Louis, duc de Bourgogne, et allant prendre possession du trône d'Espagne, une compagnie de cent hommes de la milice bourgeoise à cheval commandée par Thomas Geoffroy, eschevin vétéran, et Goullard, son lieutenant, aussi eschevin, se porta, dès le matin de ce jour, après l'ordre du maire Renaudet, sur le chemin de Saint-Jean d'Angély, où elle rencontra le roy à deux lieues de la ville[1].

Revenons à Pierre Mollet et à sa progéniture. En mars 1767, il mourut à l'âge de quarante-et-un ans, et fut inhumé, le 18 dudit mois, dans le cœur de l'église des Essards. Sa femme, qui était née le 19 mars 1728 et décéda à soixante-treize ans, le 11 octobre 1801, lui avait donné huit enfants, dont le plus âgé, à la mort du père, ne comptait pas encore douze années. Prénommé, lui aussi, Antoine, il naquit, en effet, le 9 septembre 1754. En sa qualité d'aîné, il continua la succession des notaires dans la famille et fut installé le 9 décembre 1782. Pendant les derniers jours de la Terreur, sa liberté, sinon sa vie, fut très compromise, comme pour son

---

1. *Entrées royales à Saintes*, par M. Louis Audiat.

oncle Augustin, dont il avait été le sauveur, ainsi qu'il vient d'être dit, et pour son frère, Eutrope-Raphaël, à ce moment emprisonné. Dénoncé comme royaliste, Antoine n'échappa à l'arrestation décidée contre lui qu'en se cachant au fond des bois environnant sa propriété du Pinier située en la paroisse de Saint-Georges des Coteaux. Cette existence durait depuis deux semaines, lorsque la mort de Robespierre vint heureusement y mettre un terme.

Ses frères et sœurs étaient : 1° Marie-Jeanne-Françoise; 2° Eutrope-Dominique; 3° Geneviève; 4° Pierre; 5° Eutrope-Raphaël; 6° Marie-Ursule; 7° Marie-Anne.

Pierre, né le 28 novembre 1761, entra, le 22 octobre 1791, au premier bataillon de volontaires de la Charente-Inférieure avec le grade de sous-lieutenant. Promu capitaine, le 9 septembre de l'année suivante, il démissionna, le 18 septembre 1796. Si ses services ne furent pas longs, par contre, ils se passèrent en campagnes pendant toute leur durée, dont plusieurs mois d'une captivité très-pénible à Pesth marquèrent la fin et l'obligèrent à demander un congé « de trois décades », qui lui fut accordé le 24 germinal de l'an IV (13 avril 1796). Cinq mois après, il rentrait, comme nous venons de le dire, dans la vie civile, à la suite de l'arrêté du Directoire du 30 ventôse an IV (20 mars 1796), sur la réorganisation de l'armée.

Eutrope-Raphaël, ainsi qu'on l'a vu, vint au monde en 1763, aux Essards, comme ses aînés et puînés. Bien que disciple de Thémis, il donna souvent tort au vieil adage : *Cedant arma togæ*. Ses duels sont, en effet, presque légendaires, et l'un de ses premiers, sinon son premier, en 1785, à Poitiers, où il étudiait le droit, après y avoir fait ses humanités au collège de Sainte-Marthe, fut un des plus marquants. Le motif n'en était autre qu'une plaisanterie de mauvais goût sur son nom, qui valut à son auteur un soufflet. Celui-ci, officier du régiment Agénois, alors en garnison à Poitiers, ayant été blessé à mort, notre jeune étudiant fut provoqué, séance tenante, par un des témoins de son adversaire, qu'il coucha pareillement sur le terrain. Cette rencontre aussi fâcheuse que fameuse pour son héros, comme on va le voir, s'accomplit sous une arche qui existait alors dans la rue des Écossais. MM. Vandame et Rondeau des Daviotières, conseillers à la cour d'appel de Poitiers, actuellement décédés et qui tenaient les détails de cette affaire de camarades d'école de notre aïeul, la narrèrent, sur les lieux mêmes, à notre frère, à l'époque où il faisait lui aussi son droit. Ajoutons que les registres de l'université mentionnent qu'à la date du 10 mai 1785, c'est-à-dire peu après ce double duel, le recteur morigéna vertement les étudiants, « au sujet du désordre survenu dans les écoles, notamment d'une aventure toute récente passée entre les officiers du régiment qui est icy et les étudiants. »

Mais notre aïeul ne devait pas en être quitte à si bon compte. L'affaire lui valut une lettre de cachet qui l'exila, durant six mois, dans l'île d'Oleron, avec défense de continuer ses études à Poitiers. L'année suivante, il les reprit à Bordeaux, où il les termina.

Avec un sang aussi chaud et l'ardent royalisme que lui avaient transmis ses ascendants, la tourmente révolutionnaire ne pouvait l'oublier. Aussi fut-il emprisonné dans la nuit du 5 au 6 octobre 1793, au « ci-devant couvent des Sainte-Claire de Saintes », en même temps que son oncle, Augustin, et la femme de celui-ci. Nous avons dit comment ce dernier échappa à la mort et aussi la délivrance de sa femme par la fin de Robespierre. C'est à cette même cause tant souhaitée qu'Eutrope-Raphaël dut sa tête.

L'extrait suivant de la correspondance secrète du commissaire du Directoire exécutif près l'administration centrale du département de la Charente-Inférieure donne une idée du rôle joué pendant la révolution par notre aïeul :

« 5 floréal an VI (24 avril 1799). — Citoyen ministre, par votre lettre du 29 ventôse dernier, vous me chargez de vous indiquer quels sont les hommes qui, à l'époque désastreuse de la réaction royale et sacerdotale, ont, par leurs actions et leurs discours, manifesté leur haine pour la république et les républicains. Je pense que ce sont principalement les chefs du parti royaliste que le gouvernement a intérêt de connaître et de surveiller, et non une foule de gens égarés, qui n'ont été que les instruments aveugles de la perfidie de ceux qui les dirigeaient. C'est donc sur les premiers que je vais fixer votre attention........................ C'est principalement à Saintes que résident les agents de Louis XVIII et les ennemis les plus acharnés de la république et des républicains. C'est dans cette commune qu'une jeunesse égarée, armée de sabres et de pistolets, accablait journellement les républicains d'injures et de menaces, et semblait n'attendre que l'ordre de ses chefs pour exécuter les massacres, auxquels ils préludaient par le chant homicide du *Réveil du peuple.* Les chefs de ces rassemblements séditieux étaient Mollet jeune, juge du tribunal civil du département; Laporte, ex-comédien, défenseur officieux du tribunal criminel; les Bonneau fils, dit Mongaugé, ex-nobles; Courbon, ex-noble; Compagnon fils dit Tezac, ex-privilégié; Mathey, ex-garde du roi des Français......... » [1]

A la restauration, Eutrope-Raphaël, qui était redevenu juge titulaire par décret du 20 février 1812, fit partie de la députation chargée d'aller offrir à Louis XVIII les hommages de la ville de Saintes.

En avril 1814, le duc d'Angoulême étant à Bordeaux, notre aïeul fut aussi désigné avec le président, Guillaud de Sergé (Nicolas), et son collègue, Lavialle (Louis-Alexis), pour se rendre auprès de Son Altesse Royale et lui présenter une adresse, au nom des membres du tribunal.

En récompense de sa fidélité et de son dévouement au roi,

---

1. *Saint-Pierre de Saintes*, par M. L. Audiat.

la décoration de Chevalier du Lis[1] lui fut conférée, le 22 octobre 1814.

Il avait été appelé à faire partie de la municipalité de Saintes, en 1803, comme conseiller. Il se retira en 1830 et fut remplacé par Georges-Charles-Denis Le Gall de Kerven, commissaire de la marine en retraite.

En 1829, Eutrope-Raphaël Mollet ayant découvert dans l'*Almanach royal* que le procureur du roi de Castellane portait le même nom que lui, il lui écrivit, le 30 mars, pour savoir si leurs familles avaient une commune origine. Le 9 avril suivant, le procureur de Castellane répondait dans les termes de la plus amicale confraternité que ses ascendants étaient sortis de Forcalquier, d'où la branche à laquelle il appartenait était allée, depuis un assez long temps, se fixer à Aix. Des liens de parenté lui semblaient donc très-problématiques; toutefois, une note biographique d'un membre du barreau d'Aix, M. du Breuil, décédé récemment, indiquant que les ascendants de ce dernier avaient quitté la Saintonge pour s'établir en Provence, lors des guerres de religion, peut-être sa famille, dont le nom n'a pas la moindre consonnance méridionale, aurait-elle été obligée de faire de même.

Il ajoutait que le Mollet, secrétaire de l'Académie de Lyon, un ancien oratorien[2] et dont lui avait sans doute aussi parlé notre grand-père, était son oncle, et terminait sa lettre en adressant ses hommages les plus empressés à ses cousines:

---

1. Ordre honorifique créé par Louis XVIII. Un ordre de chevalerie du même nom avait été institué en 1516.

2. C'est à ce même Mollet que *Larousse* consacre les lignes suivantes : « Mollet, Joseph, mathématicien français, né à Aix en 1756, mort dans la même ville en 1829. (Décès dont fit part son neveu dans une missive du 20 novembre de ladite année). Avant la révolution, il faisait partie de la congrégation de l'Oratoire et professait la physique à Lyon, dont il devint le doyen de la Faculté des sciences. (Vous faites erreur, Larousse !) Il est l'auteur de nombreux ouvrages de physique, d'astronomie et de mathématique pratique. »

« Ce titre me plaît trop, disait-il, pour que je ne m'en empare pas. »

La lumière ne put être faite sur la parenté supposée des deux familles, parenté qui, après les résultats de nos recherches, serait antérieure aux premières années du XVIe siècle. Une correspondance suivie, causée par une communauté d'idées, de sentiments et d'opinion politique, ne s'établit pas moins entre notre aïeul et son homonyme, qui fut appelé, à la fin de 1829, à la tête du parquet de Draguignan. Ces rapports d'amitié devaient cesser bientôt. Le 21 décembre 1832, Eutrope-Raphaël Mollet mourut dans la soixante-dixième année de son âge et après vingt-trois ans et dix mois de sa magistrature au tribunal.

Les relations avec la famille de sa femme avaient été constamment empreintes d'une réelle affection. Nous en relevons la preuve dans la lettre suivante qu'il écrivit à *Héliodore de La Charlonnie*, à l'occasion de son mariage :

« Saintes, le 25 février 1830.

» Je commencerai par avouer ma négligence. Ce court exorde appellerait sans doute ton indulgence, mon cher docteur, mais, comme j'ai reçu ta lettre un mois après sa date, tu ne me trouveras peut-être pas aussi négligent.

» Tu m'apprends que tu vas te marier ; de suite j'allais me mettre en ouvrage pour te fabriquer un épithalame, mais ton commissionnaire m'a dit que l'heureux *oui* était prononcé. Alors j'ai retiré les fers du feu et l'enclume n'a pas résonné, et je me suis dit : *Gaudeant bene nati* : je lui désire joie, plaisirs, bonheur, prospérité ; que sa postérité se multiplie et qu'il voie ses enfants se multiplier comme les étoiles du firmament.

» Tu renvoies, mon cher *Héliodore*, à l'été prochain la visite de ta femme, mais le printemps est plus près ; le printemps, si favorable à tout, serait une bonne saison pour nous l'amener, au lieu que, jusqu'à l'été, les petits pieds pourraient bien empêcher les grands de voyager. Au surplus, ce sera toujours avec un grand plaisir que nous la verrons et connaîtrons. Nous l'aimons déjà. Sais-tu pourquoi ? Parce qu'elle est ta femme. Amène-la donc le plus tôt que tu pourras. Renvoie les malades à les guérir dans un autre moment ; dis-leur qu'ils voyagent aussi.

» Adieu, mon cher *Héliodore* ; l'intérêt que tu m'as inspiré se perpétuera longtemps, parce que je te crois plein d'honneur et que tu marches dans la voie que tout honnête homme ne doit jamais abandonner.

» Adieu. Ton affectueux oncle,

» MOLLET.

» Tous les miens vous disent à l'un et à l'autre, ainsi qu'à tes père et mère, beaux-frères et sœurs, les choses les plus aimables. »

Eustelle de La Charlonnie rendit son mari père de six filles. Lui qui ne désirait rien tant qu'un garçon était d'une humeur massacrante après chaque naissance, et ses collègues du tribunal, aussi bien que ses amis, se sont longtemps souvenus de l'accueil qu'il faisait à leurs félicitations à ce propos. Elle avait cinquante-et-un ans lorsqu'elle devint veuve et dut alors s'occuper d'intérêts dont elle avait jusque-là ignoré la conduite. Dans cette situation difficile, elle donna la mesure de ses rares qualités, qui en firent la très-digne fille de sa pieuse mère. Avec la rectitude de son jugement et son esprit d'ordre, elle sut bientôt se mettre à hauteur de la tâche qui n'incombait plus qu'à elle seule, et, sous tous rapports, ses labeurs et ses soins furent récompensés. Au surplus, les paroles d'un homme de grand sens et de hautes vertus, l'abbé Briand, corroborent le témoignage que nous sommes heureux à plus d'un titre de rendre ici des mérites de notre vénérée aïeule. Ce saint prêtre apprit sa mort, le 25 octobre 1856, dans l'église de Saint-Eutrope, au moment où il allait monter en chaire, et, dans le cours de son instruction, il ne put taire ses louanges pour « la sainte mère de famille dont la vie venait de s'éteindre. Il y a longtemps que je suivais cette âme, dit-il, et j'ai reconnu que la pratique de toutes les vertus n'a cessé d'être sa préoccupation dominante. Qu'elle vous soit un exemple à suivre ».

Le deuil causé par sa fin, qu'avait précédé une maladie de longues et douloureuses semaines, fut très-grand, aussi bien parmi ceux qui avaient été à même d'apprécier ses mérites et son inépuisable charité que parmi ses proches. Les lignes ci-après adressées de Villars à notre père en sont une preuve, tout en accusant aussi entre les cousins d'Angoumois et de Saintonge la persistance des affections familiales:

« Villars, le 30 octobre 1856.

» Mon cher parent,

» Nous avons été bien peinés de ne pas vous voir pendant ces vacances, avec d'autant plus de raison que nous y comptions, d'après ce qu'Amédée Rullier nous avait dit. Nous ne nous doutions pas que ce qui vous en avait empêché eut été occasionné, comme il y a deux ans, par un événement bien douloureux ; mais nous avons appris par Amédée, qui est venu nous voir le 27 de ce mois, que notre pauvre cousine était au lit de la mort et sans aucun espoir. En effet, ce même jour, j'ai reçu votre lettre qui nous l'a confirmé.

» Toute la famille perd une bonne parente et les cousines une excellente mère. Elle fait un grand vide dans la maison, mais il faut bien se résigner ; l'âge auquel elle était parvenue devait vous préparer à ce grand malheur.

» Agréez, cher parent, l'assurance de mon sincère attachement.

» LA CHARLONNIE.

» Toute la famille se joint à moi pour vous faire à tous mille amitiés. »

Notre grand'mère laissait après elle cinq filles; la troisième, Marie-Agathe-Adolphine, née à Saintes, le 25 nivôse an XIII (15 janvier 1805), était morte au Coudret, le 20 septembre 1854. Elle avait eu pour parrain, JEAN-FRANÇOIS DE LA CHARLONNIE. A une époque il fut très sérieusement question de son entrée au couvent; mais elle ne se reconnut pas sans doute une vocation assez marquée pour quitter le monde. Toutefois, elle resta demoiselle comme trois autres de ses sœurs. Sa fin prématurée est le douloureux événement que rappelle la lettre de Villars. Elle était la bonté et la douceur même; pleine d'attentions pour nous qu'elle affectionnait tendrement; sa mort nous causa une peine profonde.

L'aînée, Marie-Gabrielle-Zoé, naquit à Saintes, le 7 messidor an IX (26 juin 1801). Sa constitution très délicate et sa santé perpétuellement chétive nécessitèrent des soins constants. Elle décéda à Saintes, le 26 juillet 1860, chez la plus jeune de ses sœurs, près de laquelle elle s'était retirée, depuis son départ du Coudret, après les partages de famille.

La seconde, Marie-Eustelle-Euphémie, vint au monde également à Saintes, le 4 fructidor an X (22 août 1802). Douée d'un cœur comme il s'en trouve peu, elle voua à sa sœur, notre mère, ainsi qu'à nous une affection qui ne fit qu'aller toujours grandissant. Dès sa jeunesse, du reste, elle donna ces preuves de son dévouement sans limites. Sa tante Dières-Monplaisir écrivait des Mouniers au Coudret, en septembre 1822, dans une lettre où elle annonçait que son mari se rendait à Villars, le lendemain, pour assister à l'enterrement de la jeune femme d'ANNET DE LA CHARLONNIE, auquel il donnera la raison qui a empêché son beau-frère de l'accompagner: « Euphémie est toujours bien complaisante. Cette *bonne biquette* (c'est ainsi qu'elle l'appelait) est aussi très aimable; je voudrais que mes enfants lui ressemblent. Je m'en estimerais trop heureuse. »

Et peu de jours après : « Cette *bonne biquette* m'a encore bien rendu service, pendant l'absence de M. Dières. Mais il est arrivé ce matin; ainsi donc, s'il ne survient rien de nouveau, lundi ou mardi, je te rendrai ce trésor. Oui, bonne sœur, c'en est un pour moi que je voudrais garder toujours, s'il était possible. »

A la mort de notre aïeule, elle fondit sa part d'héritage avec celle de notre mère; ce qui permit de conserver presque intact le domaine du Coudret, la succession comprenant aussi les métairies du Maine, du Boisbouquet et de La Recluse. La vieille terre patrimoniale devint ainsi leur propriété, et alors cette excellente tante ne nous quitta plus. Nous ne saurions mieux reconnaître son inépuisable bonté pour nous qu'en disant qu'elle fut notre seconde mère, aussi lorsque nous la perdîmes, le 10 février 1885, emporta-t-elle tous nos regrets.

La quatrième, Marie-Hélène, née, le 16 mai 1806, au Coudret, où la famille s'était définitivement fixée, tenait beaucoup des La Charlonnie. Contrairement à ses sœurs aînées, qui étaient d'une taille moyenne, Euphémie surtout, elle était élancée et avait les cheveux bruns de son oncle, *Jean-Joseph*. A la mort de notre aïeule, elle se fixa à Saintes, où elle est morte, le 30 janvier 1870.

Après elle vient notre mère, Marie-Eugénie-Louise (Élise en famille), qui naquit au Coudret, le 21 octobre 1811. En 1837, le 17 juillet, en présence de Jean-François-Joseph-Annet de La Charlonnie, son cousin; François Dières-Monplaisir, son oncle; Georges Dières et Étienne Paschaz-Godet, elle épousa Jean-Ferdinand Laverny, fils de feu Louis-François, avocat en la cour et parlement, commissaire du district de Saint-Genis aux États provinciaux de Saintonge, vice-président du tribunal de première instance de Saintes, par ordonnance royale du 7 février 1816, et de Marie-Élisabeth Landreau de Saint-Paul, et petit-fils de Jean-Gaspard de Laverny, seigneur de Crut en Saint-Grégoire, avocat en la cour et parlement de Bordeaux, sénéchal du comté de Plassac, en 1756, juge du marquisat de Clam, en 1763, et conseiller du roy élu en l'élection en chef de Saintes, en 1769 [1], marié à Jeanne-Marie-Euphrosine Keefe, issue de Jeanne-Euphrosine de Cornillot et de Denys Keefe, docteur en médecine à Ozillac, descendant d'une famille originaire d'Irlande et établie en France au commencement du XVIIe siècle.

Euphrosine de Cornillot était la fille de Jean, sieur de Ramoneau, licencié ès-lois, sénéchal de Jonzac, et la petite-fille de Jean, docteur en médecine, né en 1621 et inhumé, le 24 novembre 1696, dans l'église de Saint-Germain de Vibrac. Par sa mère, Marguerite Fradin de Boissières, elle avait pour aïeul Louis Fradin, écuyer, seigneur de Boissières, décédé, le 5 février 1742, à Baignes.

Ajoutons que la mère de Jean-Ferdinand Laverny, Marie-Élisabeth Landreau de Saint-Paul, fille de Jean-Jacques, sieur de Saint-Paul en Clion, notaire royal et juge-sénéchal de Lussac, La Pommerade et Clam, et de Marguerite-Geneviève Pelletreau, avait pour trisaïeul Ferri Landreau, procureur fiscal de La Barde-Fagneuse, gentilhommière de Léoville, et pour bisaïeul, François Landreau, sieur de La Gorce,

---

1. Voir, pour la composition de l'élection de Saintes, en 1769, le mémoire sur ladite élection par Duchâtel, l'un des élus, dans le *Recueil de la commission des arts et monuments historiques de la Charente-Inférieure*, du 1er juillet 1885. On remarquera que la note relative à J.-G. de Laverny présente une triple erreur en disant qu'il épousa D^lle^ Landreau, que celle-ci était fille ou sœur de René-Jérôme Landreau, conseiller au présidial à la même époque, et que notre père naquit de cette union.

sénéchal du bailliage de Marennes en 1702, puis de Jonzac en 1725, marié, le 6 février 1700, à Anne de Marchesalier de Bellevue.

Les frères et sœurs de notre père étaient : 1° Jean-Louis, né à Saint-Paul, le 25 décembre 1787, et décédé célibataire à Crut le 22 février 1814;

2° Charles-Jean-Baptiste (en famille Gustave), né à Saint-Paul, le 14 octobre 1790, qui épousa Bénigne-Félicité Jaulin de Vignemont et fut créé, le 1er juin 1818, chevalier du Lis, par Charles-Philippe de France, comte d'Artois, colonel général des gardes nationales du royaume. Il mourut au Champanais, le 21 mars 1838, laissant une fille unique, Marie-Esther-Anna, unie, l'année précédente, à Jean-Eutrope-Henry Gaillard, par la suite maire de Saint-Grégoire, et qu'elle a rendu père de plusieurs enfants, dont Louise, mariée avec Joseph-Auguste Marchais de Laberge, capitaine au 70e d'infanterie et promu officier de la Légion d'honneur au moment de sa mise à la retraite ;

3° Louis-François-Stuart-Xavier, né à Crut, le 13 juin 1793, y décédé célibataire, le 4 novembre 1816;

4° Jeanne-Euphrosine-Geneviève, née à Saint-Paul, le 1er janvier 1787, décédée demoiselle, le 1er octobre 1846, à Saintes;

5° Antoinette-Marie-Suzanne, notre marraine, née à Saint-Paul, le 1er septembre 1791, en religion sœur Sainte-Catherine des Dames de la Providence de Saintes, et décédée, en 1867, à Rochefort, où sa mémoire sera longtemps vénérée pour tout le dévouement dont elle n'a cessé de donner des preuves dans l'éducation des enfants.

Avec Louis-François, notre aïeul, né à Agudelle, le 26 janvier 1758, Jean-Gaspard de Laverny eut encore :

1° Denys-Gaspard, né à Plassac, le 2 août 1756 et dont nous allons reparler;

2° Marguerite-Françoise-Caroline, née en 1762, le 13 mai, à Saint-Georges de Cubillac, où elle fut tenue sur les fonts baptismaux, le 27 avril 1765, par « haut et puissant seigneur messire Charles-Jean-Baptiste Mercier du Paty, chevalier, écuyer, seigneur de Clan, Saint-Germain de Lusignan, Saint-Georges de Cubillac, Antignac et autres lieux, conseiller du roy, président trésorier de France au bureau de finances de La Rochelle, avec haute et puissante dame madame Marguerite-Françoise Arnoul de Vignolle, marquise des Dunes, dame des seigneuries de Lussac, Conteneuil, Favière, fief du Breuillet en Clion et autres lieux ». Étaient présents : « Madame Louise-Élisabeth Carré du Paty; madame Marie-Julie de La Marthonie de Fouréaux, monsieur Nicolas-Gabriel baron de Tonchelonge, curé de Clan. » Le 23 juillet 1780, elle épousa Charles-Jean-Baptiste Pennetreau de La Cour, receveur des domaines du roy à Jonzac, fils d'Étienne-Pierre, entreposeur du tabac de la ville de Marans, et de Françoise Botetin de Lincé. Cette union fut bénie par l'oncle de la mariée, messire Keefe, François-Daniel, religieux, chanoine régulier de la congrégation de Chancelade [1], prieur d'Agudelle. Caroline est décédée, sans enfants, à Saintes le 7 février 1848.

3° Pierre-Antoine, né à Saint-Georges de Cubillac, le 16 juin 1763. Il fut maire d'Ozillac de vendémiaire an IX (septembre 1800) à vendémiaire an XI (septembre 1802) et juge de paix de Jonzac en 1811. De son mariage avec Anne-Jenny Messier de Saint-James, le 26 thermidor an II (13 août 1794), il eut cinq enfants, dont : 1° Jean-Jacques-Hippolyte, aussi maire d'Ozillac de 1835 à la fin de 1838, et qui épousa Marie-Angélique-Téléide Favreau, petite-fille, par sa mère, d'Anne-Ursule Dohet de La Charlotterie; 2° Hélène, mariée à Jean-Jacques-Victor de Saint-Germain, contrôleur principal de l'impôt syndic de Saintes, fils de Jean-

1. Chanoines réguliers de la règle de saint Augustin établis, en 1128, dans l'abbaye de Notre-Dame de Chancelade aux environs de Périgueux. On les appelait également *Chanceladins*.

Étienne Delaage de Saint-Germain, capitaine de cavalerie, chevalier de Saint-Louis, et de Marie-Madelaine-Thérèse-Maurice de Saintout, issue de Joseph, président de la cour royale de Bordeaux, et de Marie-Magdeleine-Joseph Cassair.

Pierre-Antoine Laverny a été le fondateur de la branche cadette de la famille représentée, jusqu'en 1886, par ses petits-fils : 1° Jean-Jacques-Hippolyte (en famille Jules), qui épousa, le 3 octobre 1877, à Barbezieux, Jeanne-Marie-Louise Espitalié-Lapeyrade, fille de Léon-Gaspard, receveur de l'enregistrement, et de Françoise-Mélanie-Édilie-Ernestine Pasquier ; 2° Ernest, marié à Saintes, le 1er août 1866, avec Marie-Blanche Roy, fille de Mathieu, receveur principal des contributions indirectes en retraite, et d'Adélaïde-Jacques-Marie-Théréza-Joséphine-Claudine de Beynac ; 3° Georges, frère jumeau du précédent, décédé le 30 mars dernier, ainsi que l'aîné, notre regretté cousin Jules, le 10 mars 1886. Les enfants d'Ernest Laverny : 1° Marie-Ernest, sous-officier d'artillerie de marine ; 2° Marie-Thérèse ; 3° Marie-François, continuent la descendance de Pierre-Antoine : leur plus jeune frère, Marie-Jacques, ayant été enlevé à l'affection des siens.

D'une ancienne famille de robe originaire du Condomois en Guyenne, les Laverny sont venus se fixer en Saintonge vraisemblablement à la suite du duc d'Épernon, après l'acquisition qu'il fit, au commencement du XVIIe siècle, de la baronnie de Plassac, érigée pour lui en comté, au mois d'août 1633, et ils y ont occupé les plus honorables positions dans la magistrature du pays de Jonzac d'abord, puis dans celle de Saintes. Le premier qui vint fonder en Saintonge une branche de la famille, paraît être Jean, juge assesseur, puis sénéchal du comté de Plassac, en 1691. Un autre Laverny, son frère ou son oncle, était, en 1662, curé de Guitinières, prieur de Brie [1], et nous relevons dans les

---

1. Registre paroissial de Guitinières.

Rôles saintongeais, publiés par M. Th. de Brémond, qu'en 1616, M. de Lavernie servait dans la compagnie des gendarmes du duc d'Épernon. Ce dernier, malgré l'orthographe du nom, ne serait-il point de nos grands-parents et aussi l'instigateur de l'émigration des Laverny en Saintonge, voire le chef de la lignée saintongeaise ? Cette supposition se trouve appuyée par ce fait que le nom apparait avec la particule pour plusieurs de nos grands-parents, et dans les registres paroissiaux de Guitinières et de Plassac, et dans les actes de Me Charpentier, notaire royal de cette dernière paroisse, de 1715 à 1759.

De sa femme, Marie Gingreau de Lage, Jean eut six enfants, dont Jean, qui naquit en 1685 et entra dans les ordres. Curé, de 1711 à 1747, de Saint-Germain de Vibrac, où mourut sa mère, qu'il inhuma, le 19 novembre 1722, dans son église, il fut ensuite appelé à succéder à son oncle Pierre, docteur en théologie, curé-prieur de Guitinières et y décéda, le 13 février 1761. Il était lui aussi docteur en théologie, et archiprêtre de Barbezieux et de Cônac.

Un autre fils de Jean, Jean-Gaspard, devait seul continuer le nom. Sa femme, Anne Papillaud, fille de Léon, notaire royal et juge de Plassac, et de Suzanne Dupuy, lui donna huit enfants, dont un seul encore et pareillement prénommé Jean-Gaspard eut des descendants. C'est le Jean-Gaspard de Laverny, nommé plus haut et qui devint seigneur de Crut, par suite de l'acquisition qu'il fit, suivant acte du 3 janvier 1768, au prix de 29,000 livres, des logis et fief nobles de ce nom, mouvant à foy et hommage de la seigneurie d'Ardennes et situés sur la gracieuse petite rivière le *Trèfle*, dans la paroisse de Saint-Grégoire, à peu de distance du château de Plassac. Cette proximité accrut, entre la grandiose demeure construite par l'habile architecte Louis, de Bordeaux, et la modeste gentilhommière avec son colombier et son enclos planté de charmilles et de futaies, les rapports d'amitié existant déjà entre leurs propriétaires et qui devaient se continuer par la suite. Nous lisons, en effet, dans une lettre à notre aïeul, Louis-François, du marquis de Montazet, au retour d'une absence de quelque durée : « Si j'avais mes jambes d'il y a dix ans, il me serait encore facile d'aller savoir de vos nouvelles par moi-même, mais il faut bien renoncer à toutes ces anciennes jouissances et avoir surtout appris à vieillir..... »

La terre de Crut et la métairie de Chez-Mestez, acquise aussi en 1768 et qui était tenue à rente et agrière des seigneuries d'Ardennes, de Gibaud et du prieuré de Marignac, étaient ainsi passées des mains de notre bisaïeul dans celles de son fils. En 1826, après la mort de ce dernier, survenue le 20 octobre 1821, notre grand'mère s'en défit pour aller complètement s'installer à Saintes, où elle décéda, le 30 mars 1835.

Ce n'est pas seulement dans la magistrature que nos ascendants ont laissé leurs traces, l'état ecclésiastique a connu aussi leur piété, ainsi que leur foi religieuse et politique ; témoin, Pierre, un autre des enfants du sénéchal de Plassac, né à Guitinières, le 8 décembre 1691, qui, après avoir successivement étudié chez les Oratoriens de Condom, dont les registres parlent aussi, de 1668 à 1748, de trois de ses ascendants et de quatre de ses puînés, et à Bordeaux, puis au grand-séminaire de Saintes, fut vicaire à Bois en 1717, de là à Marennes en 1718, et enfin, en 1724, curé du Petit-Niort, où il a laissé, dit Rainguet dans ses *Études sur l'arrondissement de Jonzac*, les sentences ci-après, inscrites sur les registres de la paroisse, comme monument de sa foi :

Tota vita discendum mori !

Rapide dati vobis temporis spatio decurrit vita ; si scires uti longa est !

Il était archiprêtre de Cônac.

Témoins encore, Denys-Gaspard, né à Plassac, en 1756, le 2 août, et son oncle, Cyprien, né à Guitinières, le 27 mai

1733, qui payèrent, le premier de la déportation, le second de la mort en la prison des « ci-devant Carmélites de Saintes », le 21 frimaire an V (11 décembre 1796), leur refus de serment à la république. Denys-Gaspard, en rentrant en France, reprit la cure de Guitinières; fut nommé, peu après, premier vicaire de Saint-Pierre de Saintes; puis, en 1804, chanoine titulaire de La Rochelle, où il mourut, le 6 mars 1814. Dans son ouvrage sur la cathédrale de Saint-Pierre, M. Audiat écrit que notre grand-oncle fut un prédicateur distingué. Il a, en effet, laissé plusieurs sermons, dont nous possédons les textes de sa main et qui témoignent de son talent d'orateur. Disons encore que parmi les vases sacrés de l'église de Saint-Pierre se trouve un ciboire par lui offert et sur le pied duquel se voit cette inscription : *D. Laverny, chanoine de La Rochelle.*

Revenons à notre père et qu'il nous soit permis de dire, en parlant de ses grandes et nombreuses qualités, qu'il avait les défauts de l'une d'elles ; il était d'une modestie excessive. Aussi n'est-ce pas à sa requête, mais bien en récompense de ses services dans l'université, qu'en 1864 il reçut les palmes académiques. Inutile d'ajouter qu'il n'a même jamais songé à en porter le ruban.

Le 7 décembre 1871, la mort vint presque subitement nous le ravir. Né le 12 décembre 1800, à Crut, il n'avait pas encore atteint sa soixante-deuxième année. Un journal de Saintes, le *Courrier des deux Charentes*, du 10 du même mois, a dit dans un article nécrologique, que « bon, humain, toujours prêt à consoler et à secourir, il était ingénieux à trouver le moyen de faire le plus de bien possible. Tout ce qui pouvait adoucir le sort des malheureux, il le mettait en œuvre, et ce n'était pas seulement l'aumône d'un bon conseil. Le besoin impérieux de son cœur était non-seulement d'obliger, mais de le faire de la meilleure grâce, promptement et naturellement, sans penser à la reconnaissance, ignorant même l'ingratitude ».

Les paroles prononcées sur sa tombe rendirent de même hommage à ses qualités et à l'inépuisable bonté de son cœur: « ..... Qui de nous pourra oublier l'aménité de son caractère, la droiture de son jugement, l'exquise urbanité de ses manières ?..... Tel était son esprit de conciliation qu'il avait pu, chose rare, échapper aux traits empoisonnés de l'envie, qui frappe particulièrement les hommes de cœur et de bien..... Toujours calme au milieu des plus vives souffrances, toujours soumis aux décrets de la Providence, il a vu arriver l'heure suprême avec une douce résignation : sa mort, comme sa vie, a été celle d'un chrétien convaincu..... Fidèles à vos principes, vos deux fils, qu'entourent déjà l'estime et la considération publiques, marcheront sur vos traces et conserveront précieusement l'héritage d'honneur et de probité que vous leur avez légué. »

Et tout en entendant ces vérités touchantes, nous pleurions, nous qui n'avions même pas eu la consolation suprême d'arriver assez à temps pour recevoir son dernier soupir.

En mourant, notre père laissait à sa digne veuve la gestion d'intérêts dont elle ne s'était jamais occupée. Mais celle-ci, à l'exemple de sa mère, se mit courageusement à l'œuvre et la réussite récompensa ses peines, en donnant aussi la preuve de ses mérites ainsi que de ses capacités.

Du mariage de Ferdinand Laverny et de Louise Mollet sont issus trois enfants : 1º Marie, qui naquit au Coudret, le 6 juillet 1838, et mourut, à l'âge de cinq ans, le 15 juin 1843 ; 2º Marie-François-Anatole, l'auteur de ce travail, qui s'excuse d'être obligé de parler de lui.

Né au Coudret, le 21 février 1840, Anatole Laverny est entré, sans se reconnaître une vocation bien marquée, dans les douanes, en 1860. De La Rochelle, où il fit son surnumérariat, il fut envoyé d'abord à La Tremblade, puis à Saujon, Valenciennes, Lauzières près La Rochelle, Marseille, la direction générale au ministère des finances, où sa promotion au grade de sous-inspecteur l'appela, en 1880, sur notre nouvelle frontière de l'Est, à Batilly, et de là à Nantes, où il attend très-impatiemment son admission à la retraite, à l'expiration toute prochaine de ses trente années de services.

C'est pendant son séjour à Marseille qu'éclata la guerre avec la Prusse. Peu après l'ouverture des hostilités, il prit, pour leur durée, un engagement au 8e régiment de chasseurs à cheval, et, le 20 octobre 1870, il alla, dans les rangs du 4e mixte de cavalerie légère, à l'armée de la Loire. A Vallières, en avant de la forêt de Marchenoir, il reçut, le 7 novembre, le baptême du feu, et assistait, le surlendemain, à la victoire de Coulmiers, cet éclatant succès du général d'Aurelles de Paladines, qui eut été autrement funeste à l'armée de Von der Thann, si le général Reyau, au lieu d'être la victime par trop naïve d'une fatale erreur, avait su utiliser ses escadrons, à la fin de la journée. (Ce n'était pas un Murat que nous avions à notre tête !)

Nous ne saurions nous défendre de reproduire ici certain passage des lignes qu'a écrites, sur cette bataille, le général Chanzy dans son ouvrage : *La deuxième armée de la Loire*. Après avoir parlé de la belle conduite de l'infanterie et de l'artillerie, il ajoute : « La cavalerie n'a pas été moins brillante : elle s'est portée avec beaucoup d'audace sur la droite de l'ennemi, a parfaitement supporté un feu des plus meurtriers et n'a eu que le tort de ne pas comprendre le rôle important qu'elle eut pu jouer à la fin de la bataille, si elle se fut trouvée, à la chute du jour, sur les positions qui lui avaient été assignées, au lieu d'engager contre les défenses des villages une lutte dans laquelle son artillerie, exposée de trop près, s'épuisa en vain et a beaucoup souffert, sans produire d'autres résultats sérieux que de s'attirer à elle-même des pertes qu'elle eut pu éviter. »

Le 2 décembre, le 4e mixte monta à cheval par alerte, avant l'aube, et prit en toute hâte la direction de Patay, et, bientôt, au bruit de moins en moins éloigné du canon. A deux heures, il arrivait sur le champ de la lutte; mais son soutien, pas plus que celui des autres troupes venues au même moment, ne pouvait modifier à notre avantage le sort de cette triste journée de Loigny. Le lendemain, commençait pour toute l'armée, naguère si pleine d'espoir et maintenant si découragée, la retraite qui devait finir au Mans.

En passant à Tours, Anatole Laverny, qui, depuis quelques jours, tremblait la fièvre, dut entrer à l'ambulance du petit-séminaire, qu'il quitta complètement remis, au bout d'une semaine de soins et surtout de repos, à la fin de décembre, pour rejoindre à Tarbes le dépôt de son régiment. Ce retour lui procura l'occasion inespérée d'aller, en passant et très à la hâte, embrasser les siens au Coudret. Quelle soirée! ou plutôt, quelle nuit! Le lendemain, il n'était déjà plus là!

Rentré au dépôt, il fut, le 3 janvier 1871, promu brigadier et placé dans un escadron de formation récente et à la veille de partir en campagne. Le retour de ses fièvres à peine passées le fit remplacer; ce qu'il regretta très-médiocrement, les hommes et les cadres de cet escadron, à part son commandant, le capitaine Hautecœur, étant peu instruits et sans expérience aucune de la vie en campagne. Il resta donc à Tarbes et reçut, le 31 du même mois, les galons de maréchal-des-logis fourrier.

Le 10 mars suivant, la fin des hostilités le rendit à ses paisibles fonctions administratives, auxquelles, après ces quelques mois de vie militaire, la seule dans ses goûts, si pénible qu'elle ait été, il reconnaissait bien moins d'attraits encore qu'au début de sa carrière. Aussi, lorsque la nouvelle loi sur l'organisation de l'armée permit sa réintégration, ne se fit-il pas faute de concourir pour le grade d'officier de la territoriale. Nommé par décret du 13 mars 1877 sous-lieutenant au 10e territorial de dragons à Dinan et ayant peu foi dans les éléments de cette première organisation, opinion que la création récente et malheureusement tardive des régiments mixtes, qui semblent devoir porter bientôt et à plus juste titre le nom de régiments de réserve, a pleinement justifiée, il obtint, en vertu d'une décision ministérielle, son changement pour les cadres de la réserve, et un décret du 30 avril 1878 le nomma sous-lieutenant au 13e de chasseurs, alors en garnison à Saint-Germain.

Sa nomination à la sous-inspection de Nantes ayant été suivie de sa promotion, par décret du 2 décembre 1882, au commandement du 22e bataillon de douaniers, fonctions qu'il ne prisera jamais autant que ses simples galons de sous-officier, il lui fallut se retirer, à son grand regret, des rangs de la réserve, et sa démission fut acceptée par décision présidentielle du 28 février 1882.

Présentement, ainsi qu'il est dit plus haut, il n'ambitionne rien tant que de toucher au terme de son existence administrative, pour aller s'installer au Coudret.

Le troisième enfant de Jean-Ferdinand Laveroy, Marie-Joseph-Gaston, naquit à Saintes le 17 août 1844. Après avoir fait ses humanités au collège de Saintes, comme nous, puis ses études de droit à Poitiers, où il retrouva, ainsi qu'il a été dit, le souvenir des duels de notre aïeul maternel, il rentra à Saintes, et, à l'imitation de son grand-parent et devancier dans le barreau, Martial de La Charlonye, y devint promptement un avocat habile et d'un talent très apprécié. Ce qui lui a valu d'être à plusieurs reprises et maintenant encore bâtonnier de l'ordre.

Peu après la déclaration de guerre avec la Prusse et le même jour où s'engageait son frère, et cela, chose étonnante, sans la moindre entente préalable entre eux, il s'enrôlait au 20e régiment de ligne, qui avait tenu garnison à Saintes et se trouvait alors à Tours. Cette proximité des opérations prochaines fit transférer le dépôt de ce corps d'abord à Toulon, puis à Digne.

Nommé caporal le 29 septembre ; fourrier le 15 octobre et sergent-major six jours plus tard, notre jeune volontaire fut, avec ce dernier grade, expédié dans les rangs du 75e de marche, au 25e corps de l'armée de la Loire, dont il partagea les dernières fatigues et les dernières luttes. Proposé pour sous-lieutenant, le 18 janvier, au lendemain de l'affaire d'Orsay, il reçut l'épaulette le 28, à C[illegible]rol-l'Orgueilleux dans l'Yonne, où l'aile droite du général Pourcet avait été concentrée.

Rentré dans ses foyers, en mars, pour y reprendre sa place au barreau, il compta néanmoins au 75e d'infanterie jusqu'au 31 janvier 1872, date de l'acceptation de sa démission.

Par la suite, la réputation d'avocat de talent de notre frère ne fit que grandir et, en 1884, au renouvellement du conseil municipal, il fut le premier et l'unique candidat du parti conservateur nommé depuis 1870. Cette preuve de confiance de ses concitoyens se manifesta plus encore l'année d'après, lors des élections législatives, où, candidat de l'opposition conservatrice, il n'échoua que de quelques dizaines de voix ! Mais, en ces temps, comme aujourd'hui, nul ne l'ignore, il fallait être avant tout agréable au ministère et lui avoir vendu son vote. Sur ce point comme sur tout autre, Gaston Laverny n'avait pas voulu déroger aux exemples des siens. Aussi, comprenant l'impossibilité de la lutte, déclina-t-il les offres qui lui furent faites plus tard, et, de plus en plus recherché par les plaideurs, il se donna sans partage à dame Justice.

Revenons à notre mère. Nous avons dit avec quelle entente des choses elle sut s'acquitter des obligations que lui imposa inopinément la mort de notre père. Celle de notre tante, Euphémie, rendit tout-à-fait isolée son existence au Coudret, si animé autrefois, et cette solitude n'était guère égayée que par la présence de notre frère à Pâques et pendant les mois de septembre et d'octobre, ainsi que par la nôtre, durant le congé de trente jours que nous ne manquions de prendre, chaque année, à cette même dernière époque. C'était alors de bien bonnes semaines et trop vite passées, aussi bien pour cette excellente mère que pour nous. Aussi, au commencement de 1889, après avoir pris les mesures voulues pour que sa présence continuelle à la campagne ne soit plus nécessaire, se fixa-t-elle à Saintes, dans la demeure qui lui venait de notre tante Hélène, à deux pas de l'église de Saint-Pallais, voisinage recherché plus que tout autre. Elle vivait ainsi, depuis cinq mois à peine, et relativement heureuse de cette nouvelle vie, lorsque la maladie l'a frappée et, le 9 septembre, la mort nous la ravissait impitoyablement. Agenouillé près de son lit, c'est en pressant sa main que nous avons assisté à ses derniers moments.

Le *Moniteur de la Saintonge*, dans son numéro du 12 du même mois, a parlé d'elle en ces termes : « Vient de s'éteindre en notre cité, à l'âge de soixante-dix-huit ans, une noble et vénérable femme, Mme Marie-Eugénie-Louise Mollet, veuve de M. Jean-Ferdinand Laverny. Fille de M. Mollet, ancien juge au tribunal civil de Saintes, et belle-fille de M. Louis-François Laverny, ancien magistrat, vice-président près le même tribunal, elle a passé sa vie à faire le plus de bien possible. Digne compagne de celui qui lui avait été enlevé le 7 décembre 1871, elle avait tenu à continuer les œuvres auxquelles participait si étroitement son mari. D'une modestie qui n'avait d'égal que son mérite, elle pratiquait la charité sans aucune arrière-pensée et surtout sans ostentation, chose rare de nos jours, dans nos temps troublés et surtout très observés. »

Le *Nouvelliste de Bordeaux* et les *Tablettes des deux Charentes*, de Rochefort, parlèrent aussi des mérites et des vertus de notre mère sainte, et l'*Œuvre du Vœu national* pour l'érection de la basilique de Montmartre, à laquelle elle n'avait cessé, comme zélatrice, de coopérer dès ses débuts, l'a recommandée dans un de ses bulletins aux prières des lecteurs. Mais ce qui n'a pas été dit, c'est son inépuisable bonté pour ses fils, qui n'ont cessé d'être, en effet, l'unique et constant objet de toute sa sollicitude. Que cette bonne mère reçoive ici, dans ces lignes, qui sont l'œuvre aussi de ses souvenirs précieux à tant de titres et auxquels nous étions si heureux de faire de fréquents appels, la plus vive expression de la douleur que nous cause sa perte aussi irréparable que cruelle.

Marie-Eutrope-Zénobie, la sixième et dernière fille d'Eutrope-Raphaël Mollet et d'*Eustelle de La Charlonnie*, vit le jour au Coudret, le 10 août 1815. Le 6 février 1854, elle épousa Louis-Joseph Richard, dont la famille, originaire du Poitou, s'établit à Rochefort au moment de la création de cette ville, puis à Saintes, dans la seconde moitié du dernier siècle.

Louis Richard était fils de Charles-Abraham, qui naquit le 16 mars 1772, et de Marthe Dières-Monplaisir. Son oncle, Gabriel, a laissé parmi les missionnaires du nouveau monde le souvenir de ses vertus et de son zèle apostolique. Né à Saintes, le 15 octobre 1764, il fit ses études au collège de cette ville dirigé alors par l'abbé Hardy, Louis-Augustin, vicaire général de Saintes, archiprêtre de la cathédrale. Obéissant à sa vocation pour l'état ecclésiastique, il suivit les cours de philosophie et de théologie au séminaire d'Angers, d'où il alla à Issy pour entrer dans la congrégation de Saint-Sulpice. Ordonné prêtre en 1791, il fut envoyé, l'année suivante, à Baltimore comme professeur au séminaire, dont les événements politiques de France venaient de provoquer la création. Il reçut peu après la charge pastorale des catholiques de l'Illinois, puis du Détroit, la ville la plus importante du Michigan, et jusqu'au 13 septembre 1732, date à laquelle il mourut victime de son dévouement, pendant l'épidémie cholérique, il évangélisa les peuplades de ces contrées.

Dans la guerre des États-Unis avec l'Angleterre, en 1812, les Anglais le firent prisonnier et l'envoyèrent à Sandwich dans le Haut-Canada, où il parvint à sauver quelques prisonniers, qui étaient tombés entre les mains des Indiens et qui allaient périr dans les tourments.

Son intelligente activité, jointe à la connaissance d'une région qu'il habitait depuis plus de trente années, le firent élire, en 1823, député au congrès. C'est le premier ecclésiastique qui ait eu cet honneur, et, dans cette situation, dont il employa les émoluments à la reconstruction de l'église du Détroit, consumée par un incendie, et au soulagement des malheureux, il ne perdit aucune occasion de défendre les intérêts du pays qu'il se plaisait à appeler sa patrie d'adoption.

Ses capacités, ainsi que sa foi ardente, n'avaient pu rester ignorées de l'évêque de Cincinnati, qui l'avait choisi pour vicaire général, et, peu avant sa mort, l'avait désigné comme étant digne de l'épiscopat par son zèle, sa science et ses vertus.

Les notices publiées sur la vie de ce digne prêtre dans différents ouvrages, entre autres la *Biographie universelle* de Weiss, le *Dictionnaire historique* de Feller et le numéro du 22 septembre 1832 de l'*Ami de la religion*, témoignent de sa solide piété, de la charité dont il a donné maintes preuves, enfin de ses mérites de toutes sortes. De plus, le tome III des *Annales de la propagation de la foi* a reproduit plusieurs lettres de lui d'un réel intérêt.

Abraham et Gabriel Richard avaient une sœur, Élisabeth-Catherine, qui épousa, le 16 messidor an V (4 juillet 1797), François-Alexandre Benoist de Meschinet, maire d'Antezant, né, le 22 mars 1773, de François, seigneur du Cochet, lieutenant au régiment de Boulonnais-infanterie, présent à l'Assemblée provinciale, et de Marie-Anne-Charlotte Marchand de Fief-Joyeux, dame de La Folatière en la paroisse d'Antezant.

Les Meschinet, originaires du Poitou et anoblis vers le XIVe siècle[1], ont prouvé avec qualifications nobles depuis

---

1. *Biographie saintongeaise* de Rainguet.

1613. Ayant été imposés aux tailles, ils ont obtenu des lettres de réhabilitation de noblesse entérinées par arrêt de la cour des aides du 23 avril 1695, et Begon les a maintenus, le 11 mars 1699.

La généalogie de cette famille, grâce à l'obligeante collaboration de M. d'Aussy, de La Folatière, a pu être reconstituée jusqu'au commencement du XVIe siècle, dans la personne de Jean de Meschinet, seigneur de La Brousse et du Beugnon, gouverneur général de Bressuire, qui épousa Josèphe Lebeau. Leur fils, Pierre, seigneur du Beugnon, s'unit, en 1584, à Sylvie d'Abillon. Le contrat est du 5 mars de ladite année. Sylvie était sœur de : 1° Jean d'Abillon, écuyer, seigneur de La Leigne en Mazeray, lieutenant général au siège royal de Saint-Jean d'Angély en 1589, échevin et conseiller en 1603, époux de Marie Jolly ; 2° Florisel d'Abillon, écuyer, seigneur de Beaufief, aussi en Mazeray, commandant la garnison de Saint-Jean pendant le siège de 1621 ; 3° Simon d'Abillon, écuyer, seigneur du Seudre et de Savignac, enfants de Jean d'Abillon, écuyer, seigneur de Beaufief, maire de Saint-Jean, en 1581 et 1582, époux de Marie Dubois et acquéreur, en 1587, d'une part de la baronnie du Cluzeau en Saintonge, et petits-enfants de Joachim d'Abillon, qui précéda son fils, en 1547, à la mairie de Saint-Jean [1].

De l'union de Pierre de Meschinet et de Sylvie d'Abillon naquit Jacques, écuyer, seigneur du Beugnon et de La Ranève, conseiller du roy, magistrat au siège et ressort de Saint-Jean d'Angély, reçu, le 29 octobre 1611, pair du corps de ville et échevin, le 18 mars 1618. Il se retira à l'époque de la rébellion de la ville en 1621 ; ce qui fit que les insurgés brûlèrent ses maisons, comme on le voit par un procès verbal du 16 mars 1622. Il était de la religion pro-

1. *Dictionnaire des familles du Poitou*, de Beauchet-Filleau et Ch. de Chergé.

testante et épousa au temple de Saint-Jean et par contrat du 23 mars 1613, Jeanne du Vigier, fille de Frenon du Vigier, écuyer, seigneur du Moustier, ministre protestant en ladite ville, et d'Antoinette de Cladech [1]. Son fils, Jean, écuyer, seigneur de Boisséguin et de La Roussellerie en Nantillé, se maria avec Judith de Rhobillard, fille de feu Jehan, écuyer, seigneur de Champagné, et de Louise Colladon, qui convola en secondes noces avec Jacques du Vigier, écuyer, seigneur de La Fragnée [2]. Judith de Rhobillard donna le jour à Josias de Meschinet, seigneur de Bellevue et du Cochet. Cette dernière terre, qui était un démembrement de la seigneurie de Champagné, avait été apportée par elle à son mari. Suivant contrat du 4 avril 1672, il épousa Louise de Collincourt [3]. « Il acquit une telle réputation dans la jurisprudence, dit Guillonnet-Merville, qu'on le prenait pour arbitre dans les différends qui s'élevaient entre les gentilshommes du pays. » Le 11 octobre 1693, il mourut dans son manoir de Bellevue, dépendant de la baronnie de Tonnay-Boutonne, laissant trois enfants, dont Auguste de Meschinet, seigneur de Bellevue. Par contrat du 10 janvier 1701, Auguste se maria avec Judith Gobeau, qui mit au monde Jean, seigneur du Cochet, lequel devint, par contrat du 23 octobre 1736, l'époux de Marie-Angélique Estourneau de La Touche, issue des sieurs de La Touche d'Asnières, maintenus par d'Aguesseau (1666-1667), puis par arrêt du conseil du 30 août 1672, et en 1698, par Michel Begon.

C'est de Jean de Meschinet et d'Angélique Estourneau que naquit François, seigneur du Cochet, marié, en 1769, à Anne-Charlotte Marchand de Fief-Joyeux, dame de La Folatière, qui fut la mère de François-Alexandre Benoist de Meschinet, l'époux d'Élisabeth-Catherine Richard.

Charles-Abraham, Gabriel et Élisabeth-Catherine descen-

1-2. Archives historiques de Saintonge et d'Aunis, *vol. de 1874.*
3. *Ibid., vol. de 1887.*

daient de François Richard, né à Rochefort, le 11 juillet 1724. A sa sortie du collège de Beaupreau en Vendée, ce dernier entra au port de Rochefort en qualité d'élève-écrivain de la marine. Promu écrivain, en 1751, il fit, en 1753, la campagne de l'Ile royale sur la flûte, le *Rhinocéros*. Peu d'années après, il prit sa retraite et, le 6 août 1764, épousa à Saujon Marie-Geneviève Bossuet. Les nouveaux époux vinrent habiter Saintes, qu'ils quittèrent, en 1772, pour se fixer à La Jallet, terre située en Saint-Denis du Pin et acquise l'année d'avant.

Marie-Geneviève Bossuet, dont le frère, Charles, enseigne sur la *Bellisle*, commandée par le maréchal de ce nom, fut tué, en mai 1758, dans le combat soutenu par cette frégate contre le *Sorlay* et le *Dauphin*, était l'arrière-petite-fille de Sébastien Bossuet, seigneur de La Follatière, né en 1590 et marié à Marie Delpy, qui mourut en 1637, laissant : 1° Jean, sieur de Saint-Pré ; 2° Ollivier, sieur de Beauséjour, qui suit ; 3° Charlotte, qui, veuve de Pierre de Livenne, sieur de Cervolle, épousa Jean de La Tour de Montalembert, chevalier, seigneur du Plessis et de Cers en Angoumois, Chantemerle, l'île de Rosne, La Grolière et Le Plessis, issu de Jean IV de Montalembert, chevalier, seigneur de Cers, La Grange et Chantemerle, et de Charlotte Chenel.

En 1653, Ollivier Bossuet se maria aver Marthe Seguinaud, pendant que, de son côté, son père convolait en secondes noces, le même jour, avec Marguerite Moisne. Ollivier, qui habitait la Jeune-Grolière en Saint-Martin des Lauriers, principauté de Soubise, perdit sa femme, et, le 23 février 1664, il épousa Marie Philippes, fille de Claude, conseiller du roy civil et criminel au siège royal de Saint-Jean d'Angély. Devenu veuf encore, il prit pour troisième femme, vers 1673, Catherine Moreau, qui lui donna quatre enfants : 1° Marie-Anne ; 2° Anne ; 3° Jean, qui suit ; 4° Catherine.

Jean Bossuet, veuf de Gabrielle Garderat, originaire de Saint-

Augustin-sur-mer, épousa Marie-Magdelaine Bainville, dont il eut Charles et Marie-Geneviève, qui, devenus orphelins, en 1748, eurent pour tuteur Charles Huon, écuyer, seigneur de l'île de Rosne, époux d'Élisabeth du Breuil de Théon, habitant Le Brillouard dans la paroisse de Sainte-Radégonde. Marie-Geneviève mourut à Saintes, le 15 avril 1807; elle était née, en 1730, dans la paroisse d'Échillais, à La Grève, terre apportée dans la famille par sa bisaïeule, Marie Delpy.

Après cette intéressante digression sur les Bossuet, qu'une tradition de famille, rappelée dans les notices sur le R. P. Gabriel Richard, indique comme parents de l'évêque de Meaux, revenons à François Richard, pour dire qu'il descendait de Jean, né à Rochefort, le 6 mai 1689, et de Marguerite Guérinaud, fille de Jean, ancien juge de la bourse à Saintes. Jean Richard se livra au commerce et obtint la fourniture des « munitions et marchandises nécessaires pour l'armement des vaisseaux du roy », ce qui lui valut l'autorisation, en date du 6 février 1722, de « porter l'épée et des armes à feu ». Il fut échevin et capitaine d'une compagnie de la cavalerie bourgeoise de Rochefort et exerça, pendant quelque temps, l'office de lieutenant général de la police.

Jean comptait neuf frères ou sœurs, parmi lesquels : 1° Alexandre, né le 16 novembre 1687, qui se fit prêtre et fut vicaire à Soubise, puis curé de Tonnay-Charente; 2° Louis, né le 16 février 1691, sieur de La Fragnée, conseiller du roy, trésorier de l'hôtel-de-ville, receveur des deniers d'octroi de Rochefort. En 1716, il épousa Magdelaine Lothon, qui lui donna une fille, Élisabeth, mariée, en 1751, à Louis Baudouin de Dourmon, écuyer, commissaire de la marine, puis trésorier au bureau des finances de Guyenne; 3° Marie, qui naquit le 12 mars 1686 et épousa, en octobre 1705, Pierre-Hilaire de Bereil, contrôleur au bureau des finances de Rochefort; 4° Élisabeth, née le 1er mars 1682 et mariée à

François Monthus, originaire d'Écoyeux et l'un des échevins titulaires de Rochefort. Les autres enfants décédèrent en bas âge.

Les auteurs de cette nombreuse lignée étaient Pierre Richard, sieur de La Fontaine, qui vit le jour, en 1639, dans la paroisse de Saint-Seurin en Poitou et vint prendre femme, en 1667, à Rochefort, qui était à peine fondé et où il créa le négoce que continua son fils, Jean. Veuf d'Henriette Cavallier, qui mourut en 1670, sans laisser d'hoirs, il se remaria avec Eustelle Jean, née le 18 juillet 1655, à Saintes, où cette union fut bénie dans l'église de Saint-Eutrope, le 18 mai 1677.

Échevin de Rochefort, Pierre fut nommé, en 1698, lieutenant de la compagnie de cavalerie de la milice, et l'année suivante, capitaine de cette même compagnie. En 1692, il avait acquis de François de Malleret, écuyer, seigneur du Repaire, la terre de La Fragnée, située dans la paroisse de Charente. Son décès date de 1703. Il était le second enfant d'Étienne, qui naquit, vers 1600, à Saint-Seurin en Poitou, et s'y trouvait encore en 1667, ainsi que sa femme, Jeanne Parenteau.

Revenons à son descendant Louis-Joseph Richard, notre oncle, qui mourut un peu plus de trois années après son mariage, le 7 novembre 1857. Une fille unique, Marie-Anne-Eustelle, née, le 13 mai 1855, à Saintes, est la seule joie de sa mère.

Rétrogradons plus encore vers le passé pour nous occuper des deux autres enfants de *Jean-François de La Charlonnie*, *Marie-Anne-Agathe-Victoire* et *Jean-Joseph*.

Victoire, bien que moins grande que sa sœur, tenait plus de son père que de sa mère, dont elle avait la chevelure blonde. Le 17 avril 1809, elle se maria avec François Dières-Monplaisir. Étaient témoins du mariage : Jean-François de La Charlonnie, cousin-germain de la mariée; Eutrope-Raphaël Mollet, son beau-frère; Charles-Abraham Richard et Georges Dières, beaux-frères du marié, ce dernier également son cousin-germain.

Les Dières, dont on retrouve les traces en Normandie, mais qui doivent avoir leur berceau autre part, sont venus, à la fin du XVIIe siècle, s'établir en Saintonge, à Rochefort, où, depuis cette époque, ils ont constamment occupé, de père en fils, différentes fonctions dans le commissariat de la marine. D'après les archives de la famille et le registre paroissial de Pont-l'Évêque, Marin Dières, né en 1620, mais ailleurs que dans cette localité, fut chirurgien-major des armées du roi et épousa Marie Goguet des Ardillers, fille de Denis-Jacques, trésorier de France et maire de La Rochelle [1].

Il semble résulter aussi des documents précités que Marin Dières avait deux frères : 1° Pierre, qui eut de Marie Vannier, sa femme, Olivier, baptisé à Pont-l'Évêque, le 30 septembre 1650, avec messire Olivier Régnaud, curé de Formentin, pour parrain; 2° Christophe, qui fut, ainsi qu'il va être relevé plus loin, commissaire général des vivres de la marine, en 1698, à Saint-Jean d'Angély, et dont nous n'avons pu retrouver les traces, ni dans l'état civil de cette ville, ni au ministère de la marine.

Marin Dières mourut à Pont-l'Évêque des suites de ses blessures [2], le 21 mai 1708, à l'âge de quatre-vingt-huit ans. Sa femme l'avait précédé dans la tombe, le 27 mars 1705, après avoir donné le jour à quinze enfants, dont huit reçurent le baptême à Pont-l'Évêque : 1° Marin, le 24 juillet 1653; parrain, Mathieu Poullain, architecte; marraine, Gabrielle de La Meulle. Il décéda aussi à Pont-l'Évêque, le 6 octobre 1738; 2° Jeanne, tenue sur les fonts baptismaux, le 27 août 1654, par Jean Osmont, président en l'élection, et Jeanne Richard; 3° Jacques, du 6 octobre 1655, ayant pour parrain et marraine Jacques de Blanvillain, écuyer, sieur de Toulla-

1. Archives historiques de Saintonge et d'Aunis, vol. de 1877.
2. Papiers de famille.

ville, et Magdelaine Raoult. Il mourut le 5 avril 1710, après avoir épousé Marie Sonnet, dont postérité; 4° Marie, du 9 no- [illegible] François Cordier, chirurgien, et [illegible] Sébastien, du 6 février 1658, fil- [illegible] de Sébastien Béard, écuyer; 6° Christophe, du 4 septembre 1659; parrain, Jacques Rioult, sieur des Enclos; marraine, Catherine Lebreton; 7° Anthoine, tenu, le 27 janvier 1661, par Anthoine Goguet, du Havre, et Marie Fiquet, et qui épousa, le 12 février 1697, Marie-Madelaine Piquenot, en présence de Jacques Train, avocat; Jacob Lepelletier; Louis Sacre et Anthoine Ernoult. Ils eurent neuf enfants; 8° Jacques-Philippe, du 18 juin 1664 et dont le parrain était Jacques-Philippe Train, sieur de Bosiquet.

Nous espérions rencontrer dans cette nombreuse lignée Pierre, l'auteur des Dières de Saintonge; nos recherches n'ont pas abouti, bien que certain document reproduit plus loin assure sa naissance à Pont-l'Évêque, en même temps que sa descendance de Marin Dières et de Marie Goguet. A l'âge de douze ans, il vint en Aunis, dans la famille de sa mère, au château de La Sauzaye, situé dans la paroisse de Saint-Xandre, et possédé par Louis XI antérieurement au 17 mai 1462, date de son échange contre un hôtel sis à Bordeaux et appartenant à Jean du Pont, escuyer [1]. Cette terre de La Sauzaye devait, à un siècle et demi de là, se trouver entre les mains d'un Dières-Monplaisir, Jean-Joseph-Théophile, trésorier des invalides de la marine et dont nous parlerons bientôt [2].

Pierre Dières fit sans doute ses humanités à La Rochelle. Présenté par la suite à Michel Begon, conseiller du roi, intendant de la généralité de La Rochelle et de la marine à Rochefort, il devint son secrétaire dans cette dernière ville, où, d'après les documents conservés au ministère, il fut, à

1-2. Archives historiques de Saintonge et d'Aunis, *vol. de 1877*.

compter du 1er juin 1691, nommé écrivain extraordinaire de la marine. Quelques années après, en 1698, il se maria à La Rochelle, paroisse de Saint-Barthélemy, ainsi qu'il résulte de l'acte qui suit :

« Le vingt-septième jour de novembre mil six cent quatre-vingt-dix-huit, après les fiançailles et la dispance des trois bancs accordée par Monseigneur l'évêque de La Rochelle, en date du vingt-sixième dudit mois et insinuée au greffe des insinuations ecclésiastiques de ce diocèse, ledit jour vingt-sixième dudit mois de novembre et an, et qu'il ne s'est trouvé aucun empêchement canonique, je, prestre de ce diocèse soussigné, et avec le consentement de M. le curé de cette paroisse, ay reçu le consentement mutuel de mariage du sieur Pierre Dière, secrétaire de Monseigneur de Begon, intendant de cette généralité, demeurant à Rochefort, natif de Pont-l'Évesque, fils de noble homme Marin Dière, bourgeois en ladite ville de Pont-l'Évesque, et de demoiselle Marie Goguet, ses père et mère, avec demoiselle Catherine Mitifeu, native de cette ville, fille d'honorable homme Vincent Mitifeu, receveur des desniers de Monseigneur Ladmiral, et de dame Rivière, Marie, aussi ses père et mère, demeurant en cette paroisse. En suite de quoy je les ai solennellement par parole de présent conjoint en mariage et leur ay donné la bénédiction nuptiale, selon la forme de notre mère sainte église, en présence dudit sieur Vincent Mitifeu, père de l'épouse, de Me Jacques-Christophle Dière, commissaire général des vivres de la marine à Saint-Jean d'Angély, et de André Coiffé, témoins qui ont assisté audit mariage et qui ont signé avec moy. »

Suivent les signatures.

En 1705, Pierre Dières fut promu commissaire de la marine à Rochefort, fonctions qu'il conserva jusqu'en 1740. A une date inconnue, il fit l'acquisition de la terre de La Grolière, située dans la paroisse de Soubise, et dont il prit le nom. Il mourut le 23 décembre 1743, laissant après lui trois enfants : 1° Pierre, qui suit ; 2° Marie-Madeleine, qui épousa Jean-Baptiste du Pin de Bélugard, capitaine de vaisseau au département de Rochefort, chevalier de Saint-Louis, et dont elle eut Pierre-Timoléon, officier de marine, marié, le 22 août 1768, à Marie-Agathe Poitevin de La Tour, fille de Marie-Catherine Pain et de Louis-Nicolas Poitevin, seigneur de La Cavandrie, de La Morinerie et de La Frégonnière, maire et colonel de Saintes en 1738 et 1739, procureur du roi en l'élection [1]. Le 23 février 1739, Madeleine fut, avec Isaac Chadeau de La Clochetterie, fils aîné du vaillant commandant en second du vaisseau le *Sérieux*, tué glorieusement en mai 1747, marraine de la cloche de l'église de Fouras, où son frère venait d'arriver comme curé [2]. 3° Jean-François, qui se fit prêtre et desservit la paroisse de Fouras, comme il vient d'être dit, de juin 1738 à mai 1752. Nous ne savons quel bénéfice lui fut donné ensuite.

Pierre Dières de La Grolière, avocat en parlement de Bordeaux, fut commissaire de la marine à Rochefort, du 12 février 1721 au 1er avril 1765, date de sa mise à la retraite. Il avait refusé les fonctions d'ordonnateur au Canada. De son mariage, célébré le 8 novembre 1726, avec Élisabeth Laplanche, fille d'Étienne, ancien juge consulaire à la bourse de Saintes, et de feue Jeanne Le Goivre, il eut cinq enfants : 1° François-Pierre, né le 29 septembre 1730, à Rochefort, où il fut pareillement commissaire de la marine de 1751 à 1777. Il épousa Thérèse de Bonnegens des Hermitans qui lui donna un fils, Georges, décédé le 28 novembre 1853 à Saintes, où son inépuisable charité et ses vertus chrétiennes l'ont fait appeler *Dières-le-saint*. Thérèse de Bonnegens était sœur de Jean-Joseph, lieutenant général, en 1789, de la sénéchaussée de Saint-Jean d'Angély, député du Tiers aux

1. *Études relatives à la ville de Saintes*, par le baron Eschassériaux, député.
2. Archives historiques de Saintonge et d'Aunis, *Bulletin de mars 1890*.

États généraux, anobli par lettres patentes du 4 février 1815, à titre de récompense de quarante années de magistrature. Élu de nouveau député sous la Restauration, il fit partie de la commission des finances, où il donna des preuves de réelles capacités. On lui attribue dans le procès verbal la phrase suivante, qui devint la devise de la famille: *Boni sunt probi*[1]. Jean-Joseph de Bonnegens était fils de Jean-Baptiste, sieur des Hermittans, conseiller rapporteur du point d'honneur, mort en 1776, et de Marie-Gabrielle Henri, et petit-fils de Blanche Baron et de Jean de Bonnegens, prévost de la maréchaussée de Saint-Jean, en 1689; maire de cette ville en 1720; conseiller au siège, en 1727.

Revenons à François-Pierre Dières, pour ajouter qu'il fit l'acquisition de la terre de Bonnefontaine, dont il ajouta le nom au sien et où il décéda.

2° Charles-Marie, son frère, né comme lui à Rochefort, le 18 septembre 1732, périt dans un naufrage; 3° Georges, qui suit, comme étant l'auteur de François, le mari de *Victoire de La Charlonnie*; 4° Marie-Magdeleine, dont le baptême n'a pu être retrouvé et qui épousa, le 23 janvier 1757, Jean-Joseph de Riouffe, né à Cannes d'Henry de Riouffe et de Catherine Péligrain, lieutenant de vaisseau, plus tard chef d'escadre, directeur du port de Rochefort et chevalier de Saint-Louis. Leur fille unique, Marie-Magdeleine, s'unit au marquis Sansac de Traversay, qui, ayant émigré en Russie, y devint ministre de la marine et ami de l'empereur Alexandre Ier, qui accepta d'être parrain de l'un de ses trois enfants; 5° Marthe-Françoise, dont le lieu de naissance reste également ignoré et qui se maria, le 1er février 1775, avec Louis-Claude de La Révol, lieutenant de grenadiers au régiment de La Martinique, fils de feu Henry de La Révol, ancien officier, et de Louise-Jeanne-Magdeleine Perrier.

1. Les bonnes gens sont d'honnêtes gens.

Georges Dières vit le jour à Rochefort, le 16 octobre 1735. Sous-commissaire de la marine à Saintes, du 1er novembre 1757 au 14 novembre 1791, il épousa Françoise-Perpétue de Bonnegens des Hermittans, belle-sœur de son frère de Bonnefontaine, à l'exemple duquel il ajouta à son nom celui de Monplaisir, après l'acquisition qu'il fit de ce domaine. Son décès à Saintes, dont il avait été l'un des commissaires aux États provinciaux, date du 18 novembre 1798. De sa femme sont issus quatre enfants : 1° François, qui suit; 2° Marthe, que nous avons vue plus haut épouser Charles-Abraham Richard ; 3° Marie-Perpétue, née le 3 avril 1783 et mariée à son cousin, Georges Dières-le-saint ; 4° Joseph, qui naquit le 17 septembre 1785, devint commissaire de la marine à Saintes, à compter du 22 février 1804, et mourut à Rochefort, trésorier des invalides de la marine. Marié à Marguerite Raimbeaux, il en eut quatre enfants : 1° Jean-Joseph-Théophile, dont il va être reparlé ; 2° Georges, sous-commissaire de la marine en retraite ; 3° Marie-Adèle, veuve de Jean-Nicolas-Henri Devillers, receveur principal des douanes, sous les auspices duquel nous avons embrassé cette même carrière ; 4° Alexis, décédé en janvier 1867, curé-doyen de Saint-Martin de Ré, où le souvenir de son zèle apostolique et de sa profonde piété ne saurait s'effacer de sitôt.

Jean-Joseph-Théophile Dières-Monplaisir, né en 1810 et décédé en 1881, fut trésorier des invalides de la marine après son père. Nous avons dit qu'il fit l'acquisition du fief de La Sauzaye. De son mariage avec Marie-Louise d'Espesailles, fille d'Alexis et d'Élisabeth Madey d'Escoublant, sont issus plusieurs enfants, dont MM. Emmanuel, aide-commissaire de la marine retraité, et Valentin, capitaine au 123e de ligne, à la gracieuse obligeance desquels nous devons la plupart des documents qui nous ont permis de reconstituer la généalogie de leur maison, ainsi qu'au concours empressé de leur cousin, M. Armand Dières-Monplaisir.

Revenons à l'aîné des enfants de Georges, François Dières-Monplaisir, qui vint au monde en 1779 et devait s'unir, trente ans après, à *Victoire de La Charlonnie*, dont il eut trois enfants : 1° Marie-Agathe, née à Saintes, le 1er mai 1811, décédée le 17 décembre 1826; 2° Marthe-Clémence, née à Saintes, le 26 septembre 1812; 3° Joseph-Léon, né également à Saintes, le 16 juin 1816, et décédé peu après sa sœur aînée, le 21 janvier 1827.

François Dières-Monplaisir, notre grand-oncle et parrain, mourut, le 10 septembre 1847, d'une attaque d'apoplexie, qui le surprit, le soir, aux Mouniers, pendant une promenade, et notre grand'tante, dont la santé était beaucoup plus délicate que celle de notre aïeule, vécut, malgré cela, jusqu'à sa soixante-douzième année. Son décès à Saintes, dans son domicile, rue du Capitole, date du 17 décembre 1851. Notre cousine, Clémence, qui, nous l'avons dit, a seule survécu à ses frère et sœur, ne s'est pas mariée. Elle est morte aux Mouniers, le 15 octobre dernier, après avoir disposé d'une bonne partie de son avoir en faveur d'œuvres pieuses.

Nous voici arrivés à *Jean-Joseph de La Charlonnie*, le plus jeune des enfants de notre bisaïeul et dont l'existence devait être si impitoyablement brisée dès ses débuts. Nous savons qu'il vint au monde le 7 août 1784. Aussi bien au physique qu'au moral, il était tout La Charlonnie; à dix-huit ans, c'était déjà un très-bel homme, aux cheveux noirs de son père, dont il possédait aussi la douceur et le calme des yeux, qui témoignaient ainsi de la bonté de son caractère et des qualités rares de son cœur. Entre sa sœur aînée et lui, il y avait beaucoup de ressemblance sous plus d'un rapport.

Ses études terminées, l'embarras du choix d'une carrière, au milieu des troubles de l'époque, le fit entrer, au commencement de 1803, dans les bureaux du commissariat de la marine à Rochefort, d'où il écrivait à sa sœur *Agathe*, le 31 mai, pour se plaindre surtout de ses longues heures de travail : « ... La semaine passée, je n'ai pas eu un moment à moi. C'était à mon tour d'aller au bureau au son de la cloche du port, de manière que j'y restais douze heures par jour. Je n'avais que le temps de prendre mes repas et ma leçon d'armes. C'est cette maudite semaine qui m'a empêché de faire vos bagues... »

Le 21 juin suivant, une autre lettre à cette même sœur dit combien son cœur était plein d'affection pour les siens : « ... Ne crains pas, bonne sœur, que jamais je t'accuse d'indifférence. Je te connais et je me plais à croire que je n'aurai jamais le sujet de te faire le moindre reproche. Ah! que j'éprouve de plaisir à voir que tu ne te gênes point avec moi, que tu me parles ouvertement. Tu me donnes par là une grande preuve de ton amitié. Puisse-t-elle n'être jamais troublée! Mais que dis-je? Est-il rien qui puisse nous désunir et nous empêcher de nous aimer tant que nous vivrons... Il semble que tu craignes encore que je m'ennuie; je t'assure que je n'en ai pas le temps, je suis tout le jour occupé. Le temps s'écoulerait bien plus vite, si je vous voyais chaque jour. Mais il faut s'attendre à de grandes privations dans la vie; on n'a pas toujours ce que l'on désire.

» Je remercie ces demoiselles de ce qu'elles veulent bien songer à moi et je suis honteux de voir qu'elles me préviennent. Ne manque pas de leur dire de ma part les choses les plus honnêtes et de leur assurer que je ne les ai pas, un seul instant, oubliées. Ne m'oublie pas non plus auprès de ton amie. Je vous envoie vos bagues; soyez sûres que je les ai faites avec le plus grand plaisir. Envoie-moi encore quelques devises, pour que je vous en confectionne d'autres... Embrasse notre père et notre mère. Je n'ai pas le temps de leur écrire aujourd'hui; je suis de semaine, et la cloche sonne. »

Le mois suivant, à la date du 4, il témoigne ses regrets de ne pouvoir aller passer quelques jours près des siens : « ... Je ne pourrai me procurer ce plaisir qu'au commencement du mois prochain. Plusieurs changements qui ont lieu dans la partie des vivres et qu'il serait trop long de t'expliquer causent ce retard. Peut-être même serai-je supprimé. Cependant j'ai lieu d'espérer le contraire... »

Dans sa correspondance suivante du 2 août, il reparle de son incertitude à l'égard de sa place et ne cache pas son manque de goût pour la carrière qu'il a embrassée : «... Toujours même train de vie; toujours même ennui; toujours des chaleurs excessives; toujours une envie extrême de vous aller voir, toujours mêmes obstacles. Je n'ai guère le temps de t'écrire aujourd'hui; une autre fois, je te communiquerai certains projets qui m'occupent depuis longtemps, avec prière de me donner ton avis. Il est si désagréable de passer ses jours entiers dans un bureau! On y est exposé à tant de désagréments, que je suis dégoûté de cet état. D'ailleurs, la difficulté de parvenir à quelque situation avantageuse est seule capable de rebuter un jeune homme qui est porté à mener une existence plus variée, plus gaie. Rien de plus monotone, de plus triste que d'être enfermé tout le jour! Cependant, par raison, je désire qu'on me conserve ma place... »

Que de vérités dans ces lignes!

A cette même date du 2 août 1803, il écrivait également à sa sœur *Eustelle*, notre aïeule, la lettre suivante : « Je sais, ma chère sœur, que j'ai des torts envers toi; mais je me hâte de les réparer. Tu ne seras pas inflexible et j'espère que tu me pardonneras; oh! oui, j'en suis sûr. Tu es bonne, tu m'aimes, je n'en saurais douter; que me faut-il de plus pour espérer un pardon? C'est dans cette croyance que je t'écris et je me plais à croire que je ne suis pas dans l'erreur.

» J'ai appris ici que *Zoé* embellit tous les jours, qu'elle devient de plus en plus aimable, enfin que c'est un petit amour. Cela ne m'étonne point du tout; je parie qu'elle est même encore plus jolie que je ne me la figure. Il y a trois mois que je ne l'aie vue, et, à son âge, on fait bien des progrès. Que j'aurais plaisir à l'embrasser!... Adieu, bonne sœur.

Embrasse ton mari et Zoé pour moi et Euphémie. Je suis avec la plus parfaite amitié ton bon frère,

» J. La Charlonnie. »

Quels étaient les torts que *Joseph* priait sa sœur de lui pardonner? Nous les ignorons; mais ils ne devaient pas être bien graves, et ce dont nous sommes assuré, c'est qu'on ne lui en conserva pas la moindre rancune.

Il fallut peu de temps à notre grand-oncle pour affermir sa conviction que la voie qu'il avait suivie n'était pas à sa convenance. Il quitta donc sans le moindre regret la carrière qu'il avait à peine prise et se rendit à Paris près de son oncle maternel, prétextant l'espoir de trouver, avec l'aide de ce dernier, la situation qui lui manquait.

Bien que ce parti ait été approuvé par ses parents, la séparation qu'il nécessita n'en fut pas moins pénible pour tous. Sa sœur *Eustelle*, surtout, qui avait pour lui une très grande affection, comme il le reconnaît dans la lettre ci-dessus, témoigna une douleur aussi vraie que profonde, et, avec un vague pressentiment de l'avenir, elle lui demanda, si cela lui était possible, de ne pas embrasser la carrière des armes, en raison des dangers qu'elle offrait à ce moment. *Joseph* rassura de son mieux sa famille et partit.

Sa première lettre de Paris que nous ayons retrouvée est du 3 pluviôse an XII (24 janvier 1804) et à l'adresse de sa sœur *Agathe*, à Saintes, rue Saint-Maur : « Il y a déjà longtemps, ma bonne sœur, que j'ai écrit à notre mère et je n'en reçois point de nouvelles. J'attendais sa réponse ; mais, dans la crainte que ma lettre ne lui soit pas parvenue, je me décide à écrire encore. Je lui disais l'excellent accueil que j'ai reçu chez mon oncle, l'intérêt qu'il prend à mon avenir et l'amitié qu'il m'a témoignée ainsi que ma tante. Je lui expliquais comment il se faisait que je ne puisse pas entrer dans la garde des consuls (ce dont je ne suis pas lâché, et pour cause), et comment il a été décidé que je serai soldat. Je n'entrerai pas dans les cuirassiers, comme je le disais, parce que mon oncle n'en connait pas le colonel, mais dans un régiment de dragons en garnison à Beauvais, à moins que ce choix n'ait pas votre approbation.

» Je demandais à notre père de m'envoyer le papier qui constate le moment où il a été reçu garde du corps. Cette pièce m'est absolument nécessaire pour prouver son nombre d'années de services.

» Je n'entre point dans de plus amples détails, parce que j'ai peine à croire que ma lettre ne vous soit pas parvenue. Je croirais plutôt que c'est la vôtre qui se sera égarée. Celle-ci vous apprendra que je me porte à merveille et, si cela vous plaît, que je serai dragon..... Adieu, ma bonne sœur; j'ai pour toi la plus vive amitié.

» J. La Charlonnie.

» Mes respects à notre père et à notre mère, à qui mon oncle et ma tante font bien des amitiés. Bien des choses honnêtes de ma part aux aimables demoiselles de ta société, je n'ose plus dire la mienne. »

Il ajoute encore son adresse: « Chez le citoyen Clin, rue d'Argenteuil, nº 304 », et, en post-scriptum, il demande qu'on mette à six de ses chemises « des jabotières copiées sur les meilleurs modèles ».

A la date du 10 mars 1804, il s'engageait au 14e régiment de dragons, l'ex-*Chartres-cavalerie*, en garnison à Beauvais, et, le 14 du même mois, il écrivait à Saintes:

« Ma chère sœur, je me hâte de profiter de quelques instants où je suis libre pour vous donner de mes nouvelles. Je crains que ma mère ne soit inquiète. Tu vas lui apprendre que je suis dragon, depuis trois jours. Te dire que je suis habitué au service serait t'en imposer, d'ailleurs tu ne le croirais pas. Se lever à cinq heures, panser un cheval, manger du pain de munition, de la soupe dans une gamelle, boire de l'eau dans une énorme cruche qui fait la ronde, sont des choses auxquelles on ne s'habitue pas aisément. Mais que tout cela ne t'effraye pas ; on ne fait pas tout, on se dispense de bien des choses. Il n'y a que dans les commencements qu'on y soit obligé pour la forme et à cause des camarades.

» Que ma mère ne craigne pas la descente en Angleterre; je n'en serai pas. Je suis obligé de te quitter déjà. Ma prochaine te donnera des détails. Assure notre père et notre mère de mon respect. Embrasse ma sœur et fais-lui mes excuses de ce que je ne lui ai pas encore écrit. Bien des choses à son mari. Si tu vois Josias de Brémond, dis-lui que je ne tarderai pas à lui écrire. » Et il donne son adresse : « Dragon au 14e régiment, 3e escadron, 7e compagnie, en garnison à Beauvais. »

Cette nouvelle vint mettre le comble aux chagrins de sa sœur. Sans doute, dès en quittant les bureaux de Rochefort, sa décision était arrêtée. C'est qu'il avait dans la poitrine un cœur d'homme et qu'il reconnaissait avec raison que le noble métier des armes était le seul qui lui convînt. Son père, qui avait probablement reçu ses confidences à cet endroit, se sentit heureux et fier, en apprenant la mise à exécution des projets qu'il avait dû encourager. Il se reconnaissait une fois de plus dans son enfant et rêvait pour lui un brillant avenir. Quant à sa mère, elle versa bien des pleurs, et, ce qui n'est pas moins certain, c'est qu'à partir de ce moment, elle pria Dieu pour son fils avec une ferveur plus grande encore, si la chose était possible toutefois. Pourquoi le ciel n'a-t-il donc pas eu pitié des larmes d'une sœur, ni réalisé les beaux rêves d'un père et exaucé les prières d'une mère si pieuse !

Le 14 avril, *Joseph de La Charlonnie* écrivait encore de Beauvais à sa sœur *Agathe :* « Ne vas pas croire, ma chère sœur, que je sois si malheureux. Me voilà accoutumé au métier de soldat, comme si je l'avais été toute ma vie. Cesse, je t'en conjure, de gémir sur mon sort; je t'assure qu'il n'est pas du tout à plaindre. Je suis fort bien avec mes chefs, qui me passent beaucoup de choses. Il y a dans le régiment des jeunes gens aimables et de bonne famille. Nous allons, l'après-dîner, au meilleur marché que nous trouvons, indemniser nos estomacs de la mauvaise chère qu'ils ont faite, le matin, à la chambrée. Je suis recommandé au colonel [1], je lui ai parlé, et il m'a promis que je serai brigadier dans peu de temps.

» Il y a deux escadrons qui sont campés près d'Amiens [2]. Je suis un de ceux qui ont été désignés pour les aller rejoindre, mais j'ignore quand nous partirons.

» Je suis toujours le mieux du monde avec mon oncle. En partant de Paris, il m'a donné cent francs. Je lui écrivis aussitôt que je fus dragon. Il m'a répondu en m'exhortant à bien remplir les devoirs de mon état et en m'assurant de sa protection. Tout ce que je regrette et ce qui me fâche, c'est de me voir séparé de vous, sans doute, pour bien du temps. La première fois que tu embrasseras ton frère, tu embrasseras un officier. Dis bien à notre mère qu'elle ne soit point inquiète; je me porte à merveille et je n'ai point été incommodé depuis que je suis au corps. Embrasse ma sœur pour moi, assure-la de mon amitié; dis également bien des choses à son mari. Assure de mon respect mon père et ma mère.

» Adieu, bonne sœur. Sois sûre que ne finira qu'avec lui l'amitié qu'a pour toi

J. La Charlonnie.

» Mille et mille choses aimables à tes bonnes amies. Toujours même adresse, que je parte ou non. »

---

1. Le 14e dragons était, depuis le 13 germinal an IX (3 avril 1801), commandé par le colonel Lafon-Blaniac. (*Historique du 14e dragons*, par le capitaine-commandant Ménuau).

2. Les deux premiers escadrons se trouvaient, à cette époque, à Conty. (*Historique du 14e dragons*, par le capitaine-commandant Ménuau).

La lettre suivante, datée pareillement de Beauvais, le 13 floréal an XII (3 mai 1804), est adressée à sa sœur *Eustelle :*

« Tu dois bien m'en vouloir, ma chère sœur; quoi! j'ai pu passer tant de temps sans t'écrire. Je ne cherche point à m'excuser; je suis trop évidemment coupable. Mais je te demande grâce, tu m'aimes trop pour me la refuser. En vain, si j'étais présent, tes yeux voudraient dire le contraire. Elle est écrite au fond de ton cœur. Je voudrais bien pouvoir te donner le baiser de paix, puisque la voilà faite; mais c'est un plaisir que je n'aurai pas de sitôt. Rejetons cette idée, elle rendrait notre joie triste. Pensons seulement au plaisir que nous aurons de nous revoir : Je parais en casque, avec des épaulettes, de longues moustaches, de gros favoris et un grand sabre. La peur s'empare de Zoé et d'Euphémie. Elles fuient, se cachent, puis reviennent doucement et demandent : « Qu'est cela, maman? » et nous rirons. Quel plaisir de les voir, tiens, comme elles sautent!

» Vous êtes sans doute au Coudret maintenant. Il y a des promenades autour de Beauvais qui me rappellent les vôtres. Elles sont aussi jolies et elles ont quelque chose de très pittoresque. En faisant l'exercice, elles me rendent parfois distrait. Ne trouves-tu pas que je babille trop...

Mais ma plume court au hasard,
La gêner n'est pas mon système.
On est toujours un peu bavard,
Lorsqu'on écrit à ceux qu'on aime.

» Adieu, bonne sœur. Dis bien des choses à ton mari de ma part, embrasse les petites pour moi et porte-toi bien. Pour cela, je te conseille de n'être malade que lorsque cessera de t'aimer

J. La Charlonnie. »

Notre grand-oncle, bien que novice dans le métier, était tout proche de sa première campagne, celle dite de l'Océan. C'est, en effet, dans le courant de juin que son régiment quitta Beauvais pour se rendre au camp de Boulogne, où Napoléon réunissait les forces destinées à une descente en Angleterre. Une flottille de 2,172 bateaux, destinée au transport de 147,000 hommes et de 8,000 chevaux, était répartie entre Boulogne, Étaples et Vimereux. Le 14e dragons, ou du moins la fraction dont faisait partie *Joseph*, était, au commencement de juillet, cantonnée à Hébécourt. C'est de ce point qu'il écrivit à sa sœur *Eustelle*, le 14 messidor an XII (3 juillet 1804), la lettre suivante timbrée à la poste d'Amiens :

« Ma chère sœur,

» Diverses circonstances m'ont encore privé du plaisir de t'écrire aussitôt que je l'aurais voulu. Tu as su, sans doute, par notre mère, mon départ de Beauvais, celui pour Boulogne et la petite incommodité que j'ai eue. Tu me paraissais bien inquiète sur mon sort, lorsque tu m'écrivis. N'en juge pas par celui des mauvais fantassins que tu as vus chez nous. Nous dragons, nous sommes plus propres que certains officiers d'infanterie ; tous les jours, nous sommes peignés, poudrés. Un piéton ne l'est que tous les ans, à la revue de l'inspecteur.

» Je ne panse point de cheval, je n'en ai pas. Il y a quarante hommes à pied par compagnie. On est monté par rang d'ancienneté et je suis dans la compagnie d'élite, où sont presque tous les anciens dragons à longues moustaches et gros favoris. Plusieurs ont des sabres d'honneur. Me voilà fait au métier de soldat comme si je l'avais été toute ma vie, et je t'assure que je n'y trouve rien de dur ni de désagréable. Nous sommes ici dans la campagne, un peu mal logés chez les paysans. Ils sont en général assez affables. Nous faisons ordinaire avec eux, chacun dans son logement.

» Je suis toujours soldat, comme tu le vois ; il n'y a que cela d'ennuyeux dans le métier. Tu sens bien que je veux dire qu'il serait pénible pour moi de rester longtemps dans cette situation, quoiqu'il soit très-vrai que je ne m'y déplaise pas du tout. Je pense bien différemment au sujet de l'avancement que je ne faisais avant de partir. Il me semblait qu'il n'y avait qu'à se montrer et qu'on était gradé de suite. Je reconnais tout le faux de ce raisonnement. Comment irait le service, s'il était commandé par des jeunes gens qui l'ignoreraient entièrement et sans expérience? Il faut avoir été bon soldat avant d'être brigadier. Un jeune brigadier qui n'aurait pas beaucoup de raison et de bon sens et qui ne serait pas au fait du service, serait bientôt le sujet des railleries des dragons de la compagnie, tous braves soldats et sachant, presque tous, lire et écrire, et finirait par détester ses galons qui lui attireraient plus d'une querelle. Au reste, je crois bien que je ne tarderai pas beaucoup à être nommé brigadier, c'est-à-dire dans deux mois d'ici, à peu près. Une fois là, je n'aurai plus que le grade de maréchal des logis à franchir pour être officier. J'entre dans bien des détails. Peut-être t'ennuieront-ils. Mais tu me les demandes.

» Je te prie de me faire savoir ce qui se dit à Saintes du parti que j'ai pris. Notre mère m'en a déjà parlé; mais, c'est égal, dis-moi si on l'approuve. Ne trouve-t-on pas que je reste longtemps soldat? M. Garat, entre autres, qu'en dit-il? Il y aurait de l'orgueil à faire semblable question à un étranger. Ce serait, en effet, paraître trop persuadé qu'on s'occupe de moi, qui n'en vaux pas la peine. Mais ce n'est que curiosité et elle me semble très-naturelle.

» Adieu, bonne sœur; je t'aurais dit mille choses encore, mais il ne me reste plus de papier; il n'est pas comme l'amitié que j'ai pour toi, il finit et elle ne finira jamais.

» J. La Charlonnie.

» Dis de ma part à ton mari les choses les plus amicales. J'embrasse Zoé et Phémie[1]. Rappelle leur *ton-ton Onie.* »

---

1. Notre tante, Marie-Eustelle-Euphémie.

Quelles pages charmantes et dénotant aussi chez leur auteur un bon sens et un sérieux dont les jeunes gens de vingt ans donnent de si rares preuves, aujourd'hui surtout.

Le 15 août suivant, *Joseph* assista à Boulogne à un spectacle qui dut lui causer de bien beaux rêves. En présence de toute l'armée rangée en bataille entre les collines et la mer, l'empereur fit une seconde distribution de croix de l'ordre de la Légion d'honneur, qu'il avait créé deux années avant, le 29 floréal an X (19 mai 1802). Tous les militaires qui s'étaient distingués par des actions d'éclat, furent décorés.

D'Hébécourt, le détachement auquel appartenait notre grand-oncle alla cantonner à Ailly-sur-Noye, toujours près d'Amiens, d'où il écrit à sa sœur *Agathe*, le 16 brumaire an XIII (7 octobre 1804) :

« Qu'il y a longtemps que je ne t'ai écrit, ma chère sœur, et qu'il m'en a coûté de me priver de ce plaisir ! Tu n'avais pas besoin dans la lettre de notre sœur que j'ai reçue ce matin, de te rappeler à mon souvenir ; je t'assure que tu n'en es jamais sortie... J'attends tous les jours le grade de brigadier, parce qu'il m'a été promis d'une manière positive et prochaine. Mon colonel est à Paris. Au moment de son départ, il m'a demandé l'adresse de mon oncle, pour l'aller voir. J'espère que ma nomination suivra de près son retour au régiment...

» Mlle Morisseau aura un mari tel que je le lui désirais. Parbleu, ça fera un beau couple. Je crois que leurs entretiens familiers ne seront pas d'une gaîté folle. Mais laissons-les là ; mieux vaut n'en point parler que d'en médire.

» Sans doute que cet officier, dont tu me parles, qui a vieilli dans les combats, accoutumé au siège des villes, a pris Mlle Deaubonneau pour une citadelle, et, pour couronner ses exploits, il l'a assiégée, a dressé ses batteries et compte la prendre d'assaut. Certes, sa gloire sera au comble et je ne doute point qu'il ne réussisse; aussi je lui promets pour cette action, une étoile d'honneur.

» Vous allez sans doute vous retirer bientôt en ville, car voilà l'hiver. Il est rendu en Picardie ; depuis 3 jours, il gèle très-fort. *Les chats et les chiens ont mangé la boue.* Dis-moi, je te prie, quel temps il fait aujourd'hui à Saintes ; je serais bien aise de faire la différence. Je travaille toujours chez l'officier payeur. Tu dois trouver que, pour un secrétaire, j'écris bien mal; c'est que j'ai de l'ouvrage qui presse et je me hâte pour causer davantage.

» Adieu, bonne sœur, je t'embrasse mille et mille fois... »

La lettre que nous retrouvons ensuite nous apprend un nouveau déplacement. C'est, en effet, de Queriez que *Joseph de La Charlonnie* écrit à sa sœur *Eustelle.* Cette missive est datée du 9 frimaire an XIII (30 novembre 1804), et, comme la précédente, elle porte le timbre d'Amiens.

« Un léger accident m'a empêché, ma chère sœur, de te répondre aussitôt que je le désirais. Ayant négligé dans un assaut de mettre un masque, j'ai reçu un coup de fleuret dans l'œil droit, qui m'a rendu borgne pendant plusieurs jours. Heureusement j'en ai été quitte pour une douleur assez vive, dont il ne me reste que le souvenir, qui, par la suite, m'avertira d'être prudent.

» Je pense bien que la guérison de *Zoé* n'aura pas suivi de loin celle de ton mari. J'ai été informé de la cruelle maladie qu'ils ont éprouvée tous deux par notre père. Je t'assure que je songeais bien souvent à toi; connaissant ton embarras, j'étais [illegible] de te reprocher ton silence. Il y avait du mieux, [illegible]crit; j'espère que ta première lettre m'annoncera santé parfaite.

» Personne n'est plus heureux que moi depuis que je suis employé au bureau de l'officier payeur. Ce qui me flatte infiniment, c'est qu'il a en moi une entière confiance; je suis avec lui moins un subordonné qu'un camarade. Nous travaillons, nous causons, nous rions; rien ne me gêne. Je passe avec lui et sa femme la plupart des après-soupers. Il me fait même quelquefois l'honneur de m'admettre à sa table, de manière que c'est sans impatience que j'attends un grade.

» Presque tout le régiment est à Paris. M. Prévôt, l'officier payeur, s'y trouve aussi pour assister au sacre de l'empereur. J'aurais bien voulu y aller, mais M. Prévôt étant absent, il était nécessaire que je reste au bureau; il m'a presque tout laissé entre les mains.

» Mon colonel a dû aller dernièrement voir mon oncle à Paris, où il est depuis quelque temps; en partant, il m'a demandé son adresse. A son retour, il m'a dit qu'il me ferait brigadier; mais comme il y a une place de fourrier vacante, que cette vacance existe dans la compagnie de M. le lieutenant Prévôt et que le capitaine compte me demander, j'ai de grandes espérances d'y être nommé. *Videbimus infrà.*

» Nous avons changé de cantonnement; nous nous sommes bien rapprochés d'Amiens, où j'ai la liberté de m'aller promener quelquefois. Adieu, ma bonne sœur. Dis bien des choses à ton mari de ma part. J'embrasse les petites. Adieu.

» J. La Charlonnie.

» Si tu as occasion de voir quelqu'un de chez nos père, mère et sœur, tu leur feras dire que je me porte bien, que je leur souhaite une bonne santé et les assure de mon respect. »

En marge de la première page de cette lettre se trouvent ces mots : « Tous les hommes à cheval. »

Peu après, le 15 décembre 1804, de Quériex encore, notre grand-oncle adressait les lignes qui suivent à sa sœur *Agathe* :

« J'ai reçu ta lettre, ma chère sœur, et j'y réponds de suite... Le régiment est allé à Paris pour assister au couronnement de sa majesté impériale, et je suis resté dans mon village! Je n'ai pas besoin de te dire combien cela m'a contrarié. Quel plaisir j'aurais eu à voir toute la pompe de cette cérémonie ! J'aurais pu aller aussi chez mon oncle. Peut-être aurais-je pu aussi m'occuper de la pension de notre père. Je n'y suis pas allé, parce que l'officier payeur a suivi le régiment et qu'il désirait que je reste au bureau pour régler les contrôles et registres pendant son absence; ce que j'ai fait.

» Notre colonel vient d'obtenir un emploi brillant; il a été fait *écuyer cavalcadour* de son altesse impériale le prince Joseph; ce qui le retiendra à Paris une partie de l'année et me fait craindre qu'il ne néglige son régiment. Il n'est pas encore rentré, mais nous l'attendons dans peu de jours. Il a dû aller voir mon oncle. Notre mère ferait très-bien d'écrire à celui-ci, non pour lui rien demander, mais, dans une lettre d'amitié, elle pourrait, par exemple, lui témoigner la crainte que j'aie négligé de lui écrire, bien qu'elle soit persuadée que je n'y ai pas manqué, le prier d'avoir de l'indulgence pour moi, de me continuer ses bontés et tout plein de petites choses comme ça et qu'elle arrangera au mieux. Cette lettre produirait, je crois, un bon effet. Je lui écris assez régulièrement, mais il y a quelque temps que je n'ai reçu de ses nouvelles. J'attribue ce retard à ses occupations.

» J'attends le retour du colonel avec quelque impatience pour savoir si, depuis qu'il est *écuyer*, il a toujours le même attachement pour le régiment, et s'il a réellement envie de m'avancer promptement, ce qu'il m'a dit tant de fois. J'espère beaucoup de M. Prévôt, l'officier payeur, parce qu'il m'a promis de faire tout son possible pour me faire obtenir la place de fourrier, qui se trouve vacante dans sa compagnie.

» Je suis étonné que vous soyez encore à la campagne; qu'y faites-vous, maintenant qu'il pleut continuellement ? Pour moi, si je n'avais pas de travail et si je ne restais tout le jour chez M. Prévôt et sa dame, qui sont très-aimables pour moi, je m'ennuierais à mourir. Nous ne travaillons pas toujours; l'on cause, l'on rit et l'on se chauffe, pour se remettre ensuite à l'ouvrage. Quand vous serez à Saintes, tu me diras tout ce qu'on y fait.

» Adieu, bonne sœur... »

Au commencement de l'année suivante, le 5 février 1805, *Joseph de La Charlonnie* reçut les galons de brigadier. Que ne possédons-nous les lignes par lesquelles il apprit cette heureuse nouvelle à la famille! La première correspondance qui suit est du 24 ventôse an XIII (15 mars 1805). Cette lettre à sa sœur *Agathe* est timbrée de Beauvais:

« Ma chère sœur, je retourne aux escadrons de guerre; je pars demain. Tu adresseras ta correspondance à Amiens. Je passe brigadier dans la 3e compagnie. Tu remercieras bien notre père de son envoi, qui m'est venu fort à propos... Je n'ai pas le temps, ma bonne sœur, de t'en dire davantage; une autre fois, je causerai plus longuement. Ne tarde pas à m'écrire; dis-moi comment tu as passé le carnaval, si notre père a écrit au colonel et notre mère à mon oncle de Paris. Pour moi, je t'écrirai peu après mon arrivée aux escadrons de guerre.

» Adieu, bonne sœur. Porte-toi bien et aime toujours ton frère.

» J. La Charlonnie.

» Dis bien des choses à ma sœur et à son mari. J'assure notre père et notre mère de mon respect. »

Nous ne savons rien non plus de sa joie lorsqu'il fut promu sous-officier. Du reste, ses états de services relevés au ministère de la guerre mentionnent cette dernière promotion, sans en indiquer la date. Elle ne s'est pas fait trop attendre, toutefois, car, dans une missive du 31 août 1805, notre grand-oncle signe : *J. La Charlonnie, fourrier.* Nous la donnerons bientôt.

Jusque-là, la première campagne de notre jeune soldat n'avait rien offert de dangeureux ni de bien pénible à supporter. Il ne devait plus en être longtemps de même. Napoléon devinant la coalition de ses ennemis sur le continent, abandonna ses projets contre l'Angleterre; et, dans les derniers jours d'août 1805, les masses militaires réunies à Boulogne et aux environs furent dirigées sur le Rhin. Cette armée, la plus belle et la plus solide du monde, comptait comme cavalerie de réserve et de ligne, cuirassiers et dragons, vingt-deux mille hommes, confiés au commandement de Murat.

Au commencement du mois d'août, le 14e dragons avait reçu l'ordre de se préparer à une entrée en campagne immédiate et se rendit à Saint-Omer, point de concentration de la division Klein, en exécution d'une lettre de l'empereur datée de Boulogne, le 14 août au soir [1].

Ici, a sa place toute marquée la correspondance dont il vient d'être parlé.

« Cambrai, 13 fructidor an XIII (31 août 1805).

» Ma chère sœur,

» Peu de jours après t'avoir écrit d'Amiens, nous en sommes partis pour aller à Saint-Omer, où nous sommes restés quinze jours. C'est là que j'ai reçu ta lettre. Il parait que tu craignais qu'elle ne me parvînt pas. Ne le crains plus. En quelque lieu que tu m'adresses ta correspondance, elle me parviendra sûrement, serais-je à cent lieues de là. Écris-moi donc, quand même tu ignorerais où je me trouve. Bref, je suis parti de Saint-Omer, le 8 de ce mois. Je suis aujourd'hui à Cambrai et serai dans trois semaines à Strasbourg. Si tu m'écris, adresse là ta lettre. Je suis tel-

---

1. *Historique du 14e dragons*, par le capitaine-commandant Ménuau.

lement pressé que j'ai à peine le temps de te dire ce peu de mots. J'ignore si nous devons aller plus loin que Strasbourg ; toutes les troupes qui étaient du côté de Boulogne sont en route.

» Adieu, je n'ai plus un instant. Mes respects à toute la famille.

» J. La Charlonnie,
fourrier.

» Je ne sais que faire des papiers de notré père, écris-moi à ce sujet. »

Il serait superflu de parler des impressions que causèrent à la famille la confirmation d'un départ pressenti sans nul doute.

Le lendemain du jour où *Joseph* écrivait ces lignes, le régiment continuant sa route, se trouvait à Landrecies, et, le 18 septembre, il arrivait à Saverne. « Le 20, la division Klein (1er, 2e, 4e, 14e, 20e et 26e dragons) se rassembla en arrière de Strasbourg, où elle dut attendre, pour entrer, les ordres de Murat. » [1]

Le 25 septembre, à cinq heures du matin, le 14e dragons quitta Molsheim avec tout le reste de la division et se porta sur Kehl, où il passa le Rhin pour cantonner à Nider, Ober-Schoslenheim et Hoffwied. Le 2 octobre, il était à Léonberg; le 3 à Eberbach, dans la vallée de La Fitz. Le 4, il coucha à Bohmenkirch et, le 5, à Néresheim, d'où l'on apprit qu'un détachement de deux cents hussards autrichiens était parti, le matin, en retraite sur Donauwerth, où la division arriva le 7, pour y être passée en revue par l'empereur, qui complimenta le général Klein sur la belle tenue de ses cavaliers. L'effectif du 14e dragons était à ce moment de 22 officiers, 363 hommes et 322 chevaux [2].

1-2. *Historique du 14e dragons*, par le capitaine-commandant Ménuau.

Le 8, *Joseph de La Charlonnie* reçut le baptême du feu à Westingen, où la poursuite de l'ennemi ne fut arrêtée qu'à la nuit. Ce fait d'armes valut de nouveau à la division les félicitations de l'empereur. « Je suis entièrement satisfait, écrivait-il, le 9, au général Belliard, chef d'état-major de la réserve de cavalerie, du compte que vous me rendez de la bonne conduite de la cavalerie, et spécialement des dragons, dans la journée d'hier. Ils ont eu affaire avec douze bataillons de grenadiers, ce qu'il y a de mieux dans l'armée autrichienne. »[1]

Le 10, le 14e dragons partit pour Burgaw où il coucha, et, le 14, il arrivait à Puel, près d'Ulm, où il bivouaqua; les chevaux restèrent sellés toute la nuit.

La capitulation du générel Mack ouvrit sérieusement les hostilités. Le lendemain de la prise d'Ulm, la division se dirigea sur Albeck, où elle infligea un nouvel échec à l'ennemi, qui, malgré les renforts trouvés, le soir, à Eselburg, fut battu, une seconde fois, dans cette même journée.

Le 16, le régiment de notre grand-oncle eut encore sa part de succès à Néresheim, où le prince Ferdinand ne pouvant tenir, se mit en retraite sur Umenheim, nous laissant 2,000 prisonniers. La poursuite continuait le lendemain, mais, le 19, des négociations furent entamées avec Schwartzemberg et la division s'arrêta à Braudt[2].

Le 20 octobre, la journée fut rude pour nos dragons, qui poursuivirent les Autrichiens jusque sous les murs de Nuremberg. La division avait fait, ce jour, dix-sept lieues, dont quatre au trot et au galop, mais elle avait enlevé à l'ennemi, terrifié d'une pareille rapidité, 1,500 hommes, 600 chevaux et 33 bouches à feu.

Le 14e dragons continua à harceler ainsi, le sabre dans les reins, les cuirassiers autrichiens et les grenadiers hon-

---

1-2. *Historique du 14e dragons*, par le capitaine-commandant Ménuau.

grois, à Hilpodstein, Neumarkt, Ober-Emersdorf, Abënsberg, Landshut, Scharding, Linz, Waitzeukirch, où nos reconnaissances rencontrèrent les premières patrouilles russes; on était alors au 6 novembre. Le lendemain, la poursuite reprit par Stein, Koningwienen, Swelt, où le régiment passa la nuit du 10 au 11, et poussa, le jour suivant, des reconnaissances qui signalèrent à nouveau la présence de corps russes et d'une troupe commandée par le grand-duc Constantin, qui se dirigeait vers le Danube par la route de Horms.

Cette nouvelle força Klein à suspendre sa marche et à chercher à se rallier avec Mortier, mais celui-ci avait repassé le Danube. Klein fit alors replier ses cavaliers sur Zwelt et Arbensback, où le 14e dragons prit quatre heures de repos, ce qui était devenu indispensable[1]. Le 13, il s'établissait à Koningwienen, pendant que Murat entrait à Vienne et que l'ennemi abandonnait le pays. La division reprit alors sa marche sur Zwelt; le 15, nos dragons arrivaient à Munchdorf; le 16, à Marbach, et atteignaient Zwelt, le 17, avec toute la division. Le 20, ils repartaient pour Hollabrunn et s'établissaient, deux jours après, à Fellabrunn. Le 1er décembre, ils arrivaient à Micholsburg, à 10 heures du soir[2], et, le 2, placés à la droite de l'armée, ils assistaient, toutefois sans donner, à la mémorable journée d'Austerlitz, cette bataille des trois empereurs, qui procura à Napoléon une victoire, assurément la plus glorieuse de toute sa carrière militaire, et amena François II d'Autriche à demander la paix, pendant qu'Alexandre Ier se hâtait de repasser ses frontières.

L'armée austro-russe en déroute, nos dragons se mirent à la poursuite d'une colonne qui se dirigeait vers la Hongrie. Le régiment, qui comptait alors 17 officiers et 240 hommes présents sous les armes[3], se trouvait, le 3 décembre, à Porlitz; le lendemain, il aidait à débusquer les Autrichiens à

1-2-3. *Historique du 14e dragons*, par le capitaine-commandant Ménuau.

Bossowitz, où il apprit qu'une suspension d'armes était consentie par l'empereur. Cette nouvelle fut confirmée le jour suivant. Le 14e dragons s'arrêta à Tourmitz et Landshut en Bavière, puis se dirigea sur Rabensberg, où il se trouvait le 10 décembre. A cette date, notre grand-oncle, dont nous n'avons pu retrouver aucune correspondance depuis celle de Cambrai du 31 août, écrivit à sa sœur *Agathe* les lignes que voici :

« Des environs de Brin, le 19 frimaire
an XIV (10 décembre 1805).

» Je n'ai que de bonnes nouvelles à t'apprendre, ma chère sœur; nous avons l'espoir presque certain de rentrer bientôt en France, d'y rentrer en vainqueurs, et, je l'espère, aux grandes acclamations du peuple français. Ne parlons plus que de fêtes et de réjouissances. Chantons la paix ! La paix ! oui, ma chère sœur, la paix !

» Les empereurs de Russie et d'Autriche ont essuyé de si grandes pertes, qu'il leur est impossible de songer même à nous faire la guerre de sitôt. La prise de Vienne n'est rien. Le 11 frimaire vivra dans la postérité la plus reculée. Il ne sera jamais parlé de cette journée célèbre qu'avec un sentiment d'admiration et de reconnaissance. François II et Alexandre étaient à la tête de 100,000 hommes d'élite et ces 100,000 hommes ont presque tous été tués, noyés, blessés ou faits prisonniers. Ces derniers sont au nombre de 30,000. 120 pièces de canon, 40 drapeaux, 20 généraux et tous les étendards de la garde impériale de Russie sont en notre pouvoir.

» Je ne vous dépeindrai point le carnage ni les cris des mourants, votre sensibilité aurait trop à souffrir. Oh ! Dieu ! quel spectacle effrayant ! Oui ! je ne crains point de le dire, quoique mon bras ne se soit point encore signalé dans les combats, mon cœur plus avare de sang demande hautement la paix.

» Ce jour-là (le 11), notre division avait fait huit lieues et formait un corps de réserve; nous attendions, sans le désirer ni le craindre, le moment de voler au secours de nos braves frères d'armes; mais au fort de l'action où nous étions, à l'instant peut-être où nous allions charger, Bonaparte est arrivé. Il n'en fallait pas davantage pour mettre l'ennemi en fuite.

» Mais loin de nous la tristesse et la mort; ne parlons plus que de réjouissances. Songeons à la paix ! Je me porte toujours bien, bonne sœur. Je n'aspire qu'au moment où je pourrai vous revoir tous, vous embrasser et vous entretenir de mes courses militaires. Adieu, porte-toi bien et aime toujours ton frère.

» LA CHARLONNIE. »

» Assure notre père et notre mère de mon respect, de mon amitié. J'embrasse ma sœur et ses filles. Dis bien des choses à son mari et à tous mes amis. Adieu toujours.

» A la Grande-Armée. »

Nous ne parlerons pas des émotions de la famille à la réception de ces lignes, qui semblaient assurer le tout prochain retour d'un fils et d'un frère tant aimé. Mais, contrairement à sa croyance, l'heure de la paix ne devait pas sonner encore. La guerre reprit bientôt, et, cette fois, avec la Prusse. Pendant cette nouvelle campagne, Joseph écrivit la dernière lettre que nous ayons de lui. Avant de la reproduire, reprenons la suite des événements.

De Rabensberg, le 14e dragons alla occuper les villages de Hostein, Schadendorff et Gottlesbrünn, où il cantonna jusqu'au 8 janvier 1806. A cette date, il abandonna ces cantonnements pour aller, avec toute la division, en prendre de nouveaux de Linz à Efferding, puis à Altdorf, le 18 février. Cet emplacement ne devait pas être non plus de longue durée; le 1er mars, nos dragons se dirigeaient sur Francfort et, le 20, ils occupaient Herborn, Werhdorf et Kœnigsberg. Cette dernière localité fut désignée au 3e escadron, celui de notre grand-oncle.

Le 15 mai, le régiment s'installait à Dillemburg[1] et dans les hameaux et fermes des environs, où il devait séjourner pendant cinq mois. Vers le milieu de ce cantonnement, *Joseph* écrivit à sa mère, et, si sa lettre nous manque, nous en avons du moins retrouvé le souvenir dans le billet suivant adressé par notre bisaïeule au Coudret : « J'ai reçu, ma chère fille, une lettre de ton frère; il marque qu'il se porte bien, mais ils sont sans argent; il y a six mois qu'ils n'ont pas été payés. Il est toujours à Dillembourg. « On parle, dit-il, de la guerre entre la Russie et la Prusse. Je ne sais si les Français iront y fourrer le nez. Nous avons cependant lieu de croire que non.

» Il n'est point question de les faire rentrer en France. Il t'embrasse et ne dit pas s'il a reçu ta lettre. Il m'écrit brièvement. Je te montrerai sa missive plus tard, parce qu'il faut que je lui réponde de suite et que je lui envoie quelque argent. »

Peu de semaines après l'arrivée de cette lettre, notre aïeule en recevait une à son tour, datée du 19 juillet 1806 et de Dillembourg encore. La voici : « Excuse-moi, ma chère sœur, si j'ai tant différé à te répondre. J'espérais toujours que nous quitterions ce pays-ci et pouvoir t'écrire étant en France ; mais, selon les apparences, nous n'y rentrerons pas encore de sitôt.

» Je suis enchanté d'être le parrain de ta fille [2], comme si c'était un nouveau lien qui nous unit davantage ; cependant, cela est impossible. Elle est venue bien promp-

---

1. Dillenbourg, ville de Prusse, province de Hesse, dans l'ancien duché de Nassau. Chef-lieu du bailliage de son nom, à 60 kil. N. de Wiesbaden, sur la Dille.

2. Marie-Hélène, née le 16 mai 1806.

tement ; je ne m'y attendais pas, et j'en ai été tout étonné. Tu vas vite en besogne, et tu en as tant à présent que je n'en sais plus les noms, excepté *Zoé* qui doit être grande maintenant. Elle doit parler quelquefois de *tonton* soldat, quand même elle ne se souviendrait pas de moi. Tu l'en avertis sans doute. Ne vas pas lui dire qu'il a de longues moustaches, et, pour coiffure, une peau d'ours ; elle ne m'aimerait pas.

» Notre père ou notre mère t'auront fait part, sans doute, qu'il a été question au salon de l'empereur de me faire entrer dans les dragons de sa garde. Je viens de recevoir une lettre de mon oncle, qui a fait de nouvelles démarches desquelles il espère beaucoup, sans cependant me donner la chose comme certaine. Je désire qu'elle réussisse.

» Adieu, bonne sœur ; je me porte bien, fais de même et aime toujours ton frère.

» La Charlonnie.

» Bien des choses à toute la famille. Je vous embrasse tous de tout mon cœur. Adieu. »

Comme il est dit plus haut, cet « adieu » est le dernier que nous ayons retrouvé de notre grand-oncle. Malheureusement sa correspondance avec ses père et mère n'a pu être retrouvée.

Bientôt la Prusse, dont l'attitude avait été jusque-là quelque peu provocatrice, par suite de l'engagement qu'avait pris l'empereur de rendre le Hanovre à l'Angleterre, devint tout à fait agressive et, en septembre, elle nous déclarait follement la guerre. Mal lui en prit, en effet, car, tout aussitôt, nos troupes que les prévisions et le coup d'œil d'aigle de Napoléon avaient préparées à toute éventualité, envahirent le territoire prussien, où elles cueillirent de nouveaux lauriers. Mais revenons à *Joseph* et à son régiment.

Le 30 septembre, le 14e dragons, qui venait de passer

sous le commandement du colonel Bouvier des Éclaz, quitta Dillembourg. Dans ces derniers mois, le colonel Lafon-Blaniac, qui, par suite de ses fonctions d'*écuyer cavalcadour* du prince Joseph devenu, le 30 mars, roi de Naples, avait été détaché auprès de la nouvelle majesté et remplacé dans son commandement par le chef d'escadrons Wachter, avait été promu, le 17 septembre, général de brigade.

Le 9 octobre, le régiment couchait à Bamberg et, le 14, il se couvrait de gloire à Iéna, ainsi qu'en rend compte le cinquième bulletin de la Grande Armée :

« Je ne vous parlerai pas de la conduite de la cavalerie dont vous m'avez confié le commandement, écrivait, le soir de la bataille, le grand-duc de Berg [1]. Votre Majesté en a été témoin et en a vu les résultats, mais je dois de grands éloges à la bravoure des dragons de la division Klein. »

Les charges du 14e dragons furent surtout dirigées contre les carrés saxons. Elles lui causèrent de sensibles pertes, et notre grand-oncle s'en tira encore sans blessures.

Peu avant cette époque, le 3 octobre, la bonne mère écrivait encore à notre aïeule : « ... Nous n'avons point de nouvelles de ton pauvre frère. Il n'a sans doute plus l'espoir de rentrer en France. La guerre est allumée plus que jamais. Nous ignorons où il est et quel est son sort. Prions Dieu pour lui. Je ne manque pas de le faire chaque jour. »

Ces lignes nous remémorent les prières d'une autre mère, la nôtre, pendant les longs mois de l'année terrible, et aussi le vœu qu'elle fit de fournir à l'église de Saint-Pallais, notre paroisse, le vin de messe, si nous lui étions l'un et l'autre rendus sains et saufs. Est-il nécessaire d'ajouter que ses engagements, bien qu'elle ne soit plus là, sont et seront toujours fidèlement tenus?

---

1. Murat avait été créé, le 20 février précédent, grand-duc de Berg et de Clèves.

Le soir d'Iéna, nos dragons, dans leur ardeur à poursuivre les fuyards, poussèrent jusqu'à Ulla, à vingt-cinq kilomètres du champ de bataille ; ce qui les fit bivouaquer, pour ainsi dire, pêle-mêle avec les Prussiens. Le lendemain, ils s'emparèrent d'Erfurth et auraient pu, ce même jour, faire prisonnier le roi de Prusse en personne, si le général Klein « n'avait pas eu la simplicité de croire », comme l'a dit sans détour l'empereur dans le onzième bulletin, à la fausse annonce d'un armistice de six semaines, que lui fit Blücher.

Le 14e dragons se trouvait, le 20, à Kallenstaëdt ; le 21, à Klein-Ottersleben ; le 25, à Grossottersleben, puis à Solpke, où il séjourna jusqu'au commencement de novembre. Le 6 de ce mois, il se rendit avec toute la division à Berlin, que nous occupions depuis le 27 octobre. Cette entrée des Français dans la capitale de la Prusse avait eu lieu, sans coup férir, aussitôt Iéna, et non pas honteusement, comme les Prussiens entrèrent à Paris en 1871, mais en superbes triomphateurs. L'attitude de Berlin n'eut rien d'héroïque et contraste singulièrement avec celle de Paris, au jour de la souillure que nous laverons tôt ou tard. Il ne nous avait fallu que quelques semaines pour vaincre et disperser cette Allemagne si arrogante aujourd'hui !

Le 7, tous les régiments de Klein furent passés en revue sur la place du palais par l'empereur, puis ils se rendirent à Postdam, qu'ils quittèrent le 23, pour aller s'établir à Szymanow. Cette marche à travers le duché de Posen avait été assez facile ; l'ennemi s'était retiré derrière la Vistule et les populations polonaises acclamaient nos cavaliers comme des libérateurs. Le 28, les compagnies d'élite des 1re et 3me divisions de dragons et du 14e régiment de la même arme, ainsi que du 13e chasseurs entrèrent à Varsovie à la suite de Murat. L'adresse que donne dans une de ses lettres *Joseph de La Charlonnie*, « fourrier au 14e régiment de dragons, compagnie d'élite, à la Grande-Armée », ne permet aucun doute sur sa présence à cette fête, pour laquelle « ces différentes troupes avaient été désignées, en récompense de leur belle conduite pendant la campagne »[1].

Nous avons trouvé trace d'une lettre qu'il écrivit, à cette époque, à nos grands-parents, dans les *Notes biographiques sur le général de Brémond d'Ars, sous-lieutenant au 21e chasseurs* pendant la même campagne, et décédé à Saintes, le 12 mars 1875. Dans ces notes, pieusement assemblées par son fils, M. le marquis Anatole de Brémond d'Ars-Migré, qui a bien voulu nous les communiquer, sont reproduites trois correspondances qui parlent de notre grand-oncle.

Dans la première, datée de février 1807, la comtesse Sophie de Brémond d'Ars, tante du jeune officier, lui mandait de Saintes : « M. *de La Charlonnie*, ton camarade, écrit de Varsovie à ses parents, qu'il s'est, jusqu'à présent, bien tiré de toutes les affaires où il s'est trouvé, mais il n'est pas encore officier. »

Nous parlerons en temps voulu des deux autres missives de l'ouvrage de M. de Brémond. En attendant, reprenons le récit de la campagne.

Les Russes paraissant fuir l'occasion de se mesurer avec nous, les cantonnments le long de la Vistule furent décidés; le 14e dragons occupa Sietzin et Xionzénice, où il se trouvait encore le 6 décembre, mais qu'il quitta, le 10, pour se transporter à Osachow et Wygnanka, pareillement abandonnés, le 13, pour les environs de Varsovie.

Peu après, toute l'armée reçut l'ordre de se porter en avant, et c'est le 24 que la division Klein força le passage de l'Ukra, après un long combat d'artillerie, auquel le 14e dragons, qui y perdit 2 hommes et 19 chevaux, prit une part des plus honorables. Le 25, il se mesura de nouveau

1. *Historique du 14e dragons*, par le capitaine-commandant Ménuau.

avec les Russes à Loporzyn, où il bivouaqua avec le reste de la cavalerie. Le lendemain, les dragons se signalaient encore à Golymin. A cette occasion, Murat écrivait à l'empereur : « Sire, je dois les plus grands éloges à la division de dragons ; c'est elle qui a rétabli l'affaire quatre ou cinq fois... »

Le 28 au soir, la division traversa le gué de Makow pour se porter sur Rozan ; mais, devant les forces considérables que semblait indiquer la ligne des feux ennemis, elle s'arrêta à Pierzanowo et Czerwouka. La fatigue des hommes et des chevaux était si grande à ce moment, que Napoléon prescrivit à la cavalerie de se cantonner de nouveau, sans, toutefois, perdre de vue les Russes. Le 1er dragons s'établit, le 7 janvier 1807, avec la division, de Dobrzyn à Babrownik. Cet emplacement fut abandonné dans les derniers jours du mois, et le régiment se rendit à Kikoff d'abord, puis à Dobrzyn, enfin vers Neidemberg, où il rejoignit, avec toute la division, Murat, qui se porta alors sur Orblsburg à la poursuite du général Bennigsen.

Le 5 février, sur l'ordre de l'empereur de couper la retraite aux Russes à Waltersdorf, nos dragons firent des prodiges de valeur et notamment le régiment de notre grand-oncle, qui ramena et poursuivit l'ennemi pendant plus d'une lieue. Cette affaire lui coûta 8 hommes tués ou morts de blessures; le sous-lieutenant Brugières de Barente y tomba couvert de six coups de lance et d'un coup de sabre. Ce vaillant officier n'en devint pas moins plus tard lieutenant au corps. Il en faut davantage, paraît-il, pour mourir. Le lendemain, le cavalier Jean Verdun, au combat de Hoff, reçut vingt-trois coups de lance et cinq coups de sabre.

Joseph avait le bonheur de se sortir de toutes ces rencontres sans la moindre égratignure, mais son tour viendra impitoyablement. A cette époque, il se trouvait tout près de Heilsberg, dont le combat devait, hélas! lui enlever la vie. Toutefois, avant cette néfaste journée, il avait encore à prendre sa part des actions d'éclat de son régiment que nous voyons, en effet, faire des prodiges de valeur, le 8, à Eylau. « Pendant toute la première partie de la bataille, la cavalerie demeura immobile sous le feu écrasant des batteries russes. Mais lorsque le corps d'Augereau, perdu dans les rafales de neige, laissa un large vide dans la ligne de bataille et que les colonnes ennemies s'avancèrent jusque vers Eylau, Murat entraîna à sa suite toutes les divisions de cavalerie, poussa une charge furieuse à travers la plaine, renversa les cavaliers russes, sabra les lignes d'infanterie et anéantit, en revenant, une colonne de 4,000 grenadiers qui avait poussé jusqu'au cimetière d'Eylau. [1] » Le 14e dragons subit de sérieuses pertes ; mais il avait fourni sa part de la charge qui sauva l'armée.

La rigueur de la saison empêcha la poursuite de l'ennemi, et de nouvelles attaques de sa part ne semblant pas probables, Napoléon fit reprendre à l'armée ses anciens cantonnements.

Quelques semaines après, une lettre de notre jeune sous-officier arrivait à la famille. Notre bisaïeule en parle dans ces lignes adressées, le 7 avril, de Saintes au Coudret : « J'ai reçu hier une lettre de ton frère. Je te l'envoie aujourd'hui, ma chère fille. Remercions le Seigneur de l'avoir préservé de tout accident.

. . . .

» Nous avons eu des nouvelles de ton cousin, qui paraît fort inquiet de *Joseph*. Nous n'avons pu lui donner de ses nouvelles, parce que nous n'en avions pas encore. »

Le cousin dont il s'agit était Jean-François de La Charlonnie de Villars.

Vers le 15 mai, le 14e dragons se rendit dans l'île de Nogat, où les fourrages abondaient ; aussi, à la reprise des hostilités, toute trace de fatigue et de privations avait disparu.

---

1. *Historique du 14e dragons*, par le capitaine-commandant Ménuau.

Par suite du départ pour les eaux du général Klein, très fatigué par la campagne, le commandement de la 1re division de cavalerie fut confié, le 25 mai, au général Latour-Maubourg, qui venait d'être promu divisionnaire. A ce moment Bennigsen s'avançait vers les cantonnements de la Passarge, pour en forcer les débouchés sur plusieurs points et empêcher notre concentration. Sur l'ordre de l'empereur, le grand-duc de Berg se hâta de rappeler ses cavaliers vers Osterode. Le 6 juin, le 14e dragons se mit en route, et, le 8, il franchissait la Passarge à Klimenfelden avec les autres régiments de la division, qui prirent tous part, le 9, au combat d'Arensdorf, sous les ordres du maréchal Soult. Mais nous n'avions eu affaire qu'à l'avant-garde ennemie. Le lendemain, la rencontre des deux armées eut lieu à Heilsberg, petite ville située sur l'Alle. Les Russes y avaient élevé déjà des redoutes hérissées d'artillerie. Se laissant entraîner par leur propre ardeur et celle de leurs troupes, Soult et Murat, arrivés les premiers, se jetèrent, avec ce qu'ils avaient sous la main, sur l'armée russe tout entière, qui tint bon, malgré les secours apportés vers la fin de la journée par le général Savary[1]. La bataille dura jusqu'au soir, et, à minuit, nos dragons étaient encore à cheval. A trois reprises, Murat fit charger ses intrépides cavaliers, et c'est dans une des charges poussées à la fin de l'action que notre infortuné grand-oncle fut tué d'un coup de lance par un cosaque.

Ce jour-là il s'était montré plus brave encore que d'ordinaire. En le voyant sabrer les Russes avec tant d'ardeur, son capitaine, à certain moment, ne put se tenir de le féliciter en ces termes : « Bravo ! bravo ! *La Charlonnie*, ce soir

---

1. Napoléon, arrivé tard, parce qu'il n'avait pas supposé que l'ennemi s'arrêtât sitôt pour lui résister, blâma fortement d'avoir engagé ainsi trop à la hâte cette lutte sanglante et par trop inégale, dans laquelle 30.000 Français seulement avaient combattu à découvert contre 90.000 Russes.

vous serez officier. » Hélas ! le soir, il était étendu sans vie sur le champ de bataille, après quatre années, sans blessures ni maladies, de campagnes périlleuses, et sept jours avant l'armistice, prélude du traité de paix de Tilsitt. Les détails de sa mort ont été donnés par un de ses camarades, qui apprit l'affreuse nouvelle à nos grands-parents. Sa lettre témoigne d'une profonde amitié et d'un généreux cœur :

« Grande-Armée, le 30 juin 1807.

» Monsieur,

» Ce n'est qu'en tremblant que je peux vous écrire. Mais vous me le pardonnerez sans doute...

» Lié par l'amitié la plus sincère à votre brave et excellent fils, je ne puis m'empêcher de vous faire savoir par cette lettre qu'il est mort au champ d'honneur, le 10 juin, à la fameuse bataille que nous avons donnée aux Russes, sous les murs de Heilsberg, non loin d'Eylau.

» Il était si bon et si brave qu'il est généralement regretté de ses chefs et de ses camarades.

» Je pleurais avant vous ce digne ami... Il est mort percé de coups de lance, en faisant preuve du plus grand courage, n'ayant abandonné son sabre que lorsque la mort s'est emparée de lui.

» Pardon, mille fois pardon ; ce n'est que parce qu'il m'avait toujours dit que, s'il lui arrivait quelque chose dans les combats, il serait bien aise que sa famille en fût instruite.

» Vous recevrez sous peu de temps son extrait de mort, que le quartier-maître vous enverra.

» Je vous salue avec respect et amitié. »

» Quinton,
maréchal des logis.

» P. S. — On traite pour la paix à Tilsitt avec les Russes. La Grande-Armée est sur le Mémel. »

L'extrait mortuaire annoncé et établi justement par l'officier payeur de *Joseph*, le sous-lieutenant Prévot, vint peu après confirmer l'affreuse nouvelle; il a été porté sur les registres de l'état civil de Saintes, sous le n° 228, le 20 septembre 1807.

Inutile de dire combien cruelle fut la douleur de nos grands-parents après la perte de ce fils à juste titre tendrement chéri. Quelle ne dut pas être également celle de la sœur, qui aimait tant ce frère si affectueux pour elle! Nous retrouvons les déchirements de leur cœur dans les lettres de l'ouvrage de M. de Brémond, dont nous avons déjà parlé.

Le 19 septembre 1807, la mère du jeune sous-lieutenant lui écrivait de Monplaisir : « As-tu su la mort de ton malheureux ami *La Charlonnie*, tué par un cosaque dans une charge? Nous avons bien partagé la douleur de ses parents » ; et, le 13 novembre suivant, la tante Sophie mandait à son tour, de Monplaisir également, à son neveu : « Tu sais sans doute la douleur profonde de M. et Mme *de La Charlonnie*, qui ont perdu leur fils, tué par un cosaque, d'un coup de lance, dans une affaire? Les malheureux parents font pitié, et je voudrais, n'ayant nulle consolation à leur donner, ne les plus voir. »

Aussi, lorsque Napoléon, dont toute la gloire qu'il a donnée à la France ne saurait faire perdre le souvenir de l'effroyable consommation d'hommes qu'il a faite, passa à Saintes, un an après, le 4 août 1808 [1], à son retour de Bayonne, où il venait de forcer Charles IV d'Espagne et son fils Ferdinand à abdiquer en sa faveur, quel crève-cœur fut cette journée de vivats et de fêtes pour toute la famille enfermée dans sa

---

1. Lors de ce passage, Napoléon avait avec lui Joséphine. « Leurs majestés impériales et royales, dit la *Gazette nationale* du jeudi 11 août, qui étaient parties de Bordeaux la veille au soir, firent leur entrée à Saintes à 7 heures du matin, au milieu des acclamations sans cesse répétées d'un peuple nombreux. A midi, l'empereur et l'impératrice partirent pour Rochefort. »

demeure et comme emmurée dans son inoubliable douleur !

Après cette perte de leurs plus chères espérances, la vie de nos grands-parents fut brisée. Femme d'une grande piété, la mère ne cessait de prier pour son enfant. Dès l'annonce de son départ en campagne, elle avait imploré le ciel avec toute la ferveur de ses convictions religieuses, qui étaient telles qu'elle répétait souvent que c'était plus pour l'âme de son fils que pour sa vie qu'elle priait.

Le 3 novembre 1812, le père mourut aux Mouniers ; il était âgé de soixante-dix-huit ans. Notre bisaïeule le suivit dans la tombe cinq années après, le 27 novembre 1817. Elle décéda à Saintes, chez son gendre, notre aïeul. Par esprit d'humilité, cette sainte femme avait voulu que la place occupée par les restes de son mari, aussi bien que celle où reposeraient les siens, ne soit pas indiquée, même par la plus simple pierre. Pour elle, le corps n'était absolument rien.

C'était la première fois dans la *Branche de Villars*, c'est-à-dire depuis deux cents ans, qu'un des cadets susceptibles de faire souche, et ils avaient été nombreux, avait donné cet espoir, qui, à peine entrevu, s'évanouissait. Le rameau naissant des *La Charlonnie de Saintonge* n'existait déjà plus.

VII

Branche aînée de Villars.

(*Suite*)

Remontons à 1725, pour parler du chef d'alors de la famille, Jean-François, seigneur de Villars-Marange. Né le 8 octobre de cette même année, il reçut le baptême, le lendemain, avec Jean-François Rullier, sieur des Fontaines, et Jeanne Prévost, pour parrain et marraine. Il était donc âgé de trente-sept ans, lorsqu'il épousa, le 15 mai 1762, à Saint-Brice (Charente), Marie-Catherine de Jarnac, fille de feu Jean, sieur de Bel-Air, avocat à la cour, et de Marie-Catherine de Laborde.

Nos recherches sur la famille de Jarnac ont permis d'en reconstituer la filiation à compter du commencement du XVIIe siècle. Antérieurement à cette époque, existaient à Segonzac, en 1426 : Perrin de Jarnac ; en 1478, Jean de Jarnac ; en 1583, Pierre de Jarnac, sieur de Bois-Clavaud. Et encore Collas, Jean et Pierre de Jarnac, dont nous trouvons les traces dans un acte, duquel il appert que ledit Jean était né en 1531 et qu'il était fils d'Arnaud de Jarnac. Il s'agissait de la vente faite, le 19 juillet 1607, par Isaac Achard et Jean Bresdou, d'un emplacement destiné à la construction d'un temple à

Segonzac[1]. Mais nous ne saurions établir quel degré de consanguinité existait entre eux et Jacques de Jarnac, notaire royal, chef de la généalogie qui suit et né en 1600 environ. Nous lui connaissons deux enfants : 1° Marguerite, qui vit le jour en 1626 et épousa, en 1652, Jacques Landais, de la paroisse de Saint-Sulpice. Elle mourut à Deuville, le 16 janvier 1691 ;

2° Pierre-Ozée de Jarnac, né en 1635, notaire royal à Segonzac et procureur à Bouteville. Il décéda à Bois-Clavaud, six jours après sa sœur, le 22 janvier 1691. En 1680, Marie-Élisabeth de Pons, veuve du comte de Miossens, l'avait nommé juge de sa seigneurie de Bourg-Charente. Le nom de sa première femme n'a pu être découvert ; nous ignorons également s'il en eut des héritiers. Devenu veuf, il épousa en secondes noces Jeanne André, qui fut la mère de : 1° Joseph, successeur de son père dans l'état et office de notaire royal à Segonzac, puis, de 1698 à 1723, à Juillac-le-Coq. Il fut aussi juge des seigneuries de Mazottes et du Fresne. Son décès survint en 1735. Le 17 février 1699, il avait épousé Marie Boulanger, qui lui donna plusieurs enfants, entre autres : Joseph de Jarnac, écuyer, seigneur de Plassac, conseiller du roy, contrôleur ordinaire des guerres, né le 3 décembre 1700, mort en 1787 et marié, par contrat du 27 mai 1730, à Marie-Thérèse Chérade, fille de Clément Chérade, écuyer, sieur de La Pouyade, et de Marie-Jeanne Sartre, de la paroisse de Saint-André d'Angoulême[2]. Le 21 novembre 1740, Joseph de Jarnac et Julie Duquerroix, épouse de Me Roy, conseiller du roy et son procureur au siège de Bouteville, tenaient sur les fonts baptismaux de Segonzac, Marie-Julie Mathieu, fille de Jean Mathieu, sieur

---

1. Archives historiques de Saintonge et d'Aunis, vol. de 1880. *Les temples de Segonzac et de Jarnac.*

2. Archives de la Charente. Pierre Jehu, notaire royal à Angoulême.

du Roc, et d'Anne-Marie de Jarnac, demeurant à Bois-Clavaud [1].

De leur union, Joseph et Marie-Thérèse Chérade eurent : *a*. Joseph, né en 1732, mort en 1768, célibataire ; *b*. Marie-Thérèse-Suzanne, née en 1735, et mariée, le 28 décembre 1756, à Christophe Joubert, écuyer, seigneur de La Pouyade, conseiller et procureur du roy au siège royal d'Angoulême ; *c*. Marie-Anne, née en 1739, morte en 1768 et qui épousa, le 9 avril 1765, Alexis Saulnier, écuyer, seigneur du Couraud.

Revenons aux enfants d'Ozée et de Jeanne André : 2° Pierre de Jarnac, sieur des Brandes et de Bois-Clavaud, né vers 1670. Il se maria avec Anne Dutillet et mourut en 1710;

3° Marie de Jarnac qui vit le jour à Segonzac, le 29 juin 1681, et fut baptisée, le 21 septembre suivant, à Saint-Fort-sur-le-Né, ayant pour parrain et marraine, messire François Poussard et dame de Verdelin [2]. Elle épousa, en 1700, Henry Dutillet, seigneur de Masquantin, praticien, de la paroisse de Saint-Jean d'Angoulême. Cette union fut bénie dans l'église de Segonzac, le 20 mai de ladite année ;

4° Pierre de Jarnac, seigneur de Gardépée, Bel-Air et Létang, qui naquit le 27 juin 1683 et se maria trois fois : 1° Le 23 juin 1692, avec Jeanne Lambert, dont il n'eut qu'une fille ; 2° en 1697, avec Marie de Chilloux, dont la progéniture suit, et qui mourut en 1711 ; 3° le 4 mai 1714, avec Marie-Anne Barraud, dont les sœurs avaient épousé : l'une, Marthe, Guillaume Deval, seigneur de Touvres, président en l'élection d'Angoulême ; l'autre, Anne, François Avril, chevalier, seigneur de Grégueil, La Guionnière, dont le quatrième aïeul était Jean Avril, écuyer, sieur du Grand-Maine, marié, en 1547, à Marguerite de Ruspide [3]. De cette

1-2. Registre paroissial de Segonzac.

3. *Dictionnaire des familles du Poitou*, par Beauchet-Filleau et Ch. de Chergé.

dernière union est sorti Pierre-Joseph de Jarnac, seigneur de Gardépée, né le 24 juin 1715, mort le 29 juillet 1781, conseiller du roy, conseiller honoraire au présidial de Saintes, échevin de l'hôtel-de-ville de Cognac, qui, le 12 février 1743, épousa Marie-Thérèse Réveillaud et en eut plusieurs enfants, dont : *a.* Françoise-Henriette de Jarnac, née en 1745, morte en 1834. Elle avait épousé, le 17 janvier 1782, Jean Deval de Beauregard, seigneur de Touvres, ancien garde du corps du roi ; *b.* Charles-Léon de Jarnac de Gardépée, seigneur de Gardépée, qui vint au monde le 22 octobre 1749 et mourut en 1822. Sa femme, Marie-Anne Habrard de Létage, était décédée le 13 septembre 1818. C'est à la gracieuse obligeance de leur arrière-petit-fils, M. Maurice de Jarnac de Gardépée, que nous devons la plupart des documents qu'a nécessités la reconstitution de cette généalogie.

De Marie de Chilloux, Pierre de Jarnac eut : 1° Jean de Jarnac, qui suit ; 2° Marie de Jarnac, née en 1704 et mariée, le 15 février 1722, à François Vallier, procureur au présidial d'Angoulême, issu de feu Antoine, aussi procureur audit présidial, et de Marie Cladier.

Jean de Jarnac, sieur de Bel-Air, naquit en 1700 et mourut en 1743. Avocat au parlement de Paris, il avait épousé, le 15 octobre 1726, Marie-Catherine de Laborde, fille de défunt Pierre, procureur fiscal de Sigogne, et de défunte Marie Tallon, et qui donna le jour à : 1° Marie-Catherine, mariée, en 1762, à Jean-François de La Charlonnie, seigneur de Villars-Marange ; 2° Marie-Anne, née en 1735, morte le 6 octobre 1802, dame religieuse de l'abbaye de Notre-Dame de Saintes ; 3° Henry, sieur de Bel-Air, né le 24 juin 1738, mort sans hoirs, le 28 janvier 1800 ; 4° Marie-Thérèse, baptisée le 24 mai 1743 et décédée le 21 octobre de l'année suivante.

Nous avons parlé des liens d'affection qui ne cessèrent d'unir Jean-François à son frère, le garde du corps ; sa mort, survenue à un âge peu avancé, le 29 décembre 1788, fut pour celui-ci, nous l'avons dit aussi, la cause d'un deuil profond. Dix-huit années après, le 22 mai 1806, sa veuve le rejoignit dans la tombe. Elle était âgée de quatre-vingts ans ; son acte de décès nous apprend que ses obsèques eurent lieu le lendemain, à Mérignac. Par un testament en date du 1er juillet 1763, JEAN-FRANÇOIS avait institué sa femme héritière de tous ses biens. Celle-ci, peu après, avait agi de même pour son propre avoir, en faveur de son mari [1].

De leur mariage étaient issus trois enfants : 1° *Marie-Marguerite* ; 2° JEAN-FRANÇOIS ; 3° *Jean*.

Marie-Marguerite vint au monde, le 5 septembre 1763, à Villars ; le 8 du même mois, elle fut baptisée à Mérignac. Son parrain, nous l'avons déjà dit, était *Louis de La Charlonnie*, écuyer, chevalier de l'ordre royal et militaire de Saint-Louis, capitaine au régiment de Flandres-infanterie, retraité depuis le 14 février 1755, et vivant à Cognac avec sa femme, Jacquette-Geneviève Roy. Sa marraine était Marie-Catherine de Laborde, son aïeule. Le 1er juin 1790, elle épousa Louis Rullier, avocat en parlement, né à Bois-Noble en Foussignac, le 25 novembre 1765, et dont l'acte de mariage à Genac des père et mère va nous faire connaître ses grands-parents : « Le 24 septembre 1764, les formalités de notre sainte mère église observées, n'étant venu à ma connaissance aucun empêchement ni opposition, la bénédiction nuptiale a été donnée à Pierre Rullier, sieur de Bois-Noble, veuf de Françoise-Madeleine Séguin, fils légitime de Jean-François Rullier, sieur des Fontaines, et de demoiselle Marie Tallon, de la paroisse de Saint-André d'Angoulême, et à demoiselle Anne Mallat de Fontenille, fille légitime de défunt Alexandre-Laurent Mallat, sieur du Pérat, et de demoiselle Marie de Labaure, de cette paroisse, par messire Mallat du Pérat, curé de Gour-

1. Papiers de famille.

ville, en ma présence et de mon consentement et de plusieurs personnes et aussi qui ont signé : Pierre Rullier. Anne Mallat de Fontenille. Marie de Lahaure. Anne Mallat. Marguerite Faure. Marie Binet. Jean-François Rullier. Du Pérat, curé de Gourville. Lescalier, curé de Genac. »

Louis Rullier avait deux frères : René, sieur de Bois-Noir, né en 1769 et qui devint, en 1818, juge de paix du canton de Rouillac ; et Jean, sieur des Fontaines et d'Orlut, vraisemblablement marié, le 21 juin 1818, à Marie Mallet, fille de Pierre-Jean Mallet-Desrivières et d'Élisabeth Mallet. Leur père, Pierre Rullier, né à Mosnac, le 18 mars 1730, était le troisième des quatre enfants de Jean-François, sieur des Fontaines, et de Marie Tallon. Cette dernière était sœur de Françoise Tallon, que nous avons vue épouser à Mérignac, le 22 juin 1723, JEAN DE LA CHARLONNIE, ainsi que de Jeanne Tallon, qui ne se maria pas et mourut à soixante-neuf ans, le 25 décembre 1780, au Maine-Barraud près Mosnac, laissant, par testament du 10 septembre 1771, tous ses biens au fils aîné de sa sœur Marie, Louis Rullier, Le Maine-Barraud excepté. Copie de ces dispositions a été donnée à chacun de ses autres neveux, tant Rullier que La Charlonnie, le 17 janvier 1781 [1].

Parlons des enfants de Jean-François Rullier : L'aîné, Louis, sieur des Fontaines, naquit à Mosnac, le 25 février 1727 ; le lendemain, il fut tenu sur les fonts baptismaux par Antoinette Clémenceau, son aïeule maternelle. Le 27 février 1770, il épousa, à Châteauneuf, Catherine Poirier, dont il eut, le 29 novembre 1774, une fille, Marie, mariée, le 3 floréal an II (22 avril 1794), à Nicolas Trémeau-Rochebrune, négociant à Angoulême. Louis habitait Blanchefleur en Mosnac, lors de son décès survenu le 13 août 1792. Sa sœur, Marie, née à Mosnac, le 3 janvier 1729, s'unit, le 22 janvier

1. Papiers de famille.

1757, à Jean Tabuteau, de la paroisse de Châteauneuf. Le quatrième enfant de Jean-François, Pierre, sieur de Bois-Noir, naquit, le 17 octobre 1733, à Mosnac, comme ses frères et sœur, et mourut célibataire au Maine-Jolliet en Mosnac, le 13 pluviôse an XII (3 janvier 1804).

Le grand-père de Louis Rullier, Jean-François, sieur des Fontaines, naquit à Angoulême, le 16 décembre 1702, et fut baptisé, huit jours après, dans l'église de Saint-André Il eut pour parrain, François de l'Étoile, son oncle, dont nous allons parler, et, pour marraine, Françoise Valette, vraisemblablement sa tante [1]. Jean-François habitait Le Maine-Jolliet et n'existait plus en 1774. Marie Tallon, sa veuve, décéda à Mosnac, le 4 décembre 1789, à l'âge de quatre-vingt-cinq ans. Il avait une sœur, Anne-Marie, qui s'unit, le 28 juillet 1731, à Jacob Naud, sieur des Aubineau, fief noble en Condéon, tenu à hommage sous le devoir d'une paire de gants blancs. Anne-Marie, qui eut un fils, Pierre, était veuve en 1771.

Jean-François Rullier avait aussi un frère, Pierre-Louis, sieur d'Orlut, né comme lui à Angoulême, le 14 mai 1704 et tenu, le 18, sur les fonts baptismaux de Saint-André par son oncle Pierre Rullier, sieur de Bois-Noir, qui va paraître, et Jeanne Valette, une sœur de sa mère, sans doute [2]. Il épousa Françoise Tallon, qui n'existait déjà plus en 1739.

Le bisaïeul de Louis Rullier était Louis, sieur des Fontaines, qui vit le jour en 1661, occupa la charge de conseiller du roy, commissaire des troupes en la ville d'Angoulême, et mourut à Mosnac, le 8 décembre 1741. Sa femme, Jeanne Valette, y décéda pareillement, le 9 juillet 1752, à l'âge de soixante-dix-huit ans environ. Louis Rullier avait deux frères et une sœur : 1° Jean, sieur du Puy, conseiller

---

1.-2. Registre paroissial de Saint-André d'Angoulême.

du roy élu en l'élection d'Angoulême et trésorier de l'hôpital général de ladite ville; marié à Jeanne Galliot, il en eut un fils, François, sieur du Puy, qui épousa, par contrat du 6 février 1717[1], Marie Pigornet, fille d'Élisabeth Brothier, descendant d'Alexis Brothier qui vivait à Ruffec en 1482[2], et de François Pigornet, pair du corps de ville, descendant lui aussi, sans doute, d'Étienne, le conseiller de 1627, aïeul de Philippe Pigornet, célèbre avocat à Angoulême[3]; 2° Pierre, sieur de Bois-Noir, capitaine d'une compagnie de la milice bourgeoise d'Angoulême, en 1710 ; 3° Marie, qui épousa François de L'Étoile, écuyer, sieur de La Croix, juge-sénéchal de la baronnie de Blanzac, vraisemblablement fils de Jean, qui fut maire d'Angoulême, pendant les années 1664, 1665 et 1666, et aussi juge de Blanzac.

En 1695, le 6 avril, une transaction fut passée entre Philippe de Gentils, marquis de Langallerie, et Suzanne de Gentils de Langallerie, sa sœur, d'une part; Louis Rullier, sieur des Fontaines, et Louis Rullier, sieur du Puy, en qualité d'héritiers de feu Louis Rullier, sieur de Bois-Noir, leur père, d'autre part, au sujet d'une somme de 4.300 livres à eux due en ladite qualité d'héritiers[4].

Le troisième aïeul de Louis Rullier, nous venons de le nommer, était Louis, sieur de Bois-Noir. Conseiller élu en l'élection d'Angoulême, il épousa, le 5 septembre 1649, Marie Fé, fille de Pierre, sieur de La Côte, issu de Pierre Fé, sieur d'Hauteroche, et de Marie Ranson ; la mère de Marie Fé était Claude Corliet, fille de Jean, sieur du Maine-Michaud en Saint-Simeux, et de Perrine Boutaud. C'est

---

1. Archives de la Charente. Pierre Jehu, notaire royal à Angoulême.
2. *Dictionnaire des familles du Poitou*, par Beauchet-Filleau et Ch. de Chergé.
3. Vigier de La Pile.
4. Archives de la Charente. Guillaume Jehu, notaire royal à Angoulême.

par Marie Fé que les Rullier devinrent possesseurs du Maine-Jolliet. Louis Rullier de Bois-Noir devait avoir un frère, également prénommé Louis, qui, en 1667, était archer de la compagnie du vice-sénéchal lieutenant criminel de robe courte d'Angoumois [1].

Avec eux prend fin l'ascendance des Rullier alliés des La Charlonnie et qu'il n'a pas été facile de retrouver au milieu des nombreuses branches de cette famille, qui compte les Rullier, sieurs de Blanchefleur, de Fontbrune, de La Ménarderie, des Bergerons, du Pérat, de Bois-Vert, et les Rullier, de Criteuil, dont Antoine, qui était procureur fiscal de la châtellenie d'Ambleville, en 1688. Antérieurement à cette époque, le nom de ces derniers s'écrivait *Ruslier.*

Louis Rullier était dans sa vingt-cinquième année et sa femme en comptait près de vingt-sept, lors de leur mariage, célébré dans l'église de Mérignac, en présence de Jean-François de La Charlonnie, seigneur de Villars, frère de la mariée; Jean-François Boucheron de Marsac, son cousin-germain; René Rullier, sieur de Bois-Noir, frère du marié, et Estienne Gilbert, son cousin.

En octobre 1791, *Marie-Marguerite* donna le jour à Louis-Jean-François-Eugène Rullier, qui fut baptisé trois mois après, le 18 janvier 1792, à Cognac, où Louis Rullier, en décembre 1791, avait été pourvu de l'office de greffier du tribunal civil. D'après les indications du dénombrement de la population effectué le 1er janvier 1792, il habitait au n° 616 de la rue Saint-Martin. Il résulte de ces mêmes indications que la domestique du jeune ménage se nommait Marie Briand, qu'elle était originaire de Genac et âgée de vingt-six ans.

Louis dut bientôt quitter Cognac pour aller habiter Angoulême, où l'appelait sa nomination de juge, en date du

---

1. Archives historiques de Saintonge et d'Aunis, *vol. de 1874.*

12 décembre 1795, magistrature qu'il exerça jusqu'au 30 juillet 1800. Ses services, interrompus pour une cause inconnue, reprirent, le 21 novembre 1811, par sa promotion de substitut du procureur du roi près le tribunal de première instance de Cognac. Procureur à son tour, à compter du 13 janvier 1816, il devint président, le 30 juin 1823. Deux années après, par ordonnance royale du 22 mai 1825, il fut fait chevalier de la Légion d'honneur, et le 12 décembre 1831, une autre ordonnance lui concéda, après vingt-trois années, onze mois et vingt et un jours de services, sa pension de retraite, liquidée à 750 francs. Il mourut à Cognac ainsi que sa femme: lui, le 14 octobre 1836; elle, le 28 du même mois de l'année précédente.

Leur fils unique, Eugène Rullier, épousa, le 23 novembre 1818, sa cousine-germaine, *Marie-Marguerite-Virginie de La Charlonnie*, fille de JEAN-FRANÇOIS et de Marie-Marguerite Frugier. Étaient témoins : René Rullier, juge de paix du canton de Rouillac, et Jean Rullier des Fontaines, oncles du marié; Louis Rambaud de Larocque, beau-frère de la mariée, et François Frugier, son oncle maternel, maire de la commune de La Pallue.

Docteur en droit, avocat, puis juge de paix de Cognac de 1832 à 1863, Eugène Rullier habita d'abord cette ville, ensuite Bel-Air, domaine situé dans la paroisse de Saint-Brice, enfin Bourg-Charente, acquis, en 1843, de M. Rondeau, par acte du 27 mai de ladite année. Cette dernière demeure, édifiée sur les restes d'un vieux château-fort, mérite que nous relations son histoire.

Au temps de la domination des Anglais, Bourg-Charente fut tour à tour pris et repris par eux, jusqu'à l'époque où Charles VII, d'abord avec Jeanne d'Arc, puis avec Dunois, La Trémoille, La Hire et Xaintrailles, les força à quitter définitivement le territoire. Bien antérieurement, Bourg avait été condamné à être rasé. On lit, en effet, dans le *Recueil en forme d'histoire* de Corlieu que « l'an mil trois cent octantesept, messire Loys de Sancerre, mareschal de France, passant par Engomois, trouva quelques chasteaux et forteresses sans garde où les ennemis se feussent peu fortiffier et qui n'estaient de conséquence, lesquels il commanda de desmolir, et fut le chasteau de Jarnac et la forteresse de Bourg-sur-Charente ruinez par les habitants de Coignac ».

Vers la fin de l'occupation, la seigneurie de Bourg-Charente appartenait à honorable homme et sage maître, Pierre Bragier, licencié ès-lois, aussi seigneur de Magézie et Brisambourg près Saintes, et de Montroy près La Rochelle, dont il fut nommé maire, le 4 août 1445[1]. Il la vendit au comte Jean de Vallois, duc d'Orléans, marié, en 1449, à Marguerite de Rohan, « une belle et sage dame » écrit Corlieu. Des mains de ce dernier, Bourg passa dans celles des Gouffier, qui le cédèrent, en 1607, aux Pons dans la personne de Pons de Pons, seigneur de Brosses et, par suite, baron de Bourg-Charente, marié à Élisabeth de Puyrigauld, fille de Jean, chevalier, seigneur de Bois-Charmant, et de Suzanne Gombaud de Champfleury. Son fils Renaud, comte de Bourg-Charente, étant mort sans postérité, transmit ce patrimoine à sa sœur, Marie-Élisabeth, dame de Bourg-Charente et de Bois-Charmant, unie, par contrat du 26 novembre 1659, à son cousin, François-Amanieu d'Albret, baron de Miossens, seigneur d'Ambleville, qui périt en duel, en 1672. Décédée en 1714, elle avait, par acte du 23 juin 1711, passé devant Mes Marchand et Guesdon, notaires au Châtelet de Paris, cédé Bourg à messire Henri Rambaud, écuyer, sieur de Maillou et seigneur de Maumont, conseiller secrétaire du roi, maison et couronne de France près le parlement de Bordeaux, receveur des « eschouemens » de La Rochelle, qui fut, en 1723 et 1724, maire d'Angoulême, et Pierre Salomon, écuyer, conseiller et secrétaire du roi, con-

1. Archives historiques de Saintonge et d'Aunis, vol. de 1886. *Histoire de La Rochelle*, par Amos Barbot.

trôleur des tailles de l'élection d'Angoulême, qui en prirent possession, le 22 janvier 1712[1].

Avant la révolution, la terre de Bourg appartenait à François-Michel Le Camus de Néville, intendant de la généralité d'Angoulême, par suite de son mariage avec Thérèse-Radégonde Rambaud, dame de Bourg[2]. De qui la tenait N. Lainé, qui en était possesseur au commencement du siècle? Nous ne saurions le dire, mais nous savons qu'il la vendit à M. Rondeau, dernier propriétaire avant Eugène Rullier.

La forteresse d'autrefois a, depuis, changé d'aspect; toutefois, le manoir actuel, avec ses larges douves, ses jardins superposés et sa grille d'entrée, que n'ont pu desceller, dit-on, les vandales de 93, situé tout au sommet du coteau en falaise, qui domine de plus de cinquante mètres la rive droite de la Charente, ayant en face le lieu duquel lui vient son nom et à ses pieds l'immense prairie bornée par Jarnac et ses environs, a tout à fait l'aspect de l'habitation seigneuriale.

Eugène Rullier et *Virginie de La Charlonnie* eurent quatre enfants : 1° Louis-Jean-François-Amédée; 2° Jean-François-Edmond ; 3° Jean-François-Joseph ; 4° François-Eugène.

L'aîné naquit le 21 mars 1820. C'est sans doute à l'instigation de son oncle, *Héliodore de La Charlonnie*, docteur-médecin, dont nous parlerons bientôt, qu'il embrassa la même carrière. Pourvu de son diplôme, il exerça à Bel-Air, où il vint reprendre sa place au foyer de la famille, et se maria peu après, le 21 avril 1846, avec Catherine-Méloë Châtry, née à Bréville, canton de Cognac, le 8 mars 1823, de Pierre-Louis et de Suzanne Brunet. Une fille, Marie-Suzanne, vint compléter cette heureuse union, le 28 mars 1847.

---

1. Archives de la Charente. Pierre Jeheu, notaire royal à Angoulême.
2. Revue de Saintonge et d'Aunis. *Bulletin du 1er septembre 1890.*

Le second, Jean-François-Edmond, né le 19 mars 1822, à Cognac, mourut à Bel-Air, le 19 décembre 1841, au milieu des cours préparatoires qu'il suivait à Paris pour son admission à l'école polytechnique. Doué d'une intelligence très-vive, il promettait un brillant avenir. Sa perte n'en fut que plus cruelle pour ses parents, ainsi que le prouve la lettre par laquelle l'infortuné père donna cette nouvelle à notre aïeule :

« Ma chère cousine,

» Ne vous avais-je pas dit que le bonheur ne serait pas longtemps dans notre maison ! Edmond, notre pauvre Edmond... vient de mourir !! L'excès de travail, le peu de soins d'abord, la volonté de Dieu, enfin !.....

» Il me serait impossible, chère cousine, de vous donner des détails. Vos larmes qui coulent, je n'en doute pas ; vos prières qui s'uniront aux nôtres... seront notre plus douce consolation, la seule que nous puissions avoir.

» Nous vous embrassons tous dans toute l'effusion de notre cœur.

» Votre bien affectionné,

» Le 23 décembre 1841. » RULLIER. »

Le troisième enfant, Jean-François-Joseph, vit le jour en 1826, le 28 janvier, à Cognac, et il y mourut le 24 septembre 1828.

Le plus jeune, prénommé François-Eugène, vint au monde pareillement à Cognac, comme ses aînés, et le 3 février 1832. La crainte d'un nouveau malheur, après la mort d'Edmond, décida ses parents à le garder près d'eux. La famille resta donc groupée et nous ne croyons pas qu'il y en eut jamais de plus unie. Le père et la mère étaient d'un caractère très-doux et non moins facile; les enfants héritèrent de ces qualités qu'ils mirent largement en pratique vis à vis des leurs et de tous. C'était une entente mutuelle et constante, que jamais la moindre contradiction sérieuse ou blessante ne venait troubler. Aussi, lorsque nos deux familles étaient réunies, soit en Angoumois, soit en Saintonge, nos parents ne se faisaient-ils pas faute de nous donner pour exemple les mœurs si affables de nos cousins.

Le 24 mai 1836, Eugène Rullier écrivait de Cognac à notre grand'mère :

« Ma chère cousine,

» Quand comptez-vous réaliser vos projets de voyage, et quand dois-je aller vous chercher ? Car je pense que nous pouvons enfin compter sur quelques beaux jours, et que, pour voyager, vous ne pouvez mieux prendre votre temps. Plus tard, les chaleurs viendront, et vous ne jouiriez, dans vos courses, ni de la campagne, ni de la ville. Disposez de moi comme vous l'entendrez ; l'époque m'est à peu près indifférente, si ce n'est que plus tôt vous vous déterminerez, plus tôt j'aurai le plaisir de vous voir. Mes affaires sont toujours les mêmes et, comme je suis seul au tribunal, je prends vacance quand je veux. Aussi vous pouvez compter sur moi, non seulement pour le voyage de Saintes à Cognac, mais encore pour vous accompagner à Villars et partout où il vous conviendra d'aller.

» Nous désirerions tous que Mme Dières veuille être de la partie. Si vous pouviez lui faire prendre à cet égard une bonne et forte résolution, je ne dis pas que vous en seriez plus aimable, mais vous nous feriez grand plaisir et je ne doute pas que ce qui nous serait si agréable, ne lui soit à elle très salutaire.

» J'attends votre réponse, et, après vous avoir prié de faire bien des amitiés de ma part à toute la famille, vous demanderai la permission de vous embrasser, en vous assurant de mon affection bien sincère.

» Votre tout dévoué,

» Rullier.

» *Virginie* et toute la maison, petits et grands, me recommandent de ne pas les oublier. Les petits vraiment ne vous connaissent pas encore, mais ils savent que vous les caresserez. »

Le 19 janvier 1855, il écrivait, de Cognac encore, à notre père :

« Mon cher cousin,

» Ma femme et moi comptions aller vous voir au premier jour ; c'est pourquoi votre lettre est restée sans réponse, mais Suzanne, qui devait nous accompagner, s'est trouvée malade ; puis ma femme a souffert de ses rhumatismes, et puis enfin il a fallu ajourner nos projets à une saison un peu meilleure. Je dis ajourner, parceque nous regretterions beaucoup de ne pas faire ce voyage, au plus tard, vers la fin de mars, ou dans les premiers jours d'avril, par exemple.

» Je n'ai pas besoin de vous dire, cher cousin, que votre lettre nous a affligés : nous sommes toujours douloureusement affectés en apprenant un décès dans la famille [1]. Cette pauvre Clémence a dû et doit encore se trouver dans une triste solitude ; vous lui direz, s'il vous plaît, toute la part que nous prenons à sa peine, en attendant que nous allions nous-mêmes lui en porter le témoignage.

» Et cette bonne et tendre mère de famille, notre chère cousine, ne se plaint-elle pas quelquefois de nous, de moi en particulier, qui avais si bien promis des visites plus fréquentes au Coudret et qui n'ai pas été de parole ? Qu'elle soit donc bien persuadée que je m'accuse souvent moi-même, que mes bonnes résolutions sont prises et que, pour être moins indigne de mon pardon, j'irai bien accompagné.

---

1. Il s'agit ici de la mort, le 17 décembre 1854, de *Marie-Anne-Agathe-Victoire de La Charlonnie*, mariée à François Dières-Monplaisir.

» Veuillez aussi m'excuser auprès de la cousine Zénobie et de son mari, qui voudront bien croire à ma bonne volonté, plus qu'à ma paresse, et surtout ne rien attribuer à mon indifférence.

» Souffrez enfin que je vous prie d'être mon interprète auprès de tous ceux qui vous entourent, en les embrassant tous pour moi.

» Votre affectionné et tout dévoué,

» RULLIER. »

Ces lignes tout affectueuses disent quels rapports ont toujours existé entre nos familles. Celles qui suivent, écrites l'année précédente par Amédée Rullier, aussi à notre père, sont encore une preuve de cette si cordiale intimité :

« Mon cher cousin,

» Je vous envoie les greffes de pommier à fleurs doubles que je comptais vous porter moi-même. Je ne pourrai partir qu'après l'accouchement de Mme Rançon ; elle m'a demandé avec instances de ne point m'absenter pour plusieurs jours, jusqu'à ce qu'elle soit délivrée. Je le lui ai promis, et voilà un mois que j'attends et l'enfant et mon départ. J'irai donc vous voir prochainement, car je tiens, moi aussi, à prendre mes vacances de Pâques.

» Nous nous portons tous bien et vous faisons à tous mille amitiés. Je n'écris que ces quelques lignes, car je rentre d'une course et le domestique va partir pour Cognac.

» Votre cousin tout dévoué,

» A. RULLIER.

» Embrassez pour moi Anatole et Gaston, ainsi que leur bonne mère.

» Bel-Air, le 2 avril 1853. »

Eugène Rullier employait les loisirs que lui permettait dame Justice à la culture des lettres et il a laissé pas mal de travaux, qui témoignent de son esprit enjoué et de sa grande facilité de plume, soit en vers, soit en prose: le *Paccurat*, la *Guerrre de Troie*, les *Veillées du presbytère*, le *Petit théâtre des demoiselles*. Il produisit également une *Grammaire française*; mais l'œuvre dans laquelle on retrouve à chaque ligne sa « gaieté naturelle », dont il parle dans la préface, c'est le *Nouveau Télémaque, parodie en dix-huit chants*, qui vit le jour en 1851. Les premiers vers donnent une idée juste du caractère de l'inspiration :

« Calypso n'avait plus Ulysse :
Ingrat et mauvais garnement,
Qu'elle avait nourri follement,
Pendant six mois, au pain d'épice ;
Et qui, rebondi, frais et gras,
Comme un rat pris en contrebande
Dans un fromage de Hollande,
Un beau matin, rompit ses lacs ;
C'est à dire, en langue pratique,
Que cet amant, de foi punique,
Trouva, malgré les soins coquets
Et si tendres de la déesse,
Que l'inconstance a ses attraits...
Et fit un *pouf* à sa maitresse. »

Coutumier des bons mots, il se sentait tout heureux, lorsqu'il voyait son entourage en rire, de rire lui-même.

Que de beaux jours en souvenir nous apparaissent à cette heure ! Les fêtes de la Saint-Eutrope à Saintes; les séjours à Bel-Air avec leurs pêches miraculeuses; au Coudret; à Bourg. Mais ces temps heureux devaient avoir leur fin; l'impitoyable mort suivit son rôle en frappant le chef de la famille, le 23 octobre 1863. Cinq mois avant, le 23 mai, était décédé Pierre Châtry, le beau-père d'Amédée, qui, le 22 janvier 1865, à moins de quarante-quatre ans, les suivit dans la tombe, et, le 11 mars 1870, c'était le tour de *Virginie de La Charlonnie.*

Ces deuils, aussi cruels que rapprochés, ne pouvaient que modifier très péniblement la vie de ceux qui restaient, et ce n'était pas tout ; le 13 novembre 1871, le décès de la veuve d'Amédée vint mettre le comble à la mesure. Heureusement que de jeunes existences commençaient à combler, dans la mesure du possible, les vides que semblait s'acharner à faire la mort. Marie-Suzanne, l'unique fille d'Amédée Rullier, avait épousé, le 4 novembre 1867, Dominique-Alexandre Raymond, de Jarnac, un ami de son oncle Eugène, et de cette union sont nés six enfants : 1o Marie-Marguerite, le 5 juin 1870 ; 2o Émile, le 20 juillet 1871 ; 3o Jacques-Alexandre, le 15 juin 1875 ; 4o Nelly-Anne, le 16 mai 1878, et décédée le 24 octobre de la même année ; 5o Émile-Alexandre-Georges, le 6 février 1881 ; 6o André-Michel-Marcel, le 3 août 1887.

Le 2 février 1889, la mort apparut de nouveau au château de Bourg, pour ravir le père, et, non satisfaite encore de ce deuil de plus, le 29 avril 1891, elle s'attaquait, sans pitié pour le cœur de la mère déjà si éprouvé, à sa fille aînée, qui allait avoir vingt et un ans.

Constamment resté près des siens, Eugène Rullier, à la suite des malheurs successifs survenus dans la famille, songea à prendre femme ; le 18 novembre 1867, il épousait, à La Ferté-Bernard, Georgette-Antoinette-Marie-Louise Lys, fille de Jean-Claude-Paulin Lys, percepteur des contributions directes, et de Marie-Antoinette-Lucette Sabattier. Eugène était maire de Bourg-Charente depuis 1865 ; en 1870, il donna sa démission. Peu après son mariage, il fit l'acquisition de Foussant, l'ancien fief de *Louis-François de La Charlonnie*, le capitaine *de Nanclas de Monjourdain* du régiment de Flandres.

De son mariage sont issus quatre enfants : 1o Marie-Eugénie-Antoinette, née le 5 décembre 1868 et enlevée à l'affection des siens, le 11 mai 1885 ; 2° Marie-François-Amédée, né le 27 novembre 1870, sous-officier au 9e régiment de chasseurs ; 3° Marie-François-Louis, né le 26 novembre 1872 ; 4° Marie-Jeanne, née le 20 juillet 1883.

Jean de La Charlonnie, le troisième enfant de Jean-François et de Marie-Catherine de Jarnac, naquit à Villars, le 29 janvier 1767, à minuit. En donnant ce détail, son acte de baptême nous apprend qu'il eut pour parrain, son oncle, *Jean*, sieur des Garennes, qui mourut peu de jours après, et, pour marraine, Marie-Anne de Jarnac, sa tante, la religieuse dont nous avons parlé plus haut. Le 15 février suivant, il mourait. Son inhumation eut lieu, le lendemain, « dans la chapelle de Notre-Dame de l'église de Mérignac, sépulture ordinaire de messieurs de La Charlonnie de Villars. »

Son frère et son aîné, Jean-François, vint au monde également à Villars, le 1er novembre 1764, et fut tenu, le 3, sur les fonts baptismaux, par notre bisaïeul, *Jean-François*, garde du corps, et par Jeanne Tallon. Le 17 juillet 1790, à vingt-six ans, il épousa, dans l'église de Saint-Martin de Gensac, Marie-Marguerite Frugier, fille de François, sieur de La Pallue, et de Marie Joubert, issue de Jacques Joubert, avocat, et de Marie du Chilloux. Quant à François Frugier, il descendait de magistrats en l'élection de Cognac, dont il était lui-même conseiller élu. Ses ascendants, qui habitèrent, durant de longues années, La Pallue, paraissent être sortis de Malaville, où l'on découvre les traces les plus reculées du nom à la date du 6 août 1640, jour de l'inhumation dans l'église, sous le vocable de saint Saturnin, de Cibard Frugier, décédé à l'âge de cinquante-six ans, ce qui porte à 1584 l'année de sa naissance. A trois ans de là, le 9 juillet 1643, un enfant de Cibard, dont le prénom manque dans l'acte, mais qui est dit dans sa douzième année, passait ainsi, avant son tour, de vie à trépas.

Après eux, viennent les enfants de Daniel-François Frugier, un autre fils sans doute de Cibard, qui naquit en 1634 et fut notaire royal de Malaville, où il mourut le 17 octobre 1693. Il avait épousé Catherine Ledoux, qui décéda le 24 juin 1703. Parmi ces enfants, au nombre de six et dont l'aîné des garçons, Antoine, né le 4 août 1666, puis l'aîné de celui-ci, pareillement prénommé et qui naquit le 3 août 1698, conservèrent dans la famille l'office de notaire royal, parmi ces enfants, disons-nous, et leurs hoirs, n'apparait pas François Frugier, décédé à La Pallue en 1701, et chef de la filiation des sieurs de La Pallue, les seuls qui nous intéressent et dont nous devons la découverte surtout à l'extrême obligeance de M. de Lacroix. Il n'est donc pas possible d'établir quel degré de parenté existait entre ces derniers et la descendance de Cibard Frugier.

François Frugier, sieur de La Pallue, issu de François, dont la mort, venons-nous de dire, advint en 1701, naquit vers 1667. Conseiller élu en l'élection de Cognac, il épousa, le 21 février 1689, à Gimeux, Jeanne Dupuy, qui, née le 21 mars 1674, de Jean Dupuy et de Jeanne Gadolet, ne comptait que quinze ans et un mois. Devenu veuf, le sieur de La Pallue, à l'âge de soixante-quatre ans environ, convola en secondes noces. On lit, en effet, dans le registre de Saint-Léger de Cognac : « Le 8 mai 1731, mariage de François Frugier et de demoiselle Marie Cothu, en présence de Me Léon Cothu, cousin, procureur des eaux et forêts de la ville de Cognac, et de Pierre Guillet, conseiller du roy, greffier en chef du siège royal de Cognac, et de révérend père Cothu, religieux Cordelier. »

Marie Cothu avait alors cinquante-neuf ans, étant née le 30 octobre 1672, de Louis et de Catherine Frère, dont l'acte de mariage est ainsi libellé dans le même registre : « Le dernier de juin 1670, ont esté espousés ensemble Louis Cothu et Catherine Frère, de cette paroisse. Présents : Jean Cothu ; maistre René-Ignace Frère, avocat et juge d'Archiac ; François Cothu, avocat en parlement ; François de Fontenaille, maître apothicaire, et autres. »

François Frugier, dont le décès précéda celui de sa femme, inhumée « veuve » dans l'église de Saint-Léger, le 21 juin 1747, a eu sans doute plusieurs enfants. Est-il nécessaire d'ajouter qu'ils n'étaient pas du second lit? De cette descendance, nous n'avons retrouvé sûrement que : 1° Jeanne, née le 22 septembre 1690 et qui fut baptisée à Ginteux, le surlendemain, avec François Frugier, grand-père, et Jeanne Gadolet, grand'mère, pour parrain et marraine ; 2° Édouard, qui vint au monde en 1695 et mourut le 4 mai 1701 ; 3° François, sieur de La Pallue et du Charmant en Gensac, qui naquit en 1700 et, comme son aîné, à La Pallue, fut nommé conseiller élu de Cognac, en 1749, et décéda le 21 novembre 1780. De Marguerite de La Borde, sa femme, morte, comme lui, à La Pallue, le 9 novembre 1768, dans sa cinquante-sixième année, inhumée, le lendemain, dans l'église de Saint-Martin de Gensac, et qu'il avait épousée à Cognac, le 17 février 1730, sont issus douze enfants, savoir : 1° Marie, née le 6 septembre 1731 et baptisée le jour suivant avec ses grands oncle et tante, François Frugier et Marie Cothu, pour parrain et marraine. Elle décéda le 28 décembre 1741 ; 2° François, né le 28 juin 1734, qui épousa Marguerite-Rose Joubert, dont la sœur, nous l'avons dit, devint la femme de son frère puiné. Conseiller du roi, juge-magistrat en la sénéchaussée et siège présidial d'Angoumois, il habitait Angoulême, où naquit, le 10 avril 1768, son fils François, marié le 12 septembre 1793, à La Pallue, à Marie-Marguerite Frugier, sa cousine, une sœur de la femme de Jean-François de La Charlonnie ; 3° Catherine, tenue, le 16 octobre 1735, sur les fonts baptismaux par Jean de Jarnac et Catherine Frugier. Elle mourut âgée de deux ans, le 1er octobre 1837 ; 4° François, sieur de La Pallue, qui suit ; 5° Louis, baptisé le 26 février 1740 ; 6° Louis, baptisé le 18 août 1743 ; 7° Marguerite-Julie, baptisée le 12 mai 1745, décédée le 25 novembre 1762 ; 8° Pierre, sieur du Parvaud, né le 28 septembre 1748 et baptisé, le lendemain, avec Pierre Vallier et Marie de Jarnac, pour parrain et marraine. Son décès à Gimeux date du 22 janvier 1781. Le 11 août 1773, il s'était uni, à Cognac, à Marguerite Petit de Chandorat, sa cousine par sa mère, Jeanne Frugier, mariée à Pierre-Joseph Petit de Chandorat; 9° Victoire, née le 14 novembre 1749 et baptisée le 16: parrain, Jean de Jarnac; marraine, Marguerite Frugier; 10° Marie, née le 1er septembre 1751; 11° Marie, baptisée le 15 octobre 1752; 12° Marie-Anne, baptisée le 17 janvier 1754; son frère, Pierre, et Marie de Jarnac de Bel-Air furent ses parrain et marraine. Le 17 novembre 1778, elle épousa Jean-Louis Normand, sieur de La Garenne en Richemont, fils de feu Barthélemi Normand et d'Anne-Thérèse Frugier, dont un fils, François, né, le 6 juillet 1781, à La Garenne et qui s'unit, le 4 juillet 1801, à sa cousine, Anne Frugier, autre belle-sœur de Jean-François de La Charlonnie.

François Frugier, sieur de La Pallue, vit le jour le 12 mai 1738 et, comme ses frères et sœurs, à La Pallue. Ainsi que son père et son grand-oncle, il fut conseiller en l'élection de Cognac. C'est de son mariage avec Marie Joubert, suivant ce qui a été dit, qu'est née Marie-Marguerite, la femme de Jean-François de La Charlonnie.

François Frugier habitait Les Michauds en La Pallue, où il mourut, à peine au sortir de sa soixante-troisième année, le 20 prairial an IX (9 juin 1801). Sa femme ne devait le rejoindre que le 21 mars 1833; elle avait quatre-vingt-six ans.

Marie-Marguerite Frugier avait deux sœurs et un frère: 1° Marie-Marguerite, née à Angoulême le 12 mai 1771, mariée, le 12 septembre 1793, comme on l'a vu, à son cousin-germain, François Frugier, maire de La Pallue de 1813 à 1830, et décédée le 23 septembre 1839. De leurs trois enfants, un garçon et deux filles, la seconde, Marie-Marguerite-Céleste, épousa, le 2 décembre 1824, nous y reviendrons plus loin, François Piet; 2° François-Victor, né à

La Pallue, le 13 juillet 1778 ; baptisé le lendemain, il était le filleul de son oncle, François, le conseiller du roy, et de sa tante, Marie-Anne. Il mourut tout enfant ; 3o Anne, qui vit le jour également à La Pallue, le 18 avril 1781, et s'unit, le 4 juillet 1801, à son cousin, François Normand, fils de Jean-Louis, sieur de La Garenne, et de Marie-Anne Frugier.

Marie-Marguerite donna à JEAN-FRANÇOIS DE LA CHARLONNIE six enfants, dont trois garçons. Elle devint veuve le 24 janvier 1836. Depuis longtemps, JEAN-FRANÇOIS était atteint de la goutte. Dans une lettre du 28 février 1820, il parlait à notre aïeul de son mal en ces termes : « Je désirerais aller vous voir, mais il faut renoncer aux voyages ; depuis sept mois, je suis retenu par une attaque de goutte, qui m'a rendu perclus, pendant cinq mois, de tous les membres, au point qu'il fallait me mettre au lit et me lever, sans la moindre aide de ma part. Depuis deux mois, les douleurs sont moins vives, et, avec des béquilles, je puis sortir seul de ma chambre... »

Le 24 avril suivant, il revient sur « sa maudite goutte, qui lui a tellement laissé de faiblesse dans les jambes, qu'il peut à peine se soutenir et encore avec l'aide d'un bâton ... « Je reconnais avec regret, ajoutait-il, qu'il faut que je renonce à voir ma famille, si elle n'a pas la charité de venir me visiter dans ma solitude. Vous aviez bien promis que l'année ne passerait pas sans que nous vissions quelques-unes de vos dames. Ma femme se joint à moi pour obtenir cette satisfaction... »

En 1824 et 1825, les nouvelles sont aussi mauvaises. Le 24 février de cette dernière année, il écrit, toujours à notre grand-père, qu'en raison du mauvais état de sa santé, qui ne lui permet plus de s'occuper de ses affaires, ni de sortir de sa maison, il compte, ainsi que sa femme, dès que leur plus jeune fils, *Héliodore*, aura terminé ses études de médecine, faire un abandon général de leur avoir à leurs enfants.

Ce projet fut mis à exécution par un acte du mois d'octobre de la même année.

Le 24 février 1829, c'est son fils, Jean-François-Joseph-Annet, qui donne de ses nouvelles : « Mon père est en ce moment atteint de sa maudite goutte. »

Le 21 août 1832, Jean-François, en faisant part du mariage de sa fille, *Adèle,* témoigne encore tous ses regrets de ne pouvoir visiter sa famille de Saintonge. « Je ne puis plus marcher, écrit-il, et l'on est obligé de me porter du lit à la table... » — « Sachons nous résigner aux volontés du Seigneur. »

En 1835, le mal a beaucoup empiré, c'est lui-même qui l'annonce à notre aïeule dans une lettre du 1er août :

« Ma chère cousine,

» Vous êtes sans doute surprise de mon long silence et vous m'avez taxé de négligence ou d'oubli. N'attribuez ce retard qu'à ma triste position, depuis près d'un an. Je suis pris par tous les membres ; j'ai eu les mains et les doigts sans mouvement et je profite d'un peu de répit pour vous écrire. Je suis, en ce moment, chez mon fils, *Héliodore,* qui m'a fait transporter chez lui [1], afin de me traiter plus facilement d'une plaie qui m'est survenue au pied droit et qui m'interdit l'usage des jambes, même avec des béquilles ; la plaie commence à aller mieux.

» Mais plutôt que de vous entretenir ainsi de mes misères, je dois répondre au sujet de votre lettre concernant votre fille Adolphine, ma filleule, qui semble vouloir se consacrer entièrement à la religion. La chose est trop délicate pour me permettre aucune réflexion sur son dessein très-louable, pourvu qu'elle soit bien appelée, ce dont je ne doute nullement, en raison des conseils et des observations d'une aussi

---

1. Au Peux en Mérignac.

bonne mère. Je me contenterai donc de souhaiter à ma chère filleule une complète vocation. Puisque je perds l'espoir de ne la voir jamais, je me recommande à ses prières, afin d'obtenir de Dieu quelque soulagement aux douleurs dont je suis tourmenté, depuis de si longues années, et qui me privent d'aller voir ma famille. C'est pourquoi, ma chère cousine, je compte sur votre amitié pour ne pas priver plus longtemps un malheureux de jouir de la présence de ses parents, auxquels il a été toujours très attaché... »

Cet affectueux appel ne pouvait qu'être entendu de l'excellent cœur de notre aïeule. Elle alla donc, accompagnée de sa sœur, notre grand'tante Dières-Monplaisir, et de la plus jeune de ses filles, notre tante Zénobie, passer quelques jours à Villars. Il est fait allusion à cette visite dans la lettre qu'on va lire, à la date du 7 janvier de l'année suivante, et dans laquelle le docteur *Héliodore* faisait pressentir le fatal dénouement :

« Ma chère tante,

» Vous avez appris la mort de Mme Rullier[1] et vous craignez que cette mort d'une sœur qu'il aimait tant n'ait porté un coup terrible à mon pauvre père. L'effet eut été certain, mais on la lui a cachée et il l'ignore encore, à cause du triste état dans lequel il se trouve et dont l'aggravation présage le malheur qui nous menace à bref délai. Quelques jours après votre départ, il s'est manifesté au pied droit une gangrène sénile provenant du défaut de circulation du sang... La seule consolation qui nous reste, c'est qu'il ne souffre pas beaucoup. Il voit arriver la mort avec cette tranquillité d'âme qui est peu ordinaire. Il a voulu, pendant qu'il possède toutes ses facultés intellectuelles, recevoir les derniers sacrements, avec toutes les consolations de la religion. C'est hier,

1. *Marie-Marguerite de La Charlonnie,* décédée le 28 octobre 1835.

jour des rois, qu'a eu lieu la cérémonie. Il a désiré que ses enfants fussent présents pour leur donner sa bénédiction; aussi nous sommes-nous trouvés réunis tous les cinq... »

Nous avons dit que moins d'un mois après, la mort vint le frapper. Le 31 mai 1839, ce fut le tour de sa veuve; elle était âgée de soixante-huit ans. Elle mourut au Peux, chez son fils *Héliodore*.

Jean-François de La Charlonnie avait été nommé maire de Mérignac à la Restauration et ces fonctions lui avaient été maintenues jusqu'à l'avènement du gouvernement de juillet.

L'aîné de ses enfants, *Jean-François*, qui était né à La Pallue en 1791, y mourut le 3 août 1792 et fut inhumé à Gensac, le jour suivant. Après lui, vint au monde, le 17 juin 1793, *Marie-Eulalie;*

La seconde fille, *Marie-Marguerite-Virginie*, née le 10 prairial an IV (29 mai 1796), ne fut baptisée, avec Louis Rullier, son oncle, pour parrain et dame Marie Frugier, sa tante, pour marraine, que le 1er jour de brumaire de l'an XIII (23 octobre 1804), à Mérignac, et épousa son cousin, Louis-Jean-François-Eugène Rullier. Nous avons parlé plus haut de l'un et de l'autre, ainsi que de leur descendance.

Le quatrième enfant de Jean-François de La Charlonnie fut Jean-François-Joseph-Annet; le cinquième, *Marie-Anne-Adèle-Agathe-Eustelle;* et le dernier, *François-Héliodore.*

Marie-Eulalie épousa, le 31 juillet 1815, Louis Rambaud de Larocque, ancien directeur des subsistances de la marine, demeurant à Bassac et descendant de la branche cadette des Rambaud de Mareuil, originaires de Châteauneuf et dont la généalogie a pu être reconstituée jusqu'à François, sieur de Mareuil, qui vivait dans la seconde moitié du xvIIe siècle.

Avant cette époque, en 1634, existait à Châteauneuf, où il se livrait au négoce, Henri Rambaud, marié à Marguerite Fé, fille de Pierre, sieur d'Hauteroche, et de Marie Ranson, et vraisemblablement père de François. Henri devait être fils de Jean, sieur de La Rambaudrie, aussi négociant de Châteauneuf, et qui constitua, le 27 avril 1601, ainsi qu'il a été dit, une rente de 28 écus au profit de Me MARTIAL DE LA CHARLONNIE. Cette présomption semble assez fondée, Jean, dans une transaction du 9 avril 1594 [1], étant dit, avec ses deux sœurs : Hilaire, veuve d'Étienne Trigeau, sieur de Brinard, et Claude, mariée à Antoine Martin, sieur de Mongoumard, seul héritier mâle de Jean Rambaud et de Marguerite Nergouneau. Ce dernier Jean, qui était tuteur et curateur de Joseph Devillemandy, en 1567, devait avoir pour frère et sœur messire Denis Rambaud, curé de Châteauneuf, en 1568, et Marie Rambaud, femme de sire Hector Robin, qui, dans le même temps, exerçait, lui aussi, le négoce à Angoulême.

Après ces données, qui laissent supposer avec quelque raison trois échelons de plus à l'ascendance, revenons au chef incontesté de la famille, François, sieur de Mareuil, plus haut cité, et auquel nous connaissons deux fils : — 1° François-Emmanuel, sieur du Gré ; 2° Pierre, sieur de Mareuil et de La Rocque, le continuateur de la descendance, qui naquit en 1663, et épousa, le 30 juin 1682, Jeanne Fleury, de Châteauneuf. Lors de son décès en 1727, il était veuf et son inhumation eut lieu, le 3 novembre, dans l'église de Saint-Simon.

Conseiller du roy et lieutenant particulier au siège de Cognac, Pierre avait acquis, en 1695, la terre noble de La Rocque du fief de Hautemoure, dans la mouvance de la châtellenie de Bouteville et possédée autrefois par les Montalembert. Acquis par François Le Musnier, écuyer, seigneur de Lartige, conseiller du roy, premier président en l'élection d'Angoumois, maire d'Angoulême pendant

---

1. Archives de la Charente. Jean Mousnier, notaire royal à Angoulême.

les années 1592, 1593 et 1600, qualifié dans son testament du 3 décembre 1603 (il mourut en 1605) sieur de La Roque-Saint-Simon, ce fief passa à son second fils, Clément, conseiller de grand'chambre au parlement de Paris, qui le vendit à François Aigron, écuyer, seigneur de Combizan, aïeul d'Anne-Jacquette Bernard, la femme de *Jean de La Charlonie*, écuyer, sieur de Reillac. En 1689, La Rocque appartenait à Pierre Aigron, fils du précédent et que la dissipation des biens amassés par ses ascendants amena à s'en défaire. C'est alors que Pierre Rambaud l'acheta et la transmit à ses descendants de la branche aînée, dans laquelle elle resta, jusqu'à la disparition de celle-ci, en 1860, avec Marie-Mauricette de Mareuil, dont nous parlerons bientôt. Cette terre n'a pas quitté, toutefois, la famille, attendu que l'acquisition en a été faite par M. Gustave Despéroux, époux de la petite-fille de Mauricette, et qui l'a transmise à sa fille aînée, mariée au commandant Philippe Castaigne, qui l'habite actuellement [1].

En 1695, Pierre Rambaud habitait le château de Vibrac et vendit à Louis Le Musnier de Lartige tous ses droits seigneuriaux sur « les mas de Mareuil » situés dans les paroisses de Douzac et de Moulidars [2], et dont, suivant l'usage d'alors, il avait pris le nom. Ce fief de Mareuil tirait son appellation des sires de Mareuil, seigneurs de Villebois, possesseurs de Vibrac [3].

Le 22 octobre 1721, Pierre renouvela avec son fils Jean, sieur de La Rocque, un bail à ferme pour les terres et châtellenies de Vibrac et Angeac appartenant à haute et puissante dame Françoise de Pompadour, née Gabrielle de Navailles [4], et veuve de messire Philippe Égon de Courcillon, marquis de Dangeau, brigadier des armées du roy, gouverneur de Touraine. C'est avec Pierre Rambaud que

---

1-2-3. *Le château d'Ardenne*, par M. l'abbé Tricoire.

4. Archives de la Charente. Pierre Jeheu, notaire royal à Angoulême.

ladite Françoise de Pompadour, représentée par Marguerite Geoffroy, femme de N. Dexmier de La Groix, receveur des tailles à Cognac, fut marraine, le 29 octobre 1723, de la cloche d'Angeac [1].

Sa femme lui donna onze enfants :

L'aîné, François, comme chacun de ses frères et sœurs, vit le jour à Châteauneuf et fut tenu sur les fonts du baptême, le 1er avril 1683, par son aïeul, François, sieur de Mareuil, et par Marie Fleury, sans doute sa grand-mère; le second, Pierre, sieur de Mareuil, naquit le 12 mars 1684, et succéda à son père dans sa magistrature de conseiller du roy et lieutenant particulier. Le 28 septembre 1711, il épousa, à Bassac, Marguerite-Thérèse Guillet, issue, le 22 février 1687, à Cognac, de Louis, sieur de Planteroche, né en 1653, conseiller du roy et son lieutenant en l'élection, et de Catherine Frugier, fille de François-Daniel Frugier, notaire royal à Malaville, dont nous avons déjà parlé, et de Catherine Ledoux.

Louis Guillet était frère de : 1° Philippe, sieur de Saint-Martin, avocat du roy et maire de Cognac de 1687 à 1690, anobli en 1701 ; 2° Jean, né le 15 février 1657, qui a formé la branche de La Grâve; 3° Marie, qui épousa, en 1676, Me Louis Dexmier, fils de Raymond, sieur de Bel-Air. Leurs père et mère étaient Jean Guillet, né en 1623 et décédé en 1673, greffier en chef de l'élection de Cognac et échevin de l'hôtel-de-ville, et Marguerite Le Clerc, et leur aïeul, Jean Guillet, époux de Jeanne Sépeau [2].

Le 16 juillet 1733, Pierre Rambaud et Pierre Durand, curé de Saint-Simon, procédèrent au partage arbitral de la succession de René Méhée, chevalier, seigneur d'Anqueville [3].

---

1. *Le château d'Ardenne*, par M. l'abbé Tricoire.

2. Renseignements dus en partie à l'obligeance de M. de Jarnac de Gardépée.

3. *Le château d'Ardenne*, par M. l'abbé Tricoire.

Pierre mourut en 1763 et fut inhumé, le 20 août, dans l'église de Saint-Simon, comme son père. Parmi les nombreux assistants, se trouvait Prévost du Las, curé de Vibrac[1]. Sa veuve, qui alla le rejoindre dix ans après, le 3 juin 1773, fut enterrée près de lui. Elle était âgée de quatre-vingt-six ans.

Parmi leurs hoirs, nous remarquons : 1° Jean-Louis, sieur de Mareuil, qui remplaça son père au siège royal de Cognac, dont il devint maire; 2° Jean, baptisé à Cognac, le 11 avril 1716, et qui embrassa l'état ecclésiastique : il est reparlé de lui plus loin; 3° Catherine-Ursule Rambaud de Mareuil, née en 1724 et assistante, en 1760, de la communauté de l'hospice général de Saint-Louis de Saintes, dont elle était, en 1780, la supérieure et procureuse[2].

De sa femme, Marie-Mauricette Bouillon, d'Angoulême, Jean-Louis eut huit enfants, dont : Pierre, sieur de Mareuil, né en 1743, lieutenant particulier, puis juge au tribunal de première instance de Cognac, et qui fut avec son frère, semblablement prénommé Pierre, sieur de L'Épineuil, emprisonné à Paris, pendant la Terreur, de même qu'un autre de leurs consanguins, Jean, sieur de L'Isle, né en 1756, fut détenu à Cognac[3];

Marie-Mauricette, petite-fille de Jean-Louis de Mareuil et qui vint au monde en 1777 et mourut en 1860, après son mariage, en 1802, avec Pierre-Philippe Marett, de Jersey, fut la dernière du nom.

Le troisième enfant de Pierre Rambaud, sieur de Mareuil et de La Rocque, et de Jeanne Fleury, fut une fille, qui vit le jour le 25 avril 1685 et s'appela Marguerite. Le 17 août 1716, elle épousa Jean-Louis Poirier, sieur de Lon-

---

1. Registre paroissial de Saint-Simon.
2. Archives historiques de Saintonge et d'Aunis, vol. de 1876.
3. *Le château d'Ardenne*, par M. l'abbé Tricoire.

geville, dont nous verrons la sœur, Jeanne, se marier, en 1719, avec Jean Piet, sieur de La Descenderie.

Après elle, naquit, le 23 août 1686, François-Emmanuel, qui reçut les prénoms de son parrain et oncle, le sieur du Gré. Sa marraine était Marguerite Desbordes. Il entra dans les ordres et était, en 1752, supérieur des Cordeliers de Cognac. D'après un acte du 28 mars de ladite année [1], les religieux Cordeliers de cette ville ayant à leur tête François-Emmanuel Rambaud, gardien du couvent, demandent à l'héritier et neveu d'un de leur bienfaiteurs d'amortir une rente de 60 livres, qu'il devait leur servir chaque année, au principal de 1.200 livres une fois données; ce, afin d'obtenir que leur bouchère, qui refusait de leur fournir de la viande, fût désintéressée d'une partie de la somme « énorme » qu'ils lui devaient. Ce qui fut fait séance tenante et moyennant quoi la bouchère consentit à approvisionner encore le couvent des Révérends, mais « pauvres » Pères.

Vinrent ensuite : 1° Marie, du 31 août 1687; 2° François, du 17 février 1689, qui se fit moine génovéfain [2] et devint prieur; 3° Marguerite, du 15 avril 1690; 4° Jeanne, du 21 octobre 1692; 5° et 6° deux jumeaux, Pierre et Jean, du 3 mai 1694. Avant de parler de ce dernier, qui fonda la branche de Larocque, citons enfin le onzième enfant, Louise, unie, le 18 mars 1721, à Joseph Dexmier, sieur de La Couture, fils de Louis, sieur de La Croix, conseiller du roi et son lieutenant criminel à Cognac, et de défunte Marie Guillet.

Jean Rambaud, sieur de La Rocque, vit le jour en 1694, le 3 mai, et à Châteauneuf, ainsi qu'il vient d'être dit. A l'âge de vingt-six ans, il épousa dans l'église de Saint-Léger de Cognac, le 18 février 1721, la belle-sœur de son frère aîné,

1. Papiers de famille.

2. Chanoine régulier de Sainte-Geneviève. Les génovéfains furent institués par Clovis, pour desservir l'église qu'il fonda à Paris, vers 500.

Pierre, Anne Guillet, qui était née en 1698 et lui apportait en dot le logis de Bassac, où ils ne s'installèrent que deux ans après. On les y retrouve en 1732, ainsi qu'il résulte des termes d'une quittance de 100 livres que donna, en ladite année, le sieur Boulanger, maître chirurgien[1]. En 1763, Jean n'existait plus; en effet, le 28 octobre de ce même an, sa veuve et ses filles, Marie-Anne et Anne, vendent à François Bonneau, « marayeur », une pièce de vigne sise au fief du Chantreau, dans la paroisse de Moulidars[2].

Anne Guillet mourut à Bassac, le 13 novembre 1782; elle avait donné le jour à douze enfants :

1° Pierre, né à Saint-Simon, au commencement de 1722, et tenu sur les fonts baptismaux vraisemblablement par son aïeul, qui lui transmit son prénom. Les lacunes que présente le registre paroissial n'ont pas permis de retrouver cet acte. Il embrassa l'état ecclésiastique, et le titre clérical d'une pension annuelle de 100 livres constitué en sa faveur par ses père et mère, le 24 novembre 1745[3], semble indiquer qu'il reçut le sous-diaconat à l'ordination de Noël suivant. L'année d'après, il signe comme diacre sur le registre de Bassac et assiste en cette même qualité, le 14 septembre de 1746 encore, à Saint-Georges d'Oleron, à la bénédiction de la chapelle du Calvaire, sous le nom d'exaltation de la Sainte-Croix[4]. Les traces de son ordination de prêtre n'ont pu être découvertes; ce n'est qu'en 1757 que nous le retrouvons dans la paroisse de Barret, où il succède à son cousin-germain, Jean Rambaud de Mareuil, qui, lui, fut appelé à Malaville où il paraît, en 1760, avec le titre de prieur-curé de Saint-Amand-de-Graves[5]. Quant à Pierre de La Rocque, il devait mourir pré-

---

1. Archives de la Charente. Tabuteau, notaire royal à Angeac-Charente.
2. Archives de la Charente. Rouhaud, notaire royal à Angeac-Charente.
3. Archives de la Charente. Castaigne, notaire royal à Bassac.
4. Revue de Saintonge et d'Aunis. *Bulletin du 1er janvier 1887.*
5. Archives de la Charente. Guiguard, notaire royal à Bassac.

maturément. On lit, en effet, dans le registre de Barret qu'à « la date du 20 février 1762, a été inhumé dans l'église le corps de messire Pierre Rambaud, curé de Barret. Signé : Hétenaud, curé de La Chaise. » Il était dans sa quarantième année; 2° Marie-Anne, née et baptisée le 1er octobre 1723, avec Pierre Rambaud, sieur de Mareuil, son oncle, pour parrain, et Marie-Anne Guillet, pour marraine. Elle resta demoiselle et mourut le 10 juin 1806; 3° Jean, qui suit; 4° Anthoine-Augustin, né le 21 septembre 1725; 5° Louis, né le 23 septembre 1726, qui suivit son frère Pierre dans les ordres et se fit Bénédictin. En 1753, il signe comme tel des papiers de famille. Il était à ce moment à l'abbaye de Brantôme, fondée par Charlemagne. Nous le retrouvons, en 1782, prieur de celle de Saint-Maixent. Nos recherches dans les archives de la Dordogne et des Deux-Sèvres ne nous ont rien appris à son endroit Son décès à Bassac, où le ramena la tourmente révolutionnaire, fut déclaré, le 6 brumaire an V (27 octobre 1796), par sa sœur cadette Julie; 6° Catherine-Marguerite, née le 11 octobre 1728 et qui, le 21 juillet 1755, devint l'épouse de Pierre Marchais de La Berge, de Champmillon; 7° Pierre, né le 31 octobre 1729 et présenté au baptême par l'aîné de la famille et sa sœur, Marie-Anne « qui n'ont sçu signer »; 8° Anne, venue au monde le 20 janvier 1731 et décédée célibataire à soixante-quatorze ans, le 11 juillet 1805, à Bassac; 9° Julie, née le 23 janvier 1732 et qui ne se maria pas non plus. Sa mort à Bassac date du 13 novembre 1814; 10° Jean, du 4 avril 1733 et dont rien de plus n'a été retrouvé comme pour ses frères, Anthoine-Augustin et Pierre; 11° Catherine-Julie, née le 4 avril 1735 et morte à Bassac, sans s'être mariée, le 14 mars 1814; 12° Pierre, sieur du Gré, qui vit le jour le 21 juillet 1738. Il épousa, le 19 juin 1775, Marguerite Baudet de Marvaud, de la paroisse de Mérignac, et à laquelle nous connaissons une fille, Marguerite, née le 19 avril 1776 et morte le 3 nivôse an XI (25 décembre 1803). Lors de son décès, survenu à l'âge de quatre-vingt-trois ans, le 24 mars 1821, Pierre était maire de Bassac.

Jean Rambaud, sieur de La Rocque, comme tous ses frères et sœurs, l'aîné de tous excepté, naquit à Bassac, où il reçut le baptême, le 8 octobre 1724. Marié à Cognac en l'église de Saint-Jacques du faubourg, le 22 août 1753, avec Marie-Anne de La Croix, née, en 1730, de Jean et d'Anne Bonniot, sœur d'Abraham Bonniot, chevalier, seigneur de Fleurac, Salignac et autres lieux, et petite-fille de Jean de La Croix, marié, en 1699, à Marie Guimbelot, Jean Rambaud en eut les neuf enfants qui suivent et mourut à Saint-Mesme, le 5 brumaire an III (26 octobre 1794). Le décès de sa femme advint dans cette même paroisse, le 23 nivôse an V (12 janvier 1797).

1° Jean, né et baptisé, le 23 août 1754, avec son aïeul, Jean de La Croix, pour parrain, et Anne Guillet, sa grand-mère, pour marraine; 2° Jean, né et baptisé le 21 août 1755 et décédé six mois et huit jours après; 3° Pierre, tenu sur les fonts baptismaux, le 29 octobre 1756, par son oncle, Pierre, et par sa tante, Marie-Anne. Entré, à l'âge de quinze ans, au service des vivres de la marine à Rochefort, le 1er février 1771; il passa dans les bureaux de Paris, le 1er août 1773, et fut nommé, le 1er septembre 1785, garde-magasin à Cognac, fonctions qu'il conserva jusqu'au 21 novembre 1801 [1]. Par arrêté du 12 juillet de l'année suivante, il fut admis à la retraite, et décéda à Saint-Mesme, le 11 octobre 1807. Il avait épousé, le 17 avril 1780, Marie-Françoise Magny, fille de Louis-Eugène, peintre de l'académie de Saint-Luc, et de N. Loliot, et qui n'eut pas d'enfants; 4° Marie-Catherine, née en 1757 et baptisée le 19 novembre, ayant pour parrain et marraine ses oncle et tante, Pierre Marchais de La Berge et Catherine Rambaud. Par contrat du 20 jan-

1. Garde-magasin de la marine, officier comptable qui reçoit et délivre les munitions de la marine.

vier 1782, elle épousa Jean Janet de Lafond, avocat au parlement. A ce mariage assistait le prieur de l'abbaye des Bénédictins de Bassac, dom Jean Menut, frère utérin du marié[1]. Elle mourut à La Rochebeaucourt; 5º Louis Rambaud de La Rocque, qui suit; 6º Marie-Henriette, née le 15 septembre 1760, à Saint-Mesme, ainsi que ses sœurs puînées. Elle y fut baptisée le lendemain, présentée par son frère, Pierre, et Marie-Magdeleine Castaigne « trop jeunes pour savoir signer ». En 1781, le 20 février, elle épousa Étienne-François Toutant, receveur des domaines du roi au siège présidial de La Rochelle, fils de François, conseiller du roi et receveur des consignations, et de feue Louise-Catherine de Couvielle; 7º Anne-Marie, qui naquit le 25 avril 1762 et ne paraît pas s'être mariée; 8º Sophie-Françoise, née le 3 septembre 1763 et baptisée le jour suivant. Elle se maria, le 13 novembre 1787, avec André-Pierre Prévéraud, conseiller du roi, garde des eaux et forêts de la maîtrise particulière de Cognac, frère de Pierre Prévéraud, diacre, licencié en théologie, qui assistait à la bénédiction nuptiale; 9º Marie-Julie, née le 9 novembre 1764 et baptisée le 11. Le 12 brumaire an XI (3 novembre 1800), elle épousa Pierre-Paul-Léonard Foulque, fils de feu Pierre-Paul et de Marie Dufresne.

Louis Rambaud de La Rocque, comme ses frères et sœurs aînés, vint au monde à Bassac, le 7 février 1759. A l'exemple de son frère Pierre, il entra, le 1er janvier 1775, dans l'administration des vivres de la marine, à Rochefort. Le 1er janvier 1777, il fut envoyé à Paris et employé, dit l'état de ses services, aux différents détails des bureaux des vivres, jusqu'au 8 novembre 1792. A cette date, il fut attaché au ministère avec 1,800 francs de solde, qui furent portés à 2,600 francs, le 1er janvier 1793. Promu commis principal à 4,000 francs, à compter du 7 octobre de la même année, il

1. *Le château d'Ardenne*, par M. l'abbé Tricoire.

reprit le service des vivres, le 20 avril 1794, et fut nommé directeur à 5,400 fr., le 10 janvier 1795, à Toulon, puis à Anvers. Le 21 décembre 1801, il quitta ces fonctions et fut admis à la retraite par arrêté du 29 avril 1803.

Il était dans sa cinquante-septième année lorsqu'il épousa, le 31 juillet 1815, comme il a été dit, *Marie-Eulalie de La Charlonnie*, qui en comptait vingt-deux à peine. Quatre ans et quelques mois après, le 19 février 1819, elle était mère d'un fils, qui reçut les prénoms de Pierre-Louis, bien qu'en famille il soit connu sous celui d'Auguste. Deux jours après, l'heureux père faisait part en ces termes à notre aïeul de cette naissance tant souhaitée :

« Je vous donne l'agréable nouvelle pour nous et, j'en suis bien persuadé, pour vous aussi, de l'heureux accouchement de ma femme, qui a mis au monde, le 19, un petit garçon, qui se porte, ainsi que sa mère, passablement bien... »

Femme de tête et d'un rare esprit d'ordre, *Marie-Eulalie* sut, elle aussi, après la mort de son mari, survenue le 24 juillet 1826 (elle n'avait alors que trente-trois ans), diriger vaillamment et faire prospérer les intérêts désormais confiés à elle seule. Non moins bien douée sous le rapport du cœur, elle ne cessa de donner aux siens, ainsi qu'à tous ceux qui la connurent, les preuves constantes d'une affection, d'un dévouement et d'une bienveillance rares. Aussi, bien vive et générale fut la douleur que causa son décès, le 12 octobre 1872.

Nous avons retrouvé plusieurs de ses lettres à notre aïeule, et dont chaque page rend témoignage de son excellent cœur. Voici l'une d'elles :

« Bassac, le 12 janvier 1838.

» Ma chère tante,

» N'ayant pu, comme nous l'avions promis, mon fils et moi, nous donner le plaisir d'aller vous voir avant son départ pour Paris, qui a eu lieu le 9 de ce mois, je viens vous en exprimer tous mes regrets, ainsi que les siens. Nous avons ajourné ce voyage à son retour de la capitale; la saison sera plus propice, à cette époque, et j'espère que nous pourrons réaliser notre projet.

» Je vous avouerai franchement que je n'ai pas pu me décider à m'éloigner de ma pauvre mère, en la voyant aussi souffrante qu'elle est. Son état ne s'est pas beaucoup amélioré depuis que vous l'avez vue; elle remue cependant un peu la jambe et les doigts, mais voilà tout. Il n'y a que la belle saison qui puisse nous faire espérer un mieux dans son état. Dieu veuille qu'il en soit ainsi.

» Dans ce doux espoir, veuillez croire au plaisir que j'aurai d'aller vous embrasser, ainsi que tous les vôtres, et croire à mon sincère attachement avec lequel je suis, avec respect, votre dévouée nièce.

» Ve RAMBAUD, née LA CHARLONNIE.

» P. S. — Nos amitiés à mes cousines, ainsi qu'à M. Laverny, votre gendre. Je vous prie également de présenter mes respects à mes oncle et tante et cousine Dières. »

Pierre-Louis, ses études terminées, alla faire son droit à Paris. Pendant ses vacances de 1839, le 16 octobre, il écrivait à notre père les lignes suivantes datées de Bassac :

« Mon cher cousin,

» J'ai vu avec bien du plaisir la convalescence de Mme Mollet. J'espère que maintenant elle est tout à fait en bonne santé, et toute la famille fait des vœux pour que votre bonheur ne soit plus troublé par d'aussi cruelles peines.

» Nous n'avons pas été heureux à notre retour; notre tante Frugier, que nous avions laissée relativement bien portante, a été frappée d'une attaque d'apoplexie, qui l'a enlevée en un instant[1]. Vous devez penser combien elle a laissé de regrets. Elle était si bonne pour tous, que c'est une perte bien douloureuse pour la famille et pour les personnes qui l'ont connue.

» Mon départ pour Paris est fixé au 25 de ce mois.

» Veuillez, mon cher cousin, agréer l'assurance de toute mon affection et présenter mes amitiés à votre famille.

» Rambaud de Larocque.

» Ma mère me charge de vous renouveler ses amitiés, ainsi qu'à tous nos parents. »

Le 30 juillet 1844, Pierre-Louis a épousé Jeanne-Françoise-Clémence d'Asnières, née, le 29 mars 1825, à La Barde, de Jeanne-Françoise Béloire et d'Eugène-Henri-Robert-Bernard, marquis d'Asnières, issu de la branche aînée[2] de la maison d'Asnières. La bénédiction nuptiale leur a été donnée dans l'église de Saint-Mesme.

« La maison d'Asnières, qu'une ancienneté de sept siècles, la qualité de chevalier, dont ses membres furent décorés dans les temps où cette dignité était personnelle et toute militaire, des services distingués, de belles alliances et de nombreuses possessions placent au rang des principales familles de France, est une branche puînée des sires de Pons en Saintonge, anciens hauts barons du royaume, qui, lors de la séparation de la tige-mère, arrivée à l'époque où l'hérédité des noms commençait seulement à s'établir, a pris le sien du fief *de Asneriis*, bourg assez considérable, avec château, situé dans le diocèse de Saintes, non loin de la ville de Pons[3],

---

1. Marie-Marguerite Frugier, belle-sœur de Jean-François de La Charlonie et décédée à La Pallue, le 23 septembre 1839.

2. Arrêt du parlement de Paris du 4 février 1785 et lettres patentes du roi données à Versailles, en avril 1787.

3. Asnières, situé dans la commune de Belluire. Le château d'Asnières, propriété, depuis quelques années, de M. Jean de Dampierre, a été détruit

et qu'elle a possédé, à titre d'apanage, jusqu'au XVIIe siècle. »

Ainsi parle le chevalier de Courcelles dans son *Histoire généalogique des pairs de France*, et c'est avec les documents produits par ce même auteur et ceux que donne Rainguet dans ses *Études historiques sur l'arrondissement de Jonzac* et sa *Biographie saintongeaise*, que nous avons reconstitué la généalogie de la famille depuis Aymar, seigneur de Pons, fils de Sulpice, comte de Charroux, marié à Thérasie de Gascogne et premier auteur certain de la maison de Pons, issue des anciens vicomtes d'Aunay, famille puissante au Xe siècle et dont Guillaume ou Guillamyn Ier d'Aunay possédait, en 1067, la seigneurie de Pons.

Avant d'exposer la suite de leur illustre lignée, disons encore que les sires de Pons, dont les immenses privilèges provoquèrent le dicton : *Si roi de France ne puis, sire de Pons veux être*, rendaient hommage, le heaume en tête et tout bardés de fer, directement au roi, qui, en reconnaissance de cet acte, les gratifiait de l'épée qu'il avait à son côté.

Après Aymar de Pons, que nous venons de nommer, vint son fils Baudoin, né vers 981, et dont le descendant, Raoul, fut tué en Espagne du vivant de son père, laissant pour successeur Bertrand, dit le Fort, né en 1032 environ et marié à Élisabeth de Toulouse. Puis nous retrouvons Bertrand II, né vers 1080 et qui épousa, en 1103, Marie d'Aunay-Pons. Après lui, Geoffroy de Pons, Ier du nom, tué aux Arènes par Constantin le Gras, seigneur de Berneuil; Ponce de Pons, marié à Germaine de Bourgogne; Geoffroy II, qui épouse, avant 1114, Brune de Comminges; Pons Ier, sire de Pons, qui n'existait plus en 1191; Geoffroy III, né vers 1150, et qui s'unit à Agnès d'Angoulême, dame d'Oleron et de Vi-

---

complètement, le 23 août dernier, par un incendie. Il n'en est resté absolument que les murailles ; les servitudes seules ont été préservées du désastre.

rouil. Devenu veuf, il prit en secondes noces Almodis de Mortagne, dont il eut : 1° Renaud Ier, sire de Pons, qui épousa Marthe de Barbezieux et mourut en 1228 ; 2° Geoffroy IV, chevalier, seigneur de Montignac, de Limeuil, de Pérignac, etc. Par suite du partage, en l'an 1200, des successions de leurs père et mère, la seigneurie d'Asnières échut à Geoffroy, qui commença ainsi la branche des Pons, seigneurs puis marquis d'Asnières. Il fut du nombre des gentilshommes de France que le roi Louis XI convoqua pour son couronnement, fixé au dimanche avant la Saint-André, en 1226.

Après lui, vient Pontus, chevalier, seigneur d'Asnières, né vers 1180 ; puis Gombaud, Ier du nom, chevalier, seigneur d'Asnières, qui eut de sa femme, Arsende de Lusignan, trois enfants, dont Guillaume, banneret, Ier du nom, qui naquit vers 1210 et prit part, en 1248, en compagnie des chevaliers saintongeais Guillaume de Courbon, Étienne des Réaux, Hervé et Geoffroy de Beaupoil, Guillaume de Maingot, Bernard de Montault, Audouin de Lestranges, à la 7e croisade commandée par saint Louis. En 1249, il était à la prise de Damiette, où il donna quittance, en novembre de cette même année, avec Guillaume de Maingot et trois autres chevaliers, à des marchands de Gênes, de 300 livres tournois, pour lesquelles Alphonse, comte de Poitou et de Toulouse, se portait pleige et débiteur principal. Aussi le blason des d'Asnières : *D'argent aux 3 croissants montant de gueules, 2 en chef et 1 en pointe, avec 2 centaures pour supports et une mélusine pour cimier*, figure-t-il dans la quatrième salle de la galerie des croisades à Versailles. Guillaume épousa, en premières noces, Marguate et, en secondes, Létice, qui lui donnèrent cinq enfants. Vinrent après lui en descendance directe :

Gombaud II qui, marié, vers 1272, à Arsende, en eut huit enfants ; Gombaud III, qualifié damoiseau de Pons, qui épousa, le 26 mai 1317, Agnès de Maumusson, sœur de

Pierre-Guillaume de Maumusson, damoiseau de Blaye ; Hélie, seigneur d'Asnières, varlet (écuyer), qui mourut vers 1383; Gombaud IV d'Asnières, seigneur de La Chapelle ; Poiney-Poncius, seigneur d'Asnières, varlet, marié : 1° à Leyne (Hélène) de Peyssières; 2° à Arsende, dame du Gagnon; André, *alias* Drouet d'Asnières, chevalier, qui prit part au tournoi donné, en 1414, par Jean, duc de Bourbon, où seize Français se battirent contre autant d'Anglais. Il mourut jeune et sans postérité; aussi son frère, Gombaud V, seigneur de Gagnon, devint-il chef de la famille et épousa Marguerite du Puy, dame de La Chapelle, fille d'Arnaud et de Bonne de Mauvisse ; Séguin, leur fils, seigneur d'Asnières, damoiseau, marié, en 1447, à Catherine Fricou, fille de Robert, seigneur du Cros, damoiseau, et de Jeanne de Ponthieu, et dont un frère, Pierre, fut prieur de Saint-Eutrope de Saintes, rendit hommage au roi, en 1460, pour son fief d'Asnières. En 1467, il parut au ban de la noblesse de Saintonge convoquée par Louis XI ; le suivant, Jean, Ier du nom, seigneur d'Asnières, La Chapelle, Avy et autres lieux, épousa Colette d'Aisse de Touverac, après la mort de laquelle il convola en secondes noces, en 1492, avec Louise ou Jouine des Glenets, issue du seigneur de Jars près Montlieu, et veuve, elle aussi, de Jean Suard ; Jean II, écuyer, seigneur d'Asnières, La Chapelle, Bois-Bessac, Fayolles, Saint-Pallais de Phiolin, Champagnolles, Saint-Quentin de Ransanes et Belluire, marié, en 1492, en même temps que son père, à Jeanne Suard, et remarié, en 1500, à Jeanne de La Chassaigne, fille du procureur général au parlement de Bordeaux ; François, Ier du nom, écuyer, seigneur de La Chapelle et de Gremes en Poitou, et descendant de cette dernière union, épousa, en 1520, Françoise de Maisonnay, fille de Simon, écuyer, et de Jeanne de La Chassaigne, sa cousine. Gentilhomme de la chambre du roi, il parut, en 1530, à la montre de la noblesse du Poitou et fit, en 1549, le dénombrement de ses fiefs ; Jacques d'Asnières de Maisonnay, écuyer, seigneur de La Chapelle et Grennes, s'unit, en 1567, à Marguerite de la Guyonnie de Derves. Il devint un des plus forts appuis du parti calviniste et assiégea, en 1570, secondé par Théodore Agrippa d'Aubigné, son porte-enseigne, le château de Cosnac, qui se rendit. En 1576, il était gouverneur de la ville de Pons. Sa valeur lui attira l'entière confiance de Henri IV, qui, dans ses lettres, le traite de « cousin » et l'appelle « son bon ami », en le remerciant de ses services.

Après lui, nous arrivons à : Léon d'Asnières de Maisonnay, écuyer, seigneur de La Chapelle, Grennes et autres lieux, marié, en 1605, à Gabrielle de Lezay-Lusignan; Robert d'Asnières de Maisonnay, Ier du nom, qui épousa, en 1637, Marie de Barbezières, dont il eut cinq garçons et cinq filles. L'un des fils, Jean-Baptiste-François, écuyer, seigneur de Lage-Lizant, Villechenon et autres lieux, s'unit, en 1677, à Suzanne Barbe. L'aîné des deux enfants issus de ce mariage, Robert II, chevalier, seigneur de Lage-Lizant, Villechenon, etc., se maria, en 1713, à Anne Préveraud, fille d'Anne Séguin et de Jacques, écuyer, seigneur de Beaumont, qui a servi dans le régiment de Piémont. Il en eut Robert III, chevalier, seigneur de Villechenon et Nitrat, qui épousa Marie-Laurence Faure de Rencureau. Ils eurent, à l'imitation presque de leurs arrière-grands-parents, trois fils et trois filles, dont Robert-Bernard, marquis d'Asnières, chevalier, seigneur de Nitrat, Lugérac et La Barde, qui devint le mari, ainsi que nous l'avons vu, de Françoise de Laisné, fille de Louis, chevalier, seigneur de La Barde et co-seigneur de Gondeville, et de *Jeanne-Françoise de La Charlonnie.*

Nos recherches ont amené la découverte d'une obligation passée, le 30 juin 1779, par les notaires royaux, Mes Gaboriaud et Guignard, et sur laquelle Robert-Bernard se porte caution pour son beau-père et sa belle-mère.

Robert IV, leur fils unique, né le 17 octobre 1776, prit également femme dans la maison des Laisné en épousant, le 18 vendémiaire an V (9 octobre 1796), ainsi que nous l'avons dit dans la dernière page du rameau de *Jean de La Charlonie*, Jeanne-Marguerite-Catherine, fille de Louis-François Laisné de Marancheville et d'Élisabeth-Julie Phelip, d'où Eugène-Henri-Robert-Bernard, le père de Jeanne-Françoise-Clémence et de son frère puîné, Eugène-Robert-Henry, maire de Saint-Mesme et conseiller général du canton de Segonzac, décédé à La Barde, le 11 décembre 1886, dans sa cinquante-deuxième année.

Les d'Asnières d'Angoumois, avec ceux de la branche cadette fixée dans l'Orléanais, sont les seuls descendants des Pons, dont le nom s'éteignit avec Charles-Armand-Augustin, vicomte de Pons, qui périt sur l'échafaud révolutionnaire, le 17 juin 1794, ne laissant qu'une fille, Augustine-Éléonore, mariée à Louis-Yves du Bouchet de Sourches, marquis de Tourzel.

Les archives de la Charente possèdent entre autres documents ayant trait aux d'Asnières l'acte de mariage de l'un des quatre frères de Jean-Baptiste-François; le voici : « Le 4 février 1697, fut célébré le mariage de messire Jean-François d'Asnières, chevalier, seigneur de Villechenon, fils de feu messire Robert d'Asnières de Maisonnay, chevalier, seigneur de La Chapelle, La Motte et autres places, et de Marie de Barbezières, demeurant en la ville de Rochechouart, d'une part, et demoiselle Marie-Thérèse de Chazauds, fille de feu Pierre de Chazauds, sieur de Bois-Bertrand, avocat au parlement, juge-sénéchal du comté de La Vauguyon, et de demoiselle Marguerite de La Bannière, de présent au château de Chambres, d'autre part. »

Après cette intéressante excursion dans le passé de la famille, revenons à l'union que nous avons laissée à ses débuts, en 1844. Cinq ans après, le 14 octobre 1849, la naissance à Bassac d'un fils, Pierre-Henri-Marcel, a répondu aux premiers vœux de nos cousins, et, le 26 février 1852, celle d'une fille, Marie-Marguerite, est venue y mettre le comble.

Celle-ci a épousé, le 8 août 1870, Maurice Hériard, docteur en droit, fils de Pierre Hériard, avocat, et de Jeanne-Clémence Guyot. Deux enfants sont issus de ce mariage : 1° Marie-Marguerite-Monique, née le 15 août 1877; 2° Pierre-Louis-Paul, du 3 mars 1881.

Marcel, ses humanités commencées à Bassac et terminées à Angoulême, étudiait le droit à Paris, lorsque la guerre avec la Prusse vint le réclamer pour les cadres du 18e régiment des mobiles de la Charente. Nommé lieutenant à la 7e compagnie du 2e bataillon, il quitta Angoulême, le 26 septembre, pour se rendre à Nevers, où le régiment, commandé par le lieutenant-colonel d'Angély, que nous retrouverons plus loin, fut placé dans la 2e brigade de la 1re division du xve corps, sous les ordres du général de La Motte-rouge.

Le 18e mobiles, après s'être porté tour à tour sur Montargis, Gien, Isdes, Sully, Argent et Aubigny, s'ébranlait avec toute la division, le 5 novembre, en vue de la grande action du 9 à Coulmiers; mais, malgré une étape de cinquante kilomètres exécutée sous l'entraînement du canon du général d'Aurelles de Paladines, il ne put arriver à temps pour prendre sa part du succès de cette journée. C'est le 30 du même mois que notre cousin devait recevoir le baptême du feu à Chambon, où cet honneur fut réservé à son seul bataillon. Après une nuit entièrement occupée par l'échange de coups de feu entre les avant-postes, le combat s'engagea dès l'aube, et les jeunes Charentais, aussi bien dans l'attaque que dans la retraite imposée par le nombre toujours croissant de leurs adversaires, se montrèrent, dès ces premiers débuts, les dignes émules de leurs anciens dans le métier des armes. Cette affaire, qui coûta au 2e bataillon onze morts et cinquante-neuf blessés, parmi lesquels le capitaine Eugène Albert, commandant la compagnie de Marcel, qui, lui, eut la chance de s'en tirer sain et sauf, valut aux mobiles l'ordre du jour suivant :

« Dans l'engagement qui a eu lieu le 30 novembre à Chambon, deux bataillons d'infanterie appartenant, l'un au 12e de mobiles (Nièvre) et l'autre au 18e (Charente), ont été mis en action.

» Ces bataillons ont conservé les positions qu'ils avaient à défendre, et, grâce à leur bonne attitude, l'ennemi n'a pu continuer son mouvement offensif.

» Le général commandant le xve corps a été satisfait de la conduite tenue dans cette affaire par les bataillons ci-dessus désignés, et il ne doute pas qu'en pareille circonstance les autres bataillons des 12e et 13e régiments n'agissent avec la même fermeté.

» Le général commandant la division est heureux de porter à la connaissance des troupes ce témoignage de satisfaction du général commandant le xve corps.

» Chilleurs-aux-Bois, 2 décembre 1870.

» Le général commandant la division,

» *Signé :* DES PALLIÈRES. »

Après quelques jours de repos, le 18e mobiles alla bivouaquer d'abord à Villerceau et Chilleurs-aux-Bois, où il fut témoin, dans la journée du 3 décembre, des suites de notre défaite de la veille à Loigny, les débuts de la retraite générale de l'armée. A Saint-Lyé, où il se trouva dans la nuit d'après, il fut chargé de protéger les derrières de la division. Ce rôle aussi important que périlleux, lui fut continué à Orléans, le lendemain, et lui attira de sérieuses pertes. Remis en marche dans la nuit du 4 au 5, il traversa d'abord Saint-Cyr-en-Val, puis La Motte-Beuvron, Salbris, Aubigny, Henrichemont, Bourges, où rejoignirent bon nombre d'hommes, que les fatigues et la maladie avaient retenus en arrière.

On était au 10 décembre ; au commencement du mois suivant, le 3, le 18e mobiles, à ce moment à Vierzon, après des marches et contre-marches dans le rayon de Bourges, fut dirigé par les voies ferrées sur Dijon. C'est alors que le lieutenant Rambaud de Larocque, par suite de l'entrée à l'ambulance du capitaine Albert, qui souffrait toujours de sa blessure reçue le 30, prit le commandement de la compagnie et le conserva jusqu'à la fin de la campagne.

Le 6, le régiment quittait Dijon pour se rendre à Mirebeau, ensuite à Gray, Bucey, Rioz, Montbazon, Melecey, Brétigny et enfin Montenois, où il arrivait le 13 janvier, au matin, et délogeait, dans la journée, aux cris de : *Vive la France!* les Prussiens du village de Sainte-Marie. Il perdit dans cette affaire douze morts et une soixantaine de blessés, dont cinq officiers. Notre cousin n'était heureusement pas de leur nombre. L'ordre suivant de la brigade consacra le souvenir de ce nouveau fait d'armes :

« Le général ne veut pas terminer la journée sans adresser ses remerciements et ses félicitations aux corps de la brigade, particulièrement au 18e régiment de la garde mobile. Cette jeune troupe a rivalisé d'ardeur et d'entrain dans le combat de Sainte-Marie avec les deux autres vieux corps de la brigade. Ils peuvent tous être fiers de leur succès d'aujourd'hui. Le général aussi est fier de les commander.

» Au quartier général de la brigade, le 13 janvier 1871.

» Le général commandant la 2e brigade,

» *Signé :* QUESTEL. »

Deux jours après, sous les murs de Montbéliard, Marcel Rambaud de Larocque avait encore la chance de sortir sans blessure de la lutte acharnée que son bataillon et le 1er soutinrent contre les Prussiens. Dans l'après-midi, pendant que ceux-ci restaient maîtres du château et de certaines des collines environnantes, lui et ses hommes entraient les premiers dans la ville avec une compagnie de turcos, qu'ils venaient de soutenir pour un service de tirailleurs. Les habitants les accueillirent de la façon la plus enthousiaste, et, peu après, le 1er bataillon les rejoignit en même temps qu'un régiment de ligne. Quant au 3e et aux autres compagnies du 2e, elles furent maintenues sur les hauteurs avoisinant la place.

Le lendemain, le 3e bataillon, sur un ordre malheureux, parce qu'il avait été mal étudié sans doute, du général Martineau-Deschesnez, était littéralement écharpé près du bois de Montevillars par un ennemi vingt fois supérieur en nombre. Pendant ce temps-là, Marcel demeurait dans Montbéliard, et, dans la matinée du 16, son sous-lieutenant, M. Léonce Thomas, eut, à ses côtés. le crâne fracassé par une balle de boîte à balles, la mitraille prussienne balayant sans interruption les rues de la ville. A partir de ce moment, notre cousin fut seul pour commander ses hommes, et, le 17, dès l'aube, il abandonnait avec eux Montbéliard pour aller rejoindre, près du bois Bourgeois, ce qui restait de leurs infortunés camarades du 3e bataillon. Ceux-ci comptaient vingt et un morts, dont les capitaines Richard des Roches, de Chassay et Lodoïs de Marcellus, ce dernier condisciple de notre frère à l'école de droit, et plus de cent quatre-vingts blessés, parmi lesquels le capitaine Victor Veyret-Logérias et l'adjudant-major Jean Couzy.

La mort du capitaine de Marcellus rappelle l'héroïque et généreuse conduite d'un sous-officier de sa compagnie, le sergent Favreau, qui, malgré les balles et les obus, n'abandonna pas le corps de son officier, pendant tout le reste du temps que dura l'action, et le rapporta, le soir, au milieu de ses camarades.

Les deux jours suivants, les 1er et 2e bataillons furent portés en grand'gardes sur les hauteurs faisant face à l'ennemi, et cette situation, par un froid des plus rigoureux et avec défense d'allumer du feu, fut peut-être la plus dure de la campagne. « Mornes, silencieux, indifférents, les soldats gisaient çà et là, appuyés aux arbres de la forêt. Quelques obus éclatant au milieu d'eux ne parvenaient même pas à les faire sortir de leur torpeur, tant leur vie misérable leur paraissait peu digne d'être prolongée. La nuit leur était fatale; beaucoup se réveillaient les pieds gelés. L'aube du jour éclaira même des cadavres roidis par le froid..... » Ainsi parle un officier du régiment, le sous-lieutenant Paul Babaud de Monvallier, dans l'intéressant historique qu'il a publié, en 1887, de la garde mobile de la Charente pendant la campagne de 1870-71.

De son côté, notre cousin nous écrivait naguère à ce propos: « Je n'ai jamais passé de plus terrible moment de ma vie. Pendant les trente-six longues heures que ma compagnie, réduite à cinquante hommes environ, a éte de grand'garde sur la lisière du bois, je n'ai cessé de me porter d'une aile à l'autre, pour empêcher mes hommes de dormir, et je n'y parvenais point. Chose incroyable: j'en ai vu, comme la terre était couverte de neige, s'asseoir sur les cadavres de leurs camarades et monter ainsi la garde ! »

Le moment de la retraite était fatalement arrivé par suite de la piteuse défense par l'italien Garibaldi des lignes confiées à sa garde. Et c'est pour perpétuer le déshonorant souvenir de cet histrion en chemise rouge que Nice vient de lui ériger une statue !

Le 19 janvier, à la pointe du jour, le 18e mobiles quitta les avant-postes et se retira avec toute l'armée. A peine les jeunes Charentais étaient-ils en marche que le régiment qui les remplaçait pour le service des grand'gardes, se laissait surprendre et enlever la ligne de défense. Aussi les balles prussiennes ne tardèrent-elles pas à pleuvoir sur le 18e mobiles, qui dut reprendre la défensive.

Après être passé par Baume-les-Dames, le 21; Byans et Quingey, le 22; Épeugney, le 24; il arrivait, le 28, à 10 heures du soir, à Sombacourt, où, le lendemain, il eut à soutenir un nouveau choc de l'ennemi, qui lui enleva presque tout ce qui restait des 1er et 2e bataillons. La division tout entière fut prise avec les généraux d'Astugue et Minot, faits prisonniers étant à table dans le presbytère, et cela par suite de l'abandon des grand'gardes par un régiment de zouaves, qui lâcha pied, sans même brûler une cartouche. Comme il faisait nuit noire, le reste de l'armée, qui ne fut pas prévenue, ne s'aperçut de rien et les Allemands tombèrent dans Sombacourt à l'improviste, pendant que les hommes, les faisceaux formés le long des rues, faisaient la soupe.

Du bataillon de Marcel Rambaud de Larocque il n'y eut que la 3e compagnie et la moitié de la sienne qui purent échapper, grâce à leur position à l'opposé du lieu d'entrée des Prussiens. « Malgré cela et bien qu'immédiatement en armes, nous a écrit encore notre cousin, la moitié de mes hommes tomba aux mains de l'ennemi, l'autre moitié seule ayant pu escalader un mur de jardin, qui fut notre sauveur. C'est miracle que je n'aie pas été tué ce soir-là ; j'étais d'un côté de la rue, pendant que de l'autre, les Prussiens désarmaient nos hommes en leur disant : « *Français, vouloir pas faire mal* ». Un officier, pour prendre mes armes, vint droit à moi, qui faisais en toute hâte sauter le mur à mes mobiles. Lui brûler la cervelle d'un coup de mon revolver n'était guère possible sans toucher les camarades qui se trouvaient du côté opposé de la rue. Toutefois, saisissant l'instant que je crus propice, je pressai la détente, mais le coup ne partit pas et déjà je ne voyais plus le champ libre derrière mon adversaire, dont le revolver allait être sans doute d'un meilleur secours pour lui. Alors, je me crus perdu ; heureusement qu'un caisson resté en détresse sur ce point et placé entre nous deux, gêna son mouvement, pendant qu'il facilitait mon défilement dans l'obscurité et le saut du mur, à la suite du dernier de mes hommes qui purent se tirer de cette situation désespérée. Après quoi, toute résistance n'étant pas plus possible dans notre nouvelle position que dans la précédente, nous nous repliâmes sur Pontarlier, près d'où nous bivouaquâmes, dans la nuit du 29, croyant, ainsi que toute l'armée, en avoir fini avec les horreurs des derniers jours, l'annonce d'un armistice nous ayant été donnée pendant la route. Mais nous fûmes tirés de cette erreur, le 30, en allant prendre nos cantonnements à Vaux, où une fusillade des mieux nourries nous accueillit. »

En effet, la suspension d'armes, comme on l'a su bientôt, ne comprenait pas les départements de l'Est, où Gambetta et ses dignes acolytes croyaient nos armes victorieuses. La triste vérité de ce fait semble à peine vraisemblable !

Arrivé à Oye, le 18e mobiles dut en partir au milieu de la nuit pour n'être pas cerné par les Prussiens, et, le 1er février, il s'arrêta aux Fourgs, à deux kilomètres de la frontière, où la décision suivante lui fut communiquée :

« En vertu des ordres du général commandant en chef, chacun est libre d'entrer en Suisse pour se soumettre aux lois internationales, ou de chercher à se soustraire par tels moyens qu'il jugera convenable. En conséquence de ce mouvement, M. le commandant de la 1re division se mettra en route de suite pour la Suisse, en prévenant MM. les officiers, sous-officiers et soldats de ces dispositions avant le passage de la frontière.

» Le chef d'état-major général,

» *Signé :* DES PLAS. »

Dans la soirée, les mobiles de la Charente étaient à Sainte-Croix, où ils recevaient de nos voisins le plus sympathique accueil. Marcel Rambaud de Larocque, avec les autres officiers du régiment, fut interné à Zurich, et les sous-officiers et soldats à Saint-Urbain, jusqu'au 22 février, date de leur transfert à Soleure, pour fuir le typhus.

Les préliminaires de la paix signés, l'heure du retour en France, à Bassac, au milieu de la famille, allait enfin sonner pour Marcel, qui, avec le lieutenant Guibert, fut chargé de la conduite d'une partie du régiment. Le 22 mars, à cinq heures et demie du soir, ils montaient en chemin de fer, tout heureux de leur rapatriement, alors que plusieurs d'entre eux couraient à la mort. Peu d'instants après, en effet, une rencontre avec un autre train coûtait la vie à vingt de ces malheureux et en blessait quantité d'autres, dont quatre ne tardèrent pas à succomber. Notre cousin eut, une fois de plus, la chance d'être épargné dans cette catastrophe plus affreuse encore, semble-t-il, en raison des circonstances dans lesquelles elle s'est produite et sur laquelle il adressa au lieutenant-colonel d'Angély le rapport suivant :

« Mon colonel,

» Partis tous ensemble de Soleure par le train militaire, nous nous rendions à Genève par Morges, lorsque, arrivés à la station de Colombier, près Neuchâtel, par suite d'une fausse manœuvre d'un aiguilleur, notre train, lancé à grande vitesse, est allé se briser sur un train de marchandises au repos et qui était chargé de houille.

» Les deux premiers wagons étaient, malheureusement, occupés par les hommes de notre régiment qui formaient les deux premières compagnies du bataillon partant. Ces deux wagons ont été littéralement broyés, et, si quelque chose m'étonne, c'est qu'un seul des hommes qu'ils contenaient ait pu échapper à la mort.

» Sur vingt-trois hommes tués sur le coup, vingt sont de la Charente . . . . »

Nous ne dirons rien des émotions qui saisirent au cœur la famille, à l'annonce de cette lugubre nouvelle. Heureusement que peu après, dans les premiers jours d'avril, notre jeune lieutenant, qui, en six mois, avait connu toutes les horreurs de la guerre, revoyait les siens.

Après les sombres jours de cette guerre inoubliable, Marcel Rambaud de Larocque, rendu complètement à la vie civile, jusqu'à son retour dans l'armée, en 1875, comme sous-lieutenant de réserve au 107e de ligne, grade avec lequel il passa, en 1880, au 91e territorial, où il fut promu lieutenant par décret du 22 août 1882, et capitaine, le 26 septembre 1884, Marcel, disons-nous, reprit ses études de droit à Paris, où nous le retrouvâmes, en 1872, par suite de notre nomination au ministère des finances. Le diplôme de docteur couronna ses travaux, et, le 28 janvier 1881, il prêtait serment comme avocat au conseil d'état et à la cour de cassation. Cette belle situation devait être complétée par un mariage : le 27 mai 1880, notre heureux cousin épousait, à Paris, Julie-Marie Groualle, fille de Victor-François, ancien président de l'ordre des avocats au conseil d'état et à la cour de cassation, ancien président de section au conseil d'état, officier de la Légion d'honneur, et de Louise-Élisabeth Esnouf. Le 15 juin 1882, il était père d'une fille, qui reçut les prénoms de Marie-Louise. Abandonnons un instant la jeune mère et son mari au bonheur qui semblait devoir durer toujours, pour revenir aux non moins heureux grands-parents de Bassac.

Pierre-Louis Rambaud de Larocque a été nommé, en 1850, conseiller général de la Charente pour le canton de Jarnac, et son souci des intérêts du pays, ainsi que les services qu'il s'est toujours fait un devoir, en même temps qu'un plaisir, de rendre à ses mandants et à tous autres, lui ont conservé, sans interruption, sa place dans cette assemblée, dont la présidence lui est confiée depuis 1876, après en avoir été le vice-président durant les trois années précédentes. De plus, en récompense de ses mérites et de son dévouement au bien de la contrée, il a été fait, le 15 août 1868, chevalier de la Légion d'honneur, et, en 1875, officier d'académie.

Pierre-Louis n'a pas été moins prodigue des soins les plus attentionnés pour le bien-être des siens, et Bassac, qui comprend encore une partie de l'ancien logis, est devenu l'habitation dont les agréments sont complétés par l'accueil si affable qu'on est toujours assuré d'y recevoir. Que d'agréables séjours là aussi nous avons faits! Je vois encore notre cousine tout heureuse autant que fière, à juste titre, de montrer ses fleurs à notre père, passionné lui-même pour l'horticulture.

Dans les premiers jours de l'automne de 1885, nous nous trouvions à Bassac, et, cette fois, en compagnie d'un ami commun, M. de Nouhère. Nous avions été bien inspirés dans le choix du moment pour cette visite projetée aux courses de Saintes; toute la famille, Maurice Hériard excepté, se trouvait réunie. Qui nous aurait dit alors que, moins d'un mois après, la mort viendrait s'abattre si affreusement sur cette heureuse demeure! La jeune femme de Marcel enlevée, le 14 octobre, par la fièvre typhoïde, après trois semaines d'une agonie navrante; la fille de Marguerite atteinte de la même maladie, qui la conduisit à deux doigts de sa fin; une cousine, qui vivait dans la famille depuis longtemps, Mlle Eugénie Bonnin, et une ancienne et dévouée cuisinière, victimes, l'une et l'autre, de ce mal impitoyable.

Avec tant de malheurs, la gaieté de Bassac disparut vite pour faire place à la tristesse qui semblait jalouse des jours de félicités passées. Marcel, en proie à la plus déchirante douleur, fut aux prises, pendant de longues semaines, avec une fièvre des plus malignes, qui mit ses jours en très-grand danger. Des soins assidus, ceux de son excellente mère surtout, le sauvèrent. Le 15 décembre, il nous écrivait de Paris :

« Merci, mon cher ami, de la part que tu as prise à mon affreux malheur! Je viens tardivement t'en remercier, mais, aussitôt la mort de ma pauvre femme, je suis tombé malade à mon tour. Dès le jour de la cérémonie ici, j'ai dû m'aliter. J'ai été pris d'une fièvre quasi cérébrale, résultat surtout de mon chagrin! On a désespéré de moi, pendant plusieurs jours. J'ai reçu l'extrême-onction et je ne suis entré en convalescence que depuis peu! J'ai eu le plus grand malheur qui pouvait m'arriver ! Sans les sentiments religieux que tu me connais, je n'y aurais pas résisté; je serais devenu fou, ou me serais tué de désespoir ! Heureusement, ma croyance religieuse est là qui me fait voir dans les maux dont Dieu nous accable un bien pour nous tous !

» Mon père, ma mère et Maurice sont restés ici auprès de moi, tout le temps de ma maladie. Dans ce moment, je suis seul avec ma mère. Ma petite fille va m'arriver à la fin du mois. Elle est avec ma belle-mère en province.

» Ma petite nièce est complètement remise de sa fièvre; mais notre cousine, Eugénie, est morte, quelques jours après ma pauvre femme. Ce n'est pas tout : la vieille cuisinière, que nous avions depuis vingt-cinq ans, est morte de la même maladie, peu de temps après ! Tu vois si notre maison, qui avait joui d'un bonheur complet, depuis de longues années, a été frappée dans ces derniers temps !

» Ta bonne mère s'est donnée la peine de m'écrire, lors de mon malheur; je viens de lui envoyer un mot pour la remercier. Pauvre femme, elle est trop bonne !

» Ma pauvre Marie, qui voulait tant te marier ! Elle m'en parlait encore après ta visite à Bassac, cette année ! !

» Gaston a eu bien mauvaise chance, en échouant de quelques voix ! Mais ce sont là des ennuis secondaires. Quand tu viendras à Paris, n'oublie pas ton ami, bien, bien malheureux, mais qui t'aime.

» Marcel. »

Depuis ce désenchantement si cruel de sa vie, notre infortuné cousin s'est adonné plus encore au travail. Sa fille, qui promet d'être aussi heureusement douée que sa mère, est sa plus grande consolation; elle et les charmants enfants de sa tante, Marguerite, sont la joie et l'espoir de leurs grands-parents.

La troisième fille de Jean-François de La Charlonnie et de Marie-Marguerite Frugier naquit le 2 pluviôse de l'an IX

(22 janvier 1801), et reçut de sa marraine, notre aïeule, les prénoms de *Marie-Anne-Adèle-Agathe-Eustelle*. Le 31 juillet 1832, elle épousa Gabriel de Frétard, veuf de Marguerite Dexmier de La Groix, décédée sans enfants à Saint-Simon, le 8 avril 1830, et fille de Jean-Pierre-Michel, receveur particulier des finances de l'élection de Cognac, et de Marguerite Fé. Ce premier mariage datait du 12 nivôse an XII (3 décembre 1803).

Gabriel de Frétard, né, le 19 mars 1776, au logis de Boisauroux, paroisse de Rouillac (il avait donc cinquante-six ans lors de son second mariage), était l'avant-dernier des sept enfants de messire Charles de Frétard, seigneur de Boisauroux, qui avait épousé, à Rouillac, le 27 février 1764, Anne Philippier, née, le 10 août 1742, au logis de Loret situé dans ladite paroisse, de Jean Philippier, écuyer, sieur de Fontgrive, et de Catherine Laisné. Les frères et sœurs de Gabriel, qui tous ont vu le jour comme lui à Boisauroux, étaient : 1° Anne, née le 14 juillet 1765; 2° Marie, née le 21 juillet 1766; 3° Radégonde, née le 1er septembre 1767; 4° Anne, née le 4 février 1771; 5° Pierre, né le 7 octobre 1773; 7° Pierre-Charles, né le 4 février 1780, et décédé à Boisauroux, en 1866.

Charles de Frétard, qui n'existait plus au moment du mariage de son fils, Gabriel, était venu au monde à La Baronnière, paroisse des Pins, le 8 août 1739. Il était issu de messire Renaud Frétard, écuyer, seigneur de Bazauges et de La Baronnière, né en 1700 et décédé, le 30 novembre 1760, à Boisauroux, qui, avec Charles, avait eu aussi de sa femme, Jeanne de Couvidou, épousée, le 5 février 1732, à Vaux, les enfants dont les noms suivent. La bénédiction nuptiale leur avait été, d'après l'acte, donnée dans la chapelle « domestique » de M. de Fleurac.

1° François, né, ainsi que ses frères et sœurs, au lieu noble de La Baronnière, le 2 juin 1737, et décédé au village de Chez-Vallet, où il était en nourrice sans doute, deux mois et quelques jours après. L'inhumation a eu lieu aux Pins, le 9 août;

2° Anne, née le 24 juillet 1738, ondoyée le 27 du même mois et baptisée, le 10 juin 1742, avec messire Louis-Alexandre de Beaupoil, pour parrain, et demoiselle Léonarde Frétard de Bazauges, pour marraine;

4° Jean, né le 7 décembre 1741, baptisé le 8; parrain, Jean Joumar Achard de La Brangelie; marraine, Marie-Anne Frétard, tante du nouveau-né, qui devait mourir subitement au logis de Boisauroux, le 4 août 1769, et fut inhumé dans l'église de Rouillac;

5° Marie-Virginie, née le 18 août 1743 et qui eut pour marraine, Marie-Virginie de Salignac;

6° Charlotte, née le 15 février 1746 et qui coûta la vie à sa mère décédée ce même jour et inhumée, le lendemain, dans la sépulture de la famille dans l'église des Pins;

7° Éléonor, dont les traces de la naisance n'ont pu être retrouvées et qui s'est mariée, le 30 mars 1764, avec Pierre Tison, chevalier, seigneur de Coulonges en partie, demeurant au lieu de Chez-Pommier en Saint-Sulpice, et fils de François et d'Élisabeth Ménard [1]. A l'époque de son mariage, Éléonor de Frétard habitait Bazauges. Le 20 novembre 1749 et en 1750, elle figure sur le registre de Rouillac comme marraine avec François de Massougne, écuyer, sieur de Saint-Romain, et Gabriel Dotartre, sieur de Boisjoly, pour parrains.

Renaud Frétard habitait La Baronnière au moment de son mariage: c'est l'acte de la bénédiction nuptiale dont il vient d'être parlé qui le relate. Ce fief noble, dont le logis, d'après le millésime qui figure au haut du portail d'entrée, a été édifié en 1647, était-il depuis longtemps dans la famille? Nous ne saurions le dire.

---

1. Minutes de Doyat-Laneau, notaire à Beauvoir de 1752 à 1768.

Renaud naquit sans doute à Bazauges, comme son frère, Henri-Joseph, baptisé le 6 septembre 1698, avec messire Henri-Joseph de Salignac, comte, seigneur de Fénelon, pour parrain, et dame Marie-Françoise de Salignac, comtesse de Fénelon, pour marraine. Il y a lieu de croire aussi que Françoise-Hélène Frétard, marraine, en 1704, à Bazauges, et Marie-Anne Frétard, également marraine, en 1699, et décédée à Rouillac, le 26 août 1760, étaient leurs sœurs aînées.

Renaud était fils de Charles Frétard, écuyer, seigneur d'Anvilliers, né en 1653 et décédé à Bazauges, le 20 novembre 1704. Il avait épousé à Jarnac, le 13 mai 1694, Éléonor de Beaupoil, fille de Louis, écuyer, de la branche de Mareuil, et de Madeleine Decescaud, et à laquelle il fit, d'après Nadaud, une donation de biens, peu après son mariage, le 23 septembre de la même année, par acte passé à La Baronnière, devant Michel Briou, notaire de la juridiction de Saint-Mary. Le 28 novembre 1699, sa famille fut maintenue par Michel Begon. Le 5 août de l'année précédente, même reconnaissance avait été établie pour les Beaupoil : le plus ancien titre produit à ce sujet par ces derniers datait de 1542 ; celui des Frétard, de 1511.

Charles devait être le frère de : 1° Jean-Jacques, né en 1665, qui fut curé d'Angeac, en 1704 ; de Villepouge, en 1732, et mourut cette même année, le 23 août, à l'âge de soixante-sept ans ; il fut inhumé, le 24 dudit mois, dans l'église de Saint-Martin de Bazauges ; 2° Michel Frétard, écuyer, qui était prieur de Bazauges, en 1701 ; 3° Madeleine ; 4° Charlotte, marraine en 1688.

Ils avaient pour père et mère Charles Frétard, né en 1623, et Charlotte de Bois, demeurant au lieu noble de Bazauges en Poitou, qui appartenait, à la fin du XIVe siècle, aux Girard, dont plusieurs ont été maires de La Rochelle [1].

---

1. Archives historiques de Saintonge et d'Aunis, vol. de 1880. *Histoire de La Rochelle.*

Charles, qui avait une sœur, Louise Frétard, née en 1628 et décédée à Bazauges, dans sa soixante et unième année, le 29 septembre 1689, mourut également à Bazauges, à l'âge de soixante-dix ans, le 6 octobre 1698. Il était probablement le petit-fils de Samuel Frétard, écuyer, seigneur d'Anvilliers, époux de Catherine Caillect, veuve de noble homme Dominique du Bourg, sieur de Dion, de Cruc, de La Brunette, de La Saulvette et du Péron, docteur en médecine, conseiller et médecin des rois Henri III et Henri IV, qui lui confirma, le 4 mars 1593, les exemptions et privilèges attribués aux commensaux de sa maison. Médecin aussi du prince de Condé, il avait d'abord servi comme archer dans la compagnie du célèbre capitaine, Louis Prévost de Sansac, chevalier de l'ordre du roi, gentilhomme ordinaire de la chambre, gouverneur d'Angoumois, et fit partie, du 24 novembre 1579 à l'année 1607, de l'échevinage de Saintes, dont il fut maire en 1597 et 1598 [1]. La famille du Bourg a été maintenue par Begon, le 2 juillet 1699.

Avec ce cinquième aïeul de Gabriel de Frétard s'arrête l'ascendance que nous avons pu reconstituer de sa famille, originaire de la Beauce, où se trouve le fief d'Anvilliers. Ajoutons que Barbot de La Trésorière, dans ses *Annales historiques d'Aunis, Saintonge, Poitou et Angoumois*, dit qu'une branche des Frétard s'est illustrée dans la marine, à laquelle elle a donné des chefs d'escadre; de plus, que les preuves nobles de cette famille remontent à 1207.

Gabriel et sa femme, aussitôt après leur mariage, s'installèrent à Vibrac, où naquit, à un an de là, le 24 juillet 1833, Anne-Gabrielle, qui devait être leur unique enfant. En 1837, ils allèrent habiter Gondeville, dont ils venaient de faire l'acquisition. On a pu voir plus haut que cette terre se trouvait, de 1655 à 1793, entre les mains des Laisné, alliés des La Char-

1. *Études, documents et extraits relatifs à la ville de Saintes*, par le baron Eschassériaux, député.

lonnie : d'abord, en 1690, par le mariage de *Jean* avec Françoise de Laisné; ensuite, en 1749, par celui de *Françoise*, fille dudit *Jean*, avec Louis de Laisné. Revenant ainsi une fois de plus dans la famille, elle en est sortie, en 1865, par la vente qui en a été consentie à son propriétaire actuel, M. Raby.

Le 3 juin 1849, Gabriel de Frétard, alors âgé de soixante-treize ans, mourut à Gondeville, et, le 8 septembre 1851, sa fille épousa François-Eusèbe Piet, fils de François Piet, né le 20 messidor an III (8 juillet 1795), à Châteauneuf, où il devait décéder, le 17 mars 1859. Avocat, juge-auditeur au tribunal civil d'Angoulême, en 1826, puis juge près le tribunal civil de Ruffec, François Piet s'était marié, le 2 décembre 1824, à La Pallue, avec Marie-Marguerite-Céleste Frugier, née le 16 fructidor an VIII (5 septembre 1800), et nièce de Marie-Marguerite Frugier, épouse de JEAN-FRANÇOIS DE LA CHARLONNIE. Céleste Frugier avait : 1° un frère puîné, François, qui donna sa démission de juge au tribunal civil d'Angoulême à l'avènement de Louis-Philippe, et s'unit à Anaïs-Monique-Augustine, fille du colonel d'état-major N. Barbarin de La Martinie, commandeur de la Légion d'honneur; 2° une sœur aînée, Marguerite-Rose-Pauline, mariée, le 2 juillet 1821, à Charles-Alexandre Beaupoil de Saint-Aulaire, capitaine au 42e d'infanterie de ligne, fils de Marc-Antoine, victime du désastre de Quiberon [1], et de Marie de Belleville, et morte à La Pallue, le 3 février 1825.

Né à La Pallue, le 13 avril 1826, Eusèbe Piet avait pour aïeul Jean-François Piet, licencié ès-lois, juge de paix de Châteauneuf, né dans cette ville, le 11 avril 1773, y décédé le 16 mars 1860, et marié, le 2 juillet 1793, avec Magdeleine Fé de La Rambauderie. Son bisaïeul était François Piet, sieur de La Descenderie, né en 1724, conseiller du roi, lieu-

---

1. *Les débris de Quiberon*, par Eugène de La Gournerie. Nantes, 1886.

tenant général de police de la ville et prévôté de Châteauneuf, de 1769 à 1789, marié en premières noces à Barbezieux, le 15 juin 1761, avec Marie-Anne Jaubert, née, en 1733, de François Jaubert, écuyer, seigneur de La Barde et de Pressac, conseiller du roi, magistrat de la sénéchaussée et siège présidial de Saintes, et de feue Jeanne Texier, et morte en donnant le jour à une fille, Catherine, née le 8 octobre 1762, à Châteauneuf, où elle décéda sept jours après. Assistaient au mariage : François Fé, écuyer, sieur de Fondenis, beau-frère du marié; Paul-François Jaubert, avocat en parlement, et Pierre-Yves Jaubert, frères de la mariée ; demoiselle Susanne Gareschè, épouse de François Jaubert, conseiller au présidial de Saintes.

En secondes noces, François Piet épousa Marie-Anne Fé de Barqueville, le 10 janvier 1769, dont : 1° une fille, Catherine-Anne, née le 13 juillet 1770; 2° Jean-François, né à Châteauneuf, comme sa sœur, le 11 avril 1773, ainsi qu'il a été dit. Marie-Anne Fé de Barqueville était issue de messire Élie-François Fé, écuyer, sieur de Reillard, et de Marie Guillet. François Fé de Barqueville et son fils, Louis, donnèrent procuration pour assister, le 16 mars 1789, à l'assemblée générale de la noblesse de la sénéchaussée d'Angoulême [1].

François Piet, le bisaïeul d'Eusèbe, avait sans doute plusieurs frères et sœurs ; nous ne connaissons que trois de ces dernières : 1° Anne, son aînée, venue au monde le 18 avril 1720, mariée à Antoine Fayet, sieur des Bauries en Birac, décédée en 1753 et inhumée, le 25 février, dans la chapelle de Notre-Dame de Pitié dans l'église de Châteauneuf, où la famille Piet avait sa sépulture ; 2° Catherine, mariée, le 10 février 1755, à François Fé, écuyer, sieur de Fondenis, inhumée, le 7 février 1757, dans la chapelle de Notre-Dame de l'église des Minimes à Châteauneuf ; 3° Louise, qui vit le jour le 27 octobre 1732, et, comme ses aînées, à Châteauneuf.

1. *Nobiliaire du diocèse et de la généralité de Limoges*, par Nadaud.

Le trisaïeul d'Eusèbe, Jean Piet, né à Châteauneuf le 17 avril 1683, s'unit à Jeanne Poirier de Longeville, le 17 avril 1719. Il avait reçu en partage La Descenderie, en 1715. Son décès date du 2 novembre 1754, celui de sa femme du 16 janvier 1762; tous deux furent inhumés dans la chapelle de la famille. Jean était le troisième de ses frères et sœurs nés, comme lui, à Châteauneuf, savoir : 1° Pierre, le 11 février 1681; 2° Anne, le 10 mars 1682; 4° Marie, le 26 juillet 1684; 5° Pierre, le 8 juin 1686; 6° Marie, le 29 septembre 1688; 7° François, le 1er janvier 1690.

Le quatrième aïeul d'Eusèbe, François Piet, sieur de La Bergerie en Angeac, paraît avoir été procureur du roi au siège royal de police de Châteauneuf, en 1712. Il épousa, le 11 février 1679, Marie Fé, par qui la maison noble de La Descenderie devint propriété des Piet. Elle était fille de Pierre Fé, sieur de La Descenderie, conseiller du roi, premier élu en l'élection de Cognac, et de Marguerite Dexmier, issue de Jean Dexmier, sieur de La Motte en Mosnac, et d'Anne Leclerc, de Châteauneuf. Le fief de La Descenderie, dénommé autrefois Le Maine-Texandier ou La Texandrie, puis La Dexandrie, d'où son appellation actuelle, mouvait de la seigneurie de Mosnac et Rouffignac. Son possesseur le plus ancien connu est Jean de Mosnac, marié en premières noces à Séguine Dousseron, dont la fille Mathurine de Mosnac apporta La Descenderie en dot à son mari, Roger Augeard, écuyer; ensuite vinrent les Gandillaud : Guillaume, au commencement du XVIe siècle; ses fils : messire Georges, prêtre, curé de Boresse et prieur de Saint-Surin; Mes Antoine et Philippe, ce dernier procureur du roi à Châteauneuf et Bouteville, marié à Anne Lambert. Antoine, écuyer, sieur des Vignes, leur fils, la vendit, le 29 janvier 1620, au prix de 16.500 livres, à Pierre Fé, sieur de Hauteroche, marchand de Châteauneuf, époux de Marie Ranson et aïeul de Marie Fé, la femme de Louis Rullier de Bois-Noir. L'aîné de leurs quatre enfants, Pierre Fé, sieur de La Côte, marié en 1622, à Claude Corliet, en hérita. Lors de son décès, survenu en septembre 1671, La Descenderie passa entre les mains de l'aîné encore de leurs cinq rejetons, Pierre, le père de Marie Fé, dont l'alliance avec François Piet amena, comme il vient d'être dit, ladite terre dans la famille de ce dernier, qu'elle n'a pas quitté depuis.

François Piet perdit, le 26 octobre 1690, sa femme, qui n'était âgée que de quarante ans. Elle fut inhumée dans la chapelle de la famille, où il la rejoignit le 25 mai 1734. En 1727, il avait donné quittance à Pierre Guignaud, laboureur [1]. Ses deux frères, Maurice et Pierre, exerçaient le négoce à Châteauneuf.

Le cinquième aïeul d'Eusèbe, Hélie Piet, aussi négociant à Châteauneuf, était marié à Jeanne de Poutignac. Maurice Piet, également dans le négoce et qui devait être son frère, avait pour femme Catherine de Rançon, dont les père et mère étaient Hélie de Rançon, sieur de La Salmandie, et feue Françoise Morantin. Le contrat de mariage de Maurice et de Catherine avait été signé le 15 novembre 1665 [2].

Sans en avoir la complète certitude, nous sommes très-porté à croire que le sixième aïeul d'Eusèbe Piet est Jean Piet, époux d'Aimée de Poutignac et domicilié à La Rochefoucauld. Jean, qui n'existait plus en 1663, avait deux frères : Philippe, chanoine de l'église collégiale de La Rochefoucauld, curé de Saint-Cybard de ladite église, de 1626 à 1664, et Jacques, clerc du diocèse d'Angoulême, en cette même dernière année [3]. La signature de Philippe Piet figure au bas du baptême, à la date du 1er janvier 1630, de Philippe de Poutignac, fils de Pierre et de Marguerite Bruno, ainsi que de celui du 1er novembre 1644, de Jeanne de Poutignac, fille d'Émery et de Catherine Sibillot. Ces deux

1. Archives de la Charente. Tabuteau, notaire royal à Angeac-Charente.
2-3. Archives de la Charente. Guillaume Jeheu, notaire royal à Angoulême.

actes existent dans le registre paroissial de La Rochefoucauld, où le mariage de Jean Piet et d'Aimée de Poutignac n'a pu être retrouvé, par suite, sans doute, de la perte des années de 1591 à 1608, pas plus que d'autres traces, plus ou moins fondées, d'ascendants plus anciens d'Eusèbe Piet, de la descendance duquel il nous reste à parler.

Son mariage avec Gabrielle de Frétard fut célébré, avons-nous dit, le 8 septembre 1851. L'année suivante, le 1er décembre, naquit à Gondeville le premier de ses neuf enfants, François-Gabriel, notaire à Châteauneuf depuis 1880 et qui épousa, le 3 janvier 1883, Alice Chauvaud, dont : *a.* Marie-Hélène, du 4 avril 1884 ; *b.* François-René, du 2 janvier 1886 ;

2o Marie-Nelly, née le 7 janvier 1854 et mariée, le 11 mai 1875, à Jean Lavergne, ancien notaire, auquel elle a donné : *a.* Gabrielle-Marie, née à Aubeterre, le 28 avril 1876 ; *b.* Magdeleine, du 11 août 1878 ; *c.* Marguerite, née le 19 mars 1881 et décédée le 17 septembre 1885 ; *d.* Joseph, né le 4 décembre 1883, mort le 17 septembre 1886 ; *e.* Marthe, née le 22 octobre 1884, décédée le 5 septembre 1888 ; *f.* Gabrielle, du 1er avril 1888 ; *g.* Germaine, du 30 avril 1890 ;

3o Marguerite-Célestine, née le 29 janvier 1856 et mariée, le 1er août 1876, avec Georges Ansault, percepteur des contributions directes à Chalais et dont elle a eu Albert, né à Baignes, le 13 octobre 1877 ;

4o Anne-Noémie, du 24 juin 1858, notre gracieuse collaboratrice, et à qui nous sommes heureux de renouveler ici nos affectueux remerciements ;

5o Marie-Léonie, du 16 août 1860 ;

6o Marie-Adèle, née le 5 décembre 1862, non, comme ses aînés, à Gondeville, qui n'était plus habité que par la grand-mère, ce qui en a décidé la vente en 1865, comme il a été dit, mais à La Descenderie, ainsi que ses frères et sœur qui suivent ;

7o Marguerite-Louise, du 23 janvier 1867 ;

8° François-Georges, du 18 octobre 1869 ;

9° François-Joseph, du 13 avril 1873.

Ce plus jeune enfant ne comptait que de douze ans et demi, lorsque la famille eut la douleur de perdre, le 27 octobre 1885, la mère, à peine âgée de cinquante-deux ans. L'aïeule, *Adèle de La Charlonnie*, était morte, le 28 octobre 1872, à La Descenderie, comme sa fille. Quant au père, il continue d'habiter, au milieu de la plupart des siens, ce vieux domaine de la famille, qui le possède, en effet, depuis deux cent treize ans. « Le patrimoine qui se transmet ainsi de père en fils, dit M. le comte de Cornulier-Lucinière dans l'ouvrage déjà cité, est le lien le plus énergique qui rattache les souvenirs aux espérances, qui fait un tout du passé, du présent et de l'avenir. Les ancêtres laissent comme une trace de leurs personnes partout où ils ont vécu, et particulièrement sur la terre qu'ils ont possédée et façonnée de génération en génération. »

VIII

Rameau de François-Héliodore de La Charlonnie.

Le cinquième et dernier enfant de Jean-François de La Charlonnie et de Marie-Marguerite Frugier vint au monde à Villars, le 23 fructidor an XI (10 septembre 1803). On lui donna les prénoms de *François-Héliodore*. Ses humanités terminées, il alla étudier la médecine à Paris, et, une fois pourvu de son diplôme de docteur, il vint exercer dans le pays de Mérignac, où il prit demeure, ne quittant ainsi ni sa famille, ni les lieux qui l'avaient vu naître. Le 24 novembre 1829, il épousa, à Bassac, Anne-Françoise-Julie Castaigne, dont les ascendants ont été, les uns, notaires royaux héréditaires, pendant que les autres ont tenu leur place dans la judicature du pays, ou bien se sont distingués par leur zèle et leur savoir comme médecins.

Née à Bassac, le 23 février 1807, de Pierre Castaigne et de Jeanne-Françoise Parenteau-Lameulière, Anne-Françoise-Julie était la sœur puînée de Jean-François-Eusèbe Castaigne, bibliothécaire d'Angoulême en 1830, fondateur de la *Société archéologique et historique de la Charente* et auteur des *Notes historiques et généalogiques sur la famille Castaigne,* desquelles nous avons extrait l'ascendance aussi complète que pleine d'intérêt d'Anne-Françoise-Julie.

Leur père, né à Bassac le 18 février 1749 et décédé le 5 mai 1818, vingt jours avant sa femme, issue de Jean-Baptiste Parenteau-Lameulière, notaire royal, et de Françoise Launux de La Chaume, et qu'il avait épousée le 3 février 1794 à Roullet, paroisse de Claix, avait fait antérieurement deux séjours en Amérique ; pendant le second, il géra à Saint-Domingue les propriétés du comte Hugues de Cesselès. Rentré en France en 1789, il fut le premier maire de Bassac. Il était le douzième des treize enfants de Philippe Castaigne, né à Angoulême en 1708, notaire royal de Bassac, de 1735 jusqu'au 2 décembre 1784, année de sa mort survenue le 26 dudit mois, en même temps procureur fiscal (1739-1741), puis juge-sénéchal (1742-1750) de cette même seigneurie. Il avait pour femme Jacquette Tabuteau.

Le troisième enfant, Marguerite, née le 10 avril 1736, se maria, le 13 novembre 1769, avec Claude Martin, sieur du Breuil, maître en chirurgie, né à Saint-Mêsme de François Martin, sieur du Breuil, et de Marguerite Noël ;

Le quatrième, Philippe-Michel, né le 9 octobre 1737, entra dans l'ordre des Bénédictins de Saint-Maur et fut successivement à la tête de trois prieurés. Il mourut le 23 janvier 1810 ;

Le septième, François, sieur des Essards, né le 6 janvier 1742, exerça l'office de procureur du roi en la châtellenie de Bouteville et décéda en mars 1814. Sa femme, N. Ordonneau, ne lui donna pas de postérité ;

Le onzième, Charles-Gervais, né le 7 octobre 1747, docteur en médecine de la faculté de Montpellier, prit pour femme Marie-Anne Brugeron et mourut le 29 janvier 1829 ;

Le treizième, Marie-Magdeleine, née le 22 juillet 1750, épousa, le 26 juillet 1779, Pierre-Emmanuel Talon La Rente, sieur d'Orlut, dont descendance. Son décès à Bordeaux date du 26 mars 1836. C'est elle que nous avons vue marraine de Marie-Henriette Rambaud de La Rocque, le 16 septembre 1760, à Saint-Mesme.

Les sept filles restant : Françoise, l'aînée de toutes ; Marie-Anne, la seconde ; Marie, la cinquième ; autre Françoise, la sixième ; Jeanne, la huitième ; Marguerite-Julie, la neuvième ; et une autre Françoise encore, qui était le dixième enfant, sont mortes célibataires ou en bas âge.

Philippe, le père de cette nombreuse lignée, paraît avoir eu deux frères et quatre sœurs :

1° Esther-Françoise, née à Angoulême, le 21 janvier 1707, et qui épousa, par contrat du 31 janvier 1730, Pierre Brugeron, sieur du Renfermis, fils de Jacques, sieur de La Motte, notaire royal à Saint-Amant de Graves, et de Jacquette Tabuteau. Cette dernière, morte le 6 septembre 1740, a été inhumée dans l'église de Saint-Amant. Esther-Françoise donna le jour à une fille, le 28 juin 1739 ;

3° Marguerite, sœur puînée de Philippe, née le 21 mars 1709, ne paraît pas s'être mariée ;

4° Jean, né à Bassac, ainsi que les suivants, le 26 février 1710, mourut en se rendant en Amérique ;

5° Michel-Philippe, né le 13 juin 1712, docteur en médecine de la faculté de Montpellier, exerça à Angoulême, où il décéda garçon, le 20 juin 1762, laissant après lui le souvenir d'un dévouement infatigable, surtout envers les pauvres. Aussi son nom figure-t-il sur une des plaques de marbre qui décorent le vestibule de l'Hôtel-Dieu ;

6° Marguerite, née à Bassac, le 1er août 1713, épousa, le 19 juin 1740, Charles Baudet de Marvaud, avocat en parlement, conseiller du roi et lieutenant honoraire de la maîtrise des eaux et forêts d'Angoumois. De cette union sont issus cinq enfants, entre autres, Marguerite, mariée, le 19 juin 1775, à Pierre Rambaud, sieur du Gré, ainsi qu'on l'a vu[1] ;

7° Françoise, qui naquit le 26 octobre 1715, et, d'après

1. Dans la généalogie de sa famille, Eusèbe Castaigne donne par erreur au père de Pierre Rambaud, sieur du Gré, le prénom de Pierre au lieu de Jean.

Eusèbe Castaigne, serait restée demoiselle. Cependant le registre paroissial de Saint-Amant donne, à la date du 31 janvier 1737, le baptême de Catherine Brugeron, fille de François Brugeron et de Françoise Castaigne, de la paroisse de Bassac : le parrain était Philippe Castaigne, « son oncle maternel ». Cette découverte permet de croire que l'assertion de Castaigne n'est pas fondée.

Ces sept enfants descendaient de Philippe Castaigne et de Françoise de La Font, fille de François, écuyer, sieur de L'Espinasse. Philippe naquit, le 8 novembre 1677, à Bassac, où, après avoir été procureur au siège présidial d'Angoulême de 1706 à 1710, il succéda à son père comme notaire royal et sénéchal de l'abbaye. Il mourut le 25 mai 1715 et fut inhumé dans l'église de Saint-Nicolas. Le fils qui devait le remplacer dans la charge de notaire héréditaire réservé n'avait alors que treize ans, aussi l'office fut-il mis en gérance jusqu'en 1735.

Les frères et sœurs de Philippe étaient au nombre de dix : 1° Marguerite, née vers 1659 et mariée, le 15 septembre 1681, à Jean Roy, demeurant à Angoulême, faubourg Lhoumeau ; 2° autre Marguerite, née le 1er mars 1663 et morte tout enfant ; 3° Marie, née le 13 octobre 1669, et qui épousa, le 24 novembre 1688, un beau-frère de sa sœur aînée ; 4° Roger, baptisé le 28 août 1672 et décédé le 30 août 1676 ; 5° Guillaume, du 24 avril 1675, mort le 10 mai 1676 ; 7° Jean, le cadet immédiat de Philippe, né le 11 septembre 1680, et décédé le 16 décembre de la même année ; 8° Jeanne, née le 25 mars 1682 ; 9° Marguerite, du 2 décembre 1683, mariée, le 3 mars 1710, à Guillaume Gaborit, notaire royal. Elle était veuve depuis seize années au moins, lors de son décès, survenu le 1er novembre 1749. On lui connaît deux enfants, Marie et Michel, venus au monde en 1712 et 1722, ce qui donne lieu de croire à d'autres rejetons ; 10° Jean-Daniel, qui vit le jour le 17 novembre 1686 et mourut en Amérique.

La filiation des Castaigne se continue dans la personne d'un Philippe encore, qui fut l'acquéreur de l'état et office de notaire avec droit d'hérédité et aussi juge-sénéchal de l'abbaye des Bénédictins de Bassac, fondée au XIe siècle par Wardrade, seigneur de Jarnac [1]. Professant la religion réformée, il épousa, antérieurement à 1650, Esther Favreau, née à Cognac d'une famille protestante et dont le père était neveu de Jacques Favreau, conseiller à la cour des aides, mort à Paris, en mai 1638. Philippe et sa femme, qui firent abjuration, lui en juin 1670, elle en juin 1671, moururent vers 1700. Leurs corps reposent dans l'église de Saint-Nicolas de Bassac, auprès de ceux de deux de leurs enfants morts en bas âge.

Philippe Castaigne avait deux frères puînés : 1° Jean, sieur de La Tour, marié à Hippolyte Vidard, dame de La Tour ; ils habitaient Montmoreau, où se retrouve leur descendance ; 2° Pierre, qui exerça la médecine à Bassac, où on le rencontre en 1677. Celui-ci ne paraît pas s'être marié. Leurs père et mère, Jean Castaigne et Marie Brisson, dont l'union doit dater de 1634, demeuraient à Bassac, en 1670. Marie Brisson, qui naquit à Jarnac, en 1614, d'Étienne et de Renée Thomas des Maisonnettes, et mourut à Bassac, le 10 septembre 1679, était proche parente de Paul Thomas, écuyer, seigneur des Maisonnettes et de Girac, né à Jarnac en 1580 environ, maire et capitaine d'Angoulême en 1632 et 1633, puis échevin et conseiller du roi au présidial de ladite ville où il mourut, en 1663, avec la réputation méritée « d'un homme fort habile dans les belles-lettres, connaissant parfaitement les auteurs profanes et sacrés [2] ».

Jean Castaigne avait un frère qui prit part, en 1627, au siège de La Rochelle, et une sœur, Léard, née en 1615 et mariée à Guillemin de La Faye, d'une famille de zélés pro-

1. *Le château d'Ardenne*, par M. l'abbé Tricoire.
2. Vigier de La Pile.

testants. Veuve en 1673, Léard se fit catholique et mourut à Bassac, le 4 janvier 1680.

De leur père nous savons seulement le prénom, Samuel, et aussi qu'il était de la religion réformée et qu'il prit femme en 1599. Gabriel, son frère cadet, a laissé plus de traces de sa vie. A quatorze ans il renonça au protestantisme, et, pour se soustraire à l'autorité de sa famille, il quitta le pays et se réfugia à Avignon, où il entra dans les Cordeliers. En l'année 1600, Henri IV lui donna l'évêché de Saluces, mais il n'en fut jamais pourvu. Nommé successivement abbé de Saint-Ruf de Valence, de Saint-Thiers du Saôu, ainsi que conseiller et aumônier du roi, il mourut en 1630, laissant plusieurs écrits sur les sciences occultes, inspirés par un travail d'Alexandre de La Tourette. La pratique de la médecine sans les titres exigés lui attira, en novembre 1612, une sentence du prévôt de Paris, mais il n'en continua pas moins son inépuisable charité envers les indigents.

Samuel et Gabriel avaient un troisième frère, Élie Castaigne, sur l'existence duquel rien n'a pu être découvert, sinon qu'il conserva la religion réformée.

Leurs auteurs étaient Pierre Castaigne et Suzanne de La Faye, fille de Guillaume, de l'ardent protestantisme duquel nous venons de parler. Pierre, originaire de Bordeaux, était venu en Saintonge en 1562, à la suite des armées protestantes. Il avait une sœur, Rachel, qui se maria avant lui, et un frère, Jean, décédé célibataire, vers 1556. Celui-ci figure, sous le nom de *Jean de Castaigne, bourdelais,* parmi les poëtes qui adressèrent des vers apologétiques à Olivier de Magny, qui lui répondit par une ode de seize strophes de huit vers.

Pierre, Jean et Rachel étaient les enfants de Pierre, notaire en titre de la municipalité de Bordeaux, qui embrassa le protestantisme et épousa, par contrat du 4 juillet 1536, Jehanne de Pontcastel, d'une famille de juges de la bourse.

Pierre Castaigne, dit le généalogiste de la famille, sans

l'affirmer toutefois, paraît être le fils de Pierre Castaigne, qu'il a retrouvé dans les archives municipales de Bordeaux, sous la désignation de chargé d'affaires de François de Rochechouart, seigneur de Chandenier, gouverneur de Gênes pour Louis XII, de 1508 à 1512. En cette qualité, il serait allé dans cette ville remettre audit seigneur de Chandenier une somme de 300 écus d'or, que devait Guillaume de Casaubon, marchand à Bordeaux.

De ces temps éloignés, jusqu'où Eusèbe Castaigne a dû se trouver heureux, à juste titre, d'avoir pu rétablir l'ascendance de sa maison, revenons à sa sœur, que nous avons laissée au moment de son mariage avec *Héliodore de La Charlonnie.* Le 20 mars 1831, elle mettait au monde un fils, Louis-Annet-Héliodore, qui devait être leur seul enfant et l'unique rejeton mâle des La Charlonnie. Cette venue fut l'objet d'une joie aussi grande que naturelle ; malheureusement les espérances qu'elle faisait revivre ne devaient pas se réaliser. Mais n'anticipons pas sur les tristesses de ce sujet ; elles se produiront trop tôt.

François-Héliodore, tout en ne ménageant pas, bien au contraire, ses soins à ses nombreux malades, s'occupait aussi des questions utiles au pays, entre autres celle de la société vinicole qui venait d'être fondée à Saintes. Une lettre adressée de Mérignac à notre père, le 28 juin 1842, témoigne de son intérêt pour la réussite de cette société :

« Mon cher cousin,

» Le baron Lemercier a été induit en erreur, lorsqu'on lui a assuré que, gagné par M. Marell, j'avais abandonné l'homme de la société vinicole pour prendre la défense du commerce. Il est bien vrai qu'on a fait quelques démarches auprès de moi, mais je ne suis pas de caractère à me laisser aller à leurs bassesses ; cela m'a été au contraire un motif pour parler plus haut et plus ouvertement. D'ailleurs j'estime trop M. Lemercier pour lui jouer un pareil tour.

» Il faut le dire, notre mission est difficile à remplir. Tout le commerce est rallié contre nous, et, d'après mon calcul, je ne vois de majorité ni d'un côté, ni de l'autre. Nos adversaires sont pleins d'activité et nous, nous dormons un peu sous l'ombre de notre bonne cause. Mais, samedi, j'irai à Cognac et je tâcherai de tout réveiller. J'espère que nous remporterons la victoire à force de tactique et de persévérance.

» Ma femme et moi nous nous réunissons pour vous charger de présenter à toute votre famille nos amitiés et notre attachement.

» Votre dévoué cousin,

» H. La Charlonnie. »

Il comptait quarante-neuf ans à peine, lorsqu'il mourut, le 9 février 1853; cette fin prématurée et que rien n'annonçait fut le fait des sentiments, trop pénibles pour un homme de cœur, probe et désintéressé, que lui causa la perte d'un procès qu'il ne s'était décidé qu'à la longue et avec une profonde répugnance, à intenter à une famille, à laquelle il avait donné pendant quinze années ses soins empressés et dont il n'avait reçu qu'une faible partie de ses honoraires[1]. Cette famille, qui n'a pas craint, pour justifier son refus, d'invoquer la prescription, aurait dû se rappeler qu'en 1751, elle s'était alliée aux La Charlonnie. Pareil souvenir aurait provoqué les simples convenances à défaut de la gratitude méritée, dont il a été si peu fait preuve dans la circonstance.

Le journal le *Charentais* du 11 février 1853 contient sur *Héliodore de La Charlonnie* une notice nécrologique du docteur Gigon, dont nous extrayons le passage suivant :

---

1. Voir le *Mémoire* relatif à l'affaire. (Cognac, imprimerie Durosier, 1852).

« Lorsqu'il était conduit au champ de l'éternel repos, une foule que ne pouvait contenir l'enceinte de l'église, accompagnait, dans un douloureux silence, sa dépouille mortelle, et nous tenons d'un respectable ecclésiastique, témoin des faits, qu'au moment où, déposé sur le bord de la fosse, il allait être enseveli à jamais, de pauvres femmes, pleines de reconnaissance, embrassaient les planches de son cercueil, seule récompense qu'elles pussent donner à celui qui, si souvent, avait veillé avec elles près du berceau de leurs petits enfants, du lit de leurs époux, ou de leurs vieux pères. »

La fatalité ne devait pas s'en tenir à ce premier malheur; le 24 août 1867, c'était au tour de son fils, ainsi frappé dans sa trente-sixième année et emportant avec lui le dernier espoir du nom. Il habitait alors Pied-Gelé dans la paroisse de Saint-Ausone d'Angoulême et où sa mère et lui s'étaient fixés, après la mort du père. Son corps transporté à Mérignac, y fut inhumé, deux jours après, au milieu des siens.

L'infortunée mère ne pouvait survivre longtemps à d'aussi cruelles séparations. Moins de quatre années après, le 8 avril 1871, dans son domicile de la rue des Bezines, à l'âge de soixante-quatre ans à peine, elle rendit son âme à Dieu.

Le rameau que notre bisaïeul était venu fonder en Saintonge avait été impitoyablement brisé à son origine. Le même sort était réservé à celui qui constituait, nous le redisons encore, le dernier soutien du nom, et pourtant, ce ne sont pas les années qui firent défaut pour la continuation du vieux sang des La Charlonnie! *Sic fata voluere.*

IX

Branche aînée de Villars.

(*Fin*)

Nous n'avons plus, pour terminer notre tâche, qu'à parler de l'aîné des fils de Jean-François de La Charlonnie et de Marie-Marguerite Frugier, Jean-François-Joseph-Annet, et de sa descendance.

Annet de La Charlonnie vint au monde à Villars, le 12 fructidor an VI (29 août 1798). Le 12 juin 1820, il épousait à Mérignac, Marie-Anne-Marguerite-Odile de Jaubert, fille de Pierre, écuyer, seigneur des Vallons et de Fouquebrune en Angoumois, et de Marie-Anne Navarre de Boisderetz. Pierre de Jaubert descendait d'une ancienne famille, dont nous avons pu, grâce aux précieuses recherches de M. de Fleury, compléter, en partie, la généalogie qu'en donne Saint-Allais, en indiquant d'abord que les de Jaubert sont originaires du Limousin et d'ancienne chevalerie. Leur maison a eu pour fondateur Audoin de Jaubert, chevalier, seigneur de La Rochejaubert en Saint-Sulpice d'Excideuil, de Nantiac et autres lieux, né en 1323 environ et mort vers 1409. L'aîné de ses fils, noble Golfier de Jaubert, damoiseau, seigneur de La Rochejaubert, est le chef des branches de

L'Étang, de La Faye et des Vallons. Par contrat du 11 avril 1439, il donnait en mariage sa fille, Marie, à Renaud de Lestrade, damoiseau d'Excideuil, écuyer, seigneur de La Cousse, de Fosselandrie et de Verrières.

La jonction de la souche avec la branche des Vallons n'est pas connue, mais l'identité des armes : *D'azur à la fasce d'or, accompagné de 6 fleurs de lys d'or, 3 au-dessus et 3 au-dessous, rangées en fasce*, prouve l'identité de l'origine [1].

Vers 1490, naquit Louis de Jaubert, écuyer, qui épousa Isabeau du Bois, de la maison, sans doute, d'Isabeau du Bois, mariée à Colas Nourrigier, seigneur de Montaignon en Gourville, qui vivaient en 1444. Leur fils, Jean, écuyer, à qui ils firent donation, le 8 novembre 1549, s'était marié, deux ans plus tôt, le 27 septembre, à Jacqueline Le Roy, qui donna le jour à François de Jaubert, écuyer, époux, par contrat du 1er novembre 1576, d'Isabeau Guichard. De cette dernière union, sortit François, écuyer, sieur de La Rouzie, dont le contrat de mariage avec Esther Barbot date du 28 mai 1630. Esther Barbot fut la mère de Pierre de Jaubert, écuyer, sieur des Vallons, fief situé en Fouquebrune et dont le nom n'existe plus aujourd'hui. Par contrat du 27 février 1659, il épousa Louise Angebaud. Jusqu'en 1673, ils habitèrent le logis noble de Faugère, puis celui du Terme, l'un et l'autre dans cette même paroisse de Fouquebrune. En 1666, Pierre de Jaubert fut maintenu dans sa noblesse par d'Aguesseau. Trois enfants au moins sont issus de son mariage: 1° Louis, écuyer, sieur des Vallons, qui habitait Fouquebrune, en 1716, et à qui Me Jean Bourdage, seigneur de La Courade, Coulgens et autres lieux, juge-magistrat au présidial d'Angoumois, céda une rente qui lui était échue de la succession de Geneviève Bourdage, dame Duthiers, sa sœur [2]; 2° Ni-

---

1. Bibliothèque nationale. Section des manuscrits. Fonds d'Hozier.
2. Archives de la Charente. Pierre Jéhu, notaire royal à Angoulême.

colas, écuyer, sieur de La Rouzie, marié, par contrat du 27 mars 1699, à Marie Vigier, fille de Nicolas, écuyer, sieur de La Chardrie en Couzat, et de Jeanne de Jambes, unis le 31 janvier 1663; 3° Pierre, écuyer, marié à Aimée Robinet, domicilié, en 1703, aux Barrauds en Dirac, et qui vendit, de concert avec sa femme, le 25 mars de cette même année, comme héritier de son père et donataire universel de dame Louise Angebaud, sa mère, à Christophe Gillibert, notaire royal à Angoulême, une rente seigneuriale en blé, chapons, gélines et argent, assise sur la prise des Salmons en Fouquebrune [1].

Nous ne saurions dire quel est celui de ces trois frères qui continua la descendance représentée encore par un Nicolas, sieur des Vallons. La similitude de prénoms donne quelque raison de croire que ce dernier est issu de Nicolas et de Marie Vigier; mais aussi sa qualification de sieur des Vallons laisse penser que Louis de Jaubert serait plutôt son père, si toutefois celui-ci s'est marié, ce dont la preuve fait défaut. Nous souhaitons que d'autres soient plus heureux que nous pour l'éclaircissement de ce doute.

Nicolas de Jaubert, écuyer, sieur des Vallons, épousa Siquaire Jaulin, qui lui apporta la métairie de Marsac et dont il eut sept enfants : 1° Jean, né à Charmant, en 1737, qui entra dans les ordres. Clerc tonsuré en 1752, il fut présenté, le 24 décembre de ladite année, à la chapelle de Notre-Dame en l'église Saint-Paul d'Angoulême, par messire François Desbordes, écuyer, seigneur de Gensac, demeurant à Angoulême, et messire Nicolas Jaubert, écuyer, sieur des Vallons, son père, et l'un et l'autre patrons de ladite chapelle [2]; 2° François, né le 4 juin 1738, à Charmant; 3° autre François, né encore à Charmant, en 1739; 4° autre Jean, né le 11 juin 1741, aussi à Charmant; 5° Alexis, né à Marsac, en 1742, et y décédé, le 21 octobre 1746; 6° Catherine, née le

---

1-2. Archives de la Charente. Guillaume Jeheu, notaire royal à Angoulême.

19 mai 1744, à Marsac, et qui fut baptisée le 21 du même mois, avec Pierre Dubois de Lacauld, greffier de Charmant, pour parrain, et, pour marraine, damoiselle Catherine Rossignol, demeurant à La Rochefoucauld. Elle épousa Pierre Brisson, sieur de Villars, auquel elle transmit Marsac, ainsi que l'avait fait sa mère.

Grâce à l'obligeance de M. Malard, notaire à Fouquebrune, dont il est également maire, nous avons retrouvé dans son étude un acte du 7 novembre 1769, reçu par Me Martin, notaire à Charmant, pour la fondation de bancs et de sépulture dans l'église de Marsac, consentie par messire Michel Thomas, curé, à Pierre Brisson, sieur de Villars, et Catherine de Jaubert, son épouse, moyennant vingt-quatre livres de droits annuels et douze sols pour une messe basse à dire le jour de la Sainte-Catherine. Avant 1769, Catherine et son mari habitaient Angoulême. Deux autres actes du même notaire parlent aussi de Catherine de Jaubert, à propos de collouages à des cultivateurs de Marsac : l'un est du 24 juin 1770, l'autre du 27 août 1772.

Le septième enfant de Nicolas, Marguerite, naquit à Charmant, le 21 avril 1749. Peu après, dut mourir Siquaire Jaulin ; en effet, le 30 octobre 1753, le sieur des Vallons convolait en secondes noces avec Jeanne-Antoinette de Rava-Robert de Ferrachapt, par qui devait être continuée la filiation qui nous intéresse. Il en eut, en effet, quatre enfants : 1° Pierre, qui suit ; 2° et 3° Barbe et Catherine, jumelles, nées le 7 février 1759 ; 4° Jean-Louis, du 28 février 1760.

Peu d'années après la naissance de ce dernier enfant, Nicolas de Jaubert quitta Charmant, où tous les quatre avaient vu le jour, pour aller habiter Angoulême, faubourg Saint-Pierre, paroisse de Saint-Martin, jusqu'à son décès. La preuve en est donnée dans une rente qu'il fit, le 16 septembre 1764, à Blaise Dufour : l'acte reçu par Me Dubois, notaire royal à Charmant.

Revenons à son fils aîné, Pierre, qui vint au monde, le 7 février 1758 et entra dans la marine royale. Ses états de service copiés au ministère nous apprennent qu'il fut promu lieutenant de frégate le 25 août 1782. Il était alors dans sa vingt-cinquième année. Sous-lieutenant de vaisseau, le 1er mai 1786, il fut promu lieutenant, le 1er janvier 1792. Ayant émigré dans le courant de ce même mois, il figure comme absent de la revue, le 15 mars suivant. Nous le voyons reparaître, le 31 décembre 1814, avec le grade de capitaine de frégate (en inactivité) jusqu'au 2 septembre 1817, jour de son décès à Boisderetz. Le 10 septembre 1814, il avait été fait chevalier de Saint-Louis. Ajoutons que Pierre de Jaubert fut maire de Moulidars de 1807 à 1815 ; puis, après une interruption de quelques mois, il reprit la mairie qu'il garda jusqu'à sa mort.

Le 25 janvier 1791, il avait épousé à Moulidars, Marie-Anne Navarre, née, le 22 décembre 1769, de Pierre-Mathurin, sieur de Boisderetz, et de Marie Nadault, issue de Françoise Guyot et de messire Charles-Antoine Nadault, écuyer, seigneur de Nouhère, descendant de François Nadault, écuyer, conseiller au présidial d'Angoulême, maire en 1679, qui épousa, en 1671, Madeleine de Tours et possédait les fiefs de Neuillac et de Nouhère en Asnières. Une année après son mariage, Pierre de Jaubert, ainsi qu'il a été dit, quittait la France. Sa femme, pour échapper aux lois qui frappaient les émigrés et leurs biens, fit prononcer le divorce par l'officier de l'état civil, le 6 messidor an II (24 juin 1794). Après quoi elle rejoignit son mari à Hambourg, où elle eut, le 6 avril 1799, un fils, Adolphe-Constantin, reconnu pour légitime au moment où ils renouèrent leur union, le 21 thermidor de l'an X (9 août 1802). Cet enfant, qui prit plus tard du service dans la garde du roi, mourut à Paris, le 19 décembre 1815, à peine âgé de seize ans [1].

---

1. *Le château d'Ardenne*, par M. l'abbé Tricoire.

Marie-Anne Navarre donna le jour à deux autres enfants : 1° Marie-Anne-Marguerite-Odile, née le 14 avril 1803 et mariée à Annet de La Charlonnie ; 2° Constantin-Pauly de Jaubert, né à Boisderetz, comme sa sœur, le 12 janvier 1811, et qui, après avoir donné sa démission d'officier d'infanterie, alla se fixer à Saintes, où il épousa Marie-Lowely Saulnier de Beaupine, issue de Jacques Michel, marié, en 1813, à Marie-Julie Papin et petite-fille de Georges, écuyer, seigneur de La Grange, chevau-léger de la garde royale, qui fut présent à l'assemblée provinciale de Saintes et représenté à celle d'Angoulême, pour son fief de L'Aubertine, par Robert-Bernard d'Asnières, et s'unit, en 1782, à Marie-Anne-Benoîte Cotard de L'Isle.

Le bisaïeul de Marie-Lowely était Jean Saulnier de Beaupine, qui se maria, en 1733, avec Marie de L'Aigle de La Grange ; son trisaïeul, Arnaud Saulnier, écuyer, seigneur de Beaupine, uni, en 1688, à Vandoire en Périgord, avec Suzanne Magnieu ; son quatrième aïeul, Jean Saulnier, écuyer, seigneur des Hortes, marié, en 1654, à Françoise Geannot[1].

Les Saulnier des Hortes, ainsi que ceux de Pierre-Levée ou Peyrelevade, dont nous avons parlé à propos du fief de Gondeville, descendaient des Saulnier qui ont eu pour berceau la petite ville de Brantôme sur la Drôme, en Périgord. Leur premier auteur connu est Armand Saulnier, qui rendit des services importants au roi Philippe VI, premier roi de France de la maison de Valois, dans la guerre de Gascogne, comme en font foi des lettres de Guillaume, archevêque d'Auch, et de Pierre de La Palu, seigneur de Varambon, lieutenant de ce monarque en Languedoc, datées de Cahors, le 5 novembre 1340[2].

---

1. Généalogie tirée de la Revue de Saintonge et d'Aunis. *Bulletin de mars 1892.*

2. *Dictionnaire universel de la noblesse*, de Courcelles.

Disons encore de Constantin-Pauly de Jaubert qu'en 1848, il fut nommé colonel de la garde nationale de Saintes.

Parlons d'ANNET DE LA CHARLONNIE et de sa jeune femme, à peine âgée de dix-sept ans, en effet, lors de leur union, qui devait être si promptement brisée. Le 16 septembre 1822, elle mourait à Boisderetz, après lui avoir donné, le 4 avril précédent, une fille, *Anne-Marie-Marguerite-Azoline.*

Après cette cruelle épreuve, l'infortuné père ne chercha d'autres consolations que dans l'affection et les soins qu'il reporta sur son unique enfant. Il avait largement hérité, du reste, de la bonté de cœur et des sentiments de famille, qui n'ont cessé d'être le principal héritage des La Charlonnie et qu'on retrouve dans la lettre adressée à notre père, lors du décès de notre aïeule.

Nous avons dit qu'ANNET DE LA CHARLONNIE fut un des témoins de notre mère à son mariage, le 17 juillet 1837. Il était accompagné de sa fille, qui assistait, le lendemain, dans l'église de Saint-Pallais, à la bénédiction nuptiale, à laquelle la famille d'Angoumois était aussi représentée par Eugène Rullier et ses fils, Amédée et Edmond. A sept années de là, le 25 juin 1844, *Azoline de La Charlonnie*, à son tour, épousait Marc-Ernest Prévost du Las, issu d'une vieille famille du pays, dont nous avons pu rétablir la filiation jusqu'en 1620, date présumée de la naissance de Pierre Prévost, notaire royal à Douzac, marié, vers 1649, à Jeanne Belgue et cinquième aïeul de Marc-Ernest.

Pierre Prévost, qui paraît avoir eu pour frères et sœur, Hélie et Arnaud, époux d'Anne et Jeanne Bailhon, et Marie qui s'unit, le 1er octobre 1655, à Douzac, à Léonard Gratreau, notaire royal d'Esgallon, eut, à notre connaissance, trois enfants : 1o Anthoine Prévost, qui suit; 2o Anne, baptisée le 19 août 1651, à Douzac, comme son frère et sa sœur puînée, et mariée, le 31 juillet 1684, à Pierre Boilvin, de la paroisse de Fléac ; 3o Antoinette, tenue sur les fonts baptismaux, le 15 août 1652, par Anthoine Prévost et Jeanne Prévost, grands-parents que nous n'avons pu autrement retrouver.

Anthoine Prévost, sieur du Maine-Dupuy en Douzac, naquit vers 1650 et fut notaire royal après son père. En 1679 environ, il épousa Anne Guillaud, dont quatre enfants : 1° Jeanne, née en 1680, et mariée à Jean Clémenceau, sieur de La Rente ; elle mourut aux Panneliers et fut inhumée, le 18 janvier 1750, dans l'église de Moulidars ; 2° Anthoine, qui suit ; 3° autre Anthoine, né le 14 mars 1686, baptisé le 15, avec Pascal Prévost, un frère de son père sans doute, pour parrain, et sa tante, Anne Prévost, pour marraine ; 4° Pierre, né le 30 juin 1687 et baptisé le 6 juillet suivant.

Anthoine Prévost, sieur du Las, vint au monde à Douzac, ainsi que ses frères et sœur, le 10 janvier 1684. Le 18, il reçut le baptême, ayant, pour parrain et marraine, François Vigneron et Marie Guillaud, sa tante. Après son mariage, dont nous allons parler, il quitta la paroisse de Douzac pour aller s'établir dans celle de Moulidars, au village des Panneliers, où nous avons dit que mourut sa sœur, et acheta, en 1730, pour 11,500 livres, une partie du fief de Cesseau, de Zacharie Cosma, sieur de Montour en Narcillac, marié à Anne Lambert, et du beau-frère de ce dernier, Pierre Douilhet, notaire royal à Bassac [1]. Cette terre de Cesseau se trouve à une faible distance du Las et la qualification d'Anthoine indique qu'il a été, tout au moins en partie, également possesseur de celle-ci. Il mourut aux Panneliers, le 14 mai 1749 ; sa sépulture dans l'église de Moulidars eut lieu le lendemain.

Sa femme, Marie Calluaud, fille de Philippe, juge de la châtellenie de Vibrac, et de Marguerite Fontenille, de Châ-

---

1. Archives de la Charente. Série E, *Titres de familles.*

teauneuf, qu'il avait épousée le 1er avril 1710, et qui mourut, à l'âge de soixante-huit ans, le 13 septembre 1753, et fut inhumée près de son mari, lui donna neuf garçons et une fille: 1° Pierre Prévost du Las, baptisé le 12 avril 1711, avec son aïeule, Anne Guillaud, pour marraine, et pour parrain, Pierre Piet, sieur de Saint-Surin, époux de Jeanne Calluaud. Étant clerc tonsuré, ses père et mère constituèrent en sa faveur, le 21 mars 1731, un titre clérical [1]. On le retrouve, en 1741-1751, curé de Courcérac, puis, en 1753, de Vibrac, où il mourut et fut inhumé dans l'église, le 16 septembre 1776; 2° François-Antoine, qui suit; 3° Jean, né le 26 avril 1713 et tenu, le surlendemain, sur les fonts baptismaux par Jean Piet et Marie Prévost, ses cousin et cousine; 4° Marc, baptisé le 6 mai 1714, ayant pour parrain et marraine: Marc Guillot, conseiller du roi au siège de Châteauneuf, subdélégué [2] de M. l'intendant de La Rochelle, et Jeanne Prévost, sa tante; 5° Antoine, baptisé le 22 septembre 1715; 6° François, baptisé le 1er octobre 1716; 7° Pascal, baptisé le 16 octobre 1718; parrain: Jacques Prévost, sieur de Grandpré; marraine: Jeanne Desbordes; assistait à la cérémonie, Pierre Prévost, sieur de Prédoncle; 8° Philippe-Rose, tenue sur les fonts du baptême, le 24 mai 1720, par Jean Condan et Philippe-Rose Ondarfont; elle ne vécut que seize mois: son inhumation dans l'église de Moulidars date du 17 octobre 1721; 9° Pierre, né en 1721, qui eut pour parrain, le 12 septembre, Pierre Prévost, et, pour marraine, Geneviève Barbarin. Licencié ès-lois, il était juge de la baronnie de Verteuil en 1751, et plus tard sénéchal de Ruffec et subdélégué de M. l'intendant de Limoges. Le 28 janvier 1741, il avait épousé à Fontclai-

---

1. Archives de la Charente. Pierre Jéhu, notaire royal à Angoulême.

2. Administrateurs subordonnés aux intendants des provinces et qui remplissaient des fonctions à peu près semblables à celles qu'ont aujourd'hui les sous-préfets.

reau Anne Coyteux, fille de feu Joseph, sieur de Fontclaireau, et d'Antoinette Giraud. A la bénédiction nuptiale donnée par Pierre Prévost du Las, curé de Courcérac et frère du marié, qui mourut au logis de Fontclaireau, le 9 messidor an III (27 juin 1795), assistaient : Prévost de La Menière, curé-prieur de Louzignac de 1741 à 1745, Prévost Grandpré et autres ; Anne Coyteux a été, le 1er juillet 1781, marraine de la cloche de l'hôpital de Ruffec ; 10° Philippe, sieur de La Vigerie, qui sans doute vit le jour aux Panneticrs, comme ses aînés, bien que son acte de baptême n'apparaisse pas dans le registre de Moulidars. Par contre, il est fait mention de son décès, le 12 avril 1809, à l'âge de quatre-vingt-cinq ans. A l'exemple de son frère, Pierre, il embrassa l'état ecclésiastique et devint curé de Courbillac en Saintonge, puis de Moulidars, au moment de la révolution. Emprisonné le 22 thermidor an II (9 août 1794), il recouvra la liberté et revint dans sa paroisse qu'il desservit jusqu'en 1803.

François-Antoine Prévost, seigneur du Las, reçut le baptême le 23 mai 1712, ayant pour parrain et marraine : François Prévost, sieur de Pralin, et Marie Guillaud. En 1737, le 30 septembre, étant « écolier de droit », il fut, à son tour, parrain avec Marguerite Prévost. Plus tard avocat au présidial de Poitiers, il épousa Louise Veillon, dont la famille habitait cette ville. En 1747, il acquit des frères Jean et Jacques Cornuau une pièce de bois à La Combe et une masure, le tout sis en Moulidars et tenu du seigneur de Lartige de Roussignac [1].

Louise Veillon paraît n'avoir eu que deux enfants : 1° Pierre-Antoine Prévost du Las, bachelier en droit, qui s'unit, le 17 janvier 1781, à Rose Marchais, issue de Pierre, sieur de La Berge et de La Chapelle, maire d'Angoulême, installé le

1. Archives de la Charente. Gavallet, notaire royal à Aizecq.

9 juillet 1772 [1], et de Anne Devars; c'est don Prévost du Las de La Menière, sous-prieur de Saint-Maixent, son oncle sans doute, précédemment curé-prieur de Louzignac, ainsi que nous l'avons dit, qui leur donna la bénédiction nuptiale dans l'église de Notre-Dame de La Pesne, à Angoulême. Pierre-Antoine décéda après sa femme et sans postérité, le 30 juillet 1780; 2° Gilbert-Marc Prévost du Las de La Vigerie, avocat en la cour et au présidial d'Angoulême, puis subdélégué de M. l'intendant de Limoges, qui épousa, le 2 juin 1778, à Fontclaireau, Marie-Aimée de Juif de Surand, fille de messire Gabriel-Honoré de Juif, écuyer, sieur de Surand, « major des canonniers gardes-costes de Charente [2] », et de défunte Marguerite Coyteux. En 1788, Honoré de Juif était chevalier de Saint-Louis et commandant en chef de ce même corps des gardes-côtes, dans la division du Breuil. L'acte de mariage de sa fille indique qu'elle habitait à ce moment la paroisse de Saint-André d'Angoulême, chez les Dames tiercelettes, et qu'elle était âgée de vingt-cinq ans et un mois. Elle était, en effet, née le 30 avril 1753, à Écoyeux et fut présentée, ce même jour, au baptême par messire Jean-Baptiste de Martinet, seigneur de Cherchon-Ville et de La Renaudière, et demoiselle Marie-Anne Riffaud, veuve du sieur Gobbert, professeur de géographie à Rochefort.

Gabriel-Honoré de Juif descendait d'une famille possessionnée dès le XVIe siècle dans la paroisse d'Aumagne, canton de Saint-Hilaire de Villefranche [3], dont l'état religieux porte de nombreuses traces du nom. C'est d'abord Pierre de Juif, honorable homme et sieur de La Molière, marié à honneste demoiselle Catherine Esnard, et décédé,

---

1. Sanson.

2. Les gardes-côtes employés à la défense des contrées maritimes, faisaient partie des corps sédentaires de l'armée française et étaient chargés de signaler et de repousser les débarquements de l'ennemi. Ils furent supprimés en 1791.

3. Archives historiques de Saintonge et d'Aunis. *Bulletin de janvier 1890.*

le 24 décembre 1683, à l'âge de quarante-sept ans ; ses enfants : 1° Pierre ; 2° Louise ; 3° autre Pierre ; 4° Catherine. On trouve ensuite Alexandre de Juif, sieur de Surand, capitaine au régiment de Chartres-infanterie et qui eut au moins six enfants de sa femme, Marie Baliste. L'un d'eux, Jean-Alexandre de Juif de Surand, capitaine des grenadiers de France, chevalier de Saint-Louis, mort dans sa quarante-huitième année, à Saint-Hilaire, le 3 mai 1768, épousa Marie de Rassac, qui donna le jour à François-Alexandre, dont nous reparlerons bientôt, en même temps que de son fils, Gabriel-Honoré-François-Alexandre, à propos de l'alliance de ce dernier, aussi avec les Prévost du Las.

En attendant, disons de Gilbert-Marc qu'à la Restauration, il fut nommé juge de paix du canton de Mansle et qu'il conserva cette magistrature jusqu'à son décès survenu à l'âge de soixante-quatorze ans, le 26 octobre 1825, dans son logis de Fontclaireau. Sa femme y était pareillement décédée, le 3 juillet 1822. Eux seuls continuèrent la descendance des Prévost du Las avec cinq enfants, qui virent le jour à Ruffec : 1° Louise-Victoire, née le 23 juin 1779 et tenue, le lendemain, sur les fonts baptismaux par ses aïeul et aïeule, Gabriel-Honoré de Juif de Surand, chevalier, seigneur dudit lieu, chef de division des canonniers gardes-côtes du Breuil, et Marie-Louise Veillon. A l'âge de quinze ans, le 14 fructidor an II (31 août 1794), elle épousa Antoine d'Angély, fils de François, écuyer, seigneur de La Salle, et d'Élisabeth Richard, et qui décéda, le 1er janvier 1818, à Bayers.

Antoine d'Angély avait pour aïeul, François, écuyer, seigneur de La Salle, qui épousa, en 1733, Françoise de Chergé ; pour bisaïeul, Pierre, écuyer, seigneur de La Salle et de Lonne, marié, en 1699, à Françoise de Lubersac ; pour trisaïeul, Louis, écuyer, seigneur de La Salle et de Champrigaud, qui s'unit, en 1676, à Diane de Ravard ; pour quatrième aïeul, Pierre, écuyer, seigneur de La Salle et de Lonne, marié, en 1620, à Lucrèce Raoul ; pour cinquième aïeul, François, écuyer, seigneur de Clavachon, La Salle, La Voulernie et La Rousselière, qui épousa, en 1505, Anne de La Maisonneuve ; pour sixième aïeul, Jean, écuyer, seigneur de Clavachon, marié en 1567, avec Jeanne de La Tour; pour septième aïeul, Alexandre, écuyer, seigneur de Clavachon, qui figura au ban de 1536, et avait épousé, six années avant, Françoise Prévost, fille de Guyot Prévost, seigneur de Puybottier, et de Marguerite Tizon ; pour huitième aïeul, Job Angély, écuyer, marié, en 1499, avec Françoise Jourdain et qui est le chef de la famille, à moins qu'il ne soit issu, ainsi qu'il est dit dans le *Dictionnaire* de Beauchet-Filleau, d'où est extraite en partie cette filiation, de Philippe Angély, écuyer, seigneur de Garcougnolles, époux de Catherine Aymer de Lalier, et qui servit, en 1491, au ban des nobles de Poitou. Ajoutons que les d'Angély ont été maintenus dans l'état noble par sentence des élus d'Angoulême du 9 septembre 1776, et que la généalogie de leur maison a été dressée par Chérin, au vu des titres produits par François d'Angély de La Salle [1].

Antoine d'Angély et Victoire Prévost du Las donnèrent le jour à plusieurs enfants, qui, d'après Beauchet-Filleau, décédèrent jeunes et célibataires. Cette assertion est erronée, attendu qu'Alexandrine, qui naquit d'eux à Lichères, le 29 septembre 1808, épousa, le 27 mai 1833, à Fontclaireau, Louis Salmon, fils d'André et de Catherine Huet, et qu'à ce mariage était présent Philippe Bourot, lieutenant de cavalerie en retraite, dit beau-frère d'Alexandrine, conséquemment époux d'une autre fille d'Antoine d'Angély, Marie-Éliza, peut-être, née au logis de Fontclaireau, le 7 février 1813. Nous avons aussi relevé dans l'état civil de Fontclaireau la nais-

1. Bibliothèque nationale. *Manuscrits de Chérin.*

sance de Louis-André, à la date du 25 août 1815, mais nous ne saurions dire ce qu'il advint de lui.

Reprenons la suite des enfants de Gilbert-Marc Prévost du Las : 2° Antoine-André, qui suit ; 3° Philippe-Barthélemy, né le 3 mars 1784 et qui eut pour parrain son grand-oncle, messire Philippe Prévost du Las de La Vigerie, curé de Courbillac; nous ne savons rien de plus sur son compte et sommes porté à croire qu'il mourut tout enfant ; 4° Catherine-Florence, née le 1er décembre 1787, filleule de son grand-oncle, Me Pierre Prévost du Las, ancien juge de la baronnie de Verteuil, alors sénéchal de Ruffec et subdélégué de M. l'intendant de Limoges [1]. Le 28 juillet 1810, était bénie dans l'église de Saint-Pierre-aux-Liens de Fontclaireau, l'union de Catherine-Florence avec son cousin, Gabriel-Honoré-François-Alexandre de Juif de Surand, d'abord officier, puis juge de paix de Ruffec, né, le 31 mai 1788, de François-Alexandre, ancien capitaine d'artillerie, et de Jeanne-Marie-Marthe Chaudron, domiciliés à Saint-Jean d'Angély et décédés à Fontclaireau: le premier, le 22 mai de l'année suivante ; l'autre, le 16 décembre 1820 ; 5° Louise-Clémentine, née le 9 avril 1790 et vraisemblablement décédée en bas âge, comme son frère, Philippe-Barthélemy.

Antoine-André Prévost du Las vit le jour en 1780, le 3 octobre, et eut pour parrain son aïeul, François-Antoine, seigneur du Las. A la mort sans descendance de son oncle, Pierre-Antoine, l'abbé Philippe de La Vigerie, son grand-oncle, et dernier représentant de la branche de Moulidars, le constitua pour son héritier [2]. Antoine-André vint alors se

---

1. L'acte de baptême de Catherine-Florence fait mention de la qualité de subdélégué de l'intendant de Limoges pour son père et pour son parrain, sans indiquer le siège de leurs fonctions. Il s'agissait sans doute, pour l'un comme pour l'autre, de Ruffec, et le premier, seul en activité de services, aurait succédé au second, alors âgé de soixante-six ans.

2. *Le château d'Ardenne*, par M. l'abbé Tricoire.

fixer aux Pannetiers, où, après avoir été maire de Moulidars de 1823 à 1826, il mourut, le 10 avril 1841. Ce doit être à l'époque de son établissement dans cette paroisse qu'il épousa Jeanne-Marie-Thérèse-Victoire (en famille Aimée) Du Tillet, née à La Chapelle en Torsac, le 19 décembre 1781, et baptisée, ce même jour, dans l'église de Saint-Aignan dudit Torsac, ayant pour parrain et marraine ses frère et sœur, Jacques-Philippe et Jeanne, qui devait s'unir, le 7 vendémiaire an IV (29 septembre 1795), à François-Victor d'Angély, beau-frère de Louise-Victoire Prévost du Las, et dont elle eut onze enfants, parmi lesquels Pierre-Hercule, chef de bataillon d'infanterie, lieutenant-colonel du 18e de mobiles, officier de la Légion d'honneur, chevalier de Saint-Grégoire-le-Grand et de l'ordre militaire de Savoie, marié, en 1867, avec Antoinette Vallier et décédé, en 1871, sans postérité.

Aimée Du Tillet, qui avait encore un autre frère, Pierre-Sainte-Croix, était fille de Charles Dutillet, sieur de La Marguerie, ancien gendarme de la garde du roi [1], et de Marie Lagrezille, et petite-fille de Martial Dutillet, sieur de Juillac, né à Torsac en 1728, garde du corps du roi et époux de Jeanne Florenceau de Boisbedeuil en Nersac. En remontant la filiation, nous voyons qu'elle avait pour bisaïeul, Mathieu Dutillet, sieur de Beauvais, marié à Geneviève Desbordes, issue de Martial Desbordes, sénéchal de Sceaux et Châtelard; pour trisaïeul, Gabriel Dutillet, sénéchal de la châtellenie de

---

1. La compagnie des gendarmes du roi, instituée par Henri IV, en 1590, conservée par Louis XIII pour sa garde ordinaire, avait pour capitaine le roi. Ses quatre enseignes étaient de soie blanche avec des foudres tombant du ciel et cette devise : *Quo jubet iratus Jupiter*, brodée et frangée d'or et d'argent.

Les gendarmes du roi, dont l'hôtel était situé à Versailles, portaient l'habit écarlate avec galons, brandebourgs et boutons et ceinturon d'or, culotte et bas rouges, avec le chapeau bordé d'or et à plumet blanc. L'équipage du cheval était de drap écarlate galonné et bordé d'or. *Abrégé de la carte générale du militaire de France de 1789*, par Leman de La Jaisse.

Courrières, qui épousa Marguerite Juillier, fille de Daniel, procureur au siège présidial d'Angoumois, et de Geneviève Audouin; enfin, pour quatrième aïeul, Léonard Dutillet, lui aussi procureur au même siège, en 1695.

Disons encore qu'Aimée Du Tillet avait pour oncles : Siméon Dutillet, sieur de La Bergerie, qui était, en 1780, avocat en parlement et sénéchal de Torsac, et Jean-Marie Dutillet, qui épousa Marie-Thérèse de La Chaise, de Boisbedeuil, terre dont il prit le nom; pour grand-oncle : Jean Dutillet de Beauvais, qui était, en 1765, gendarme de la reine [1], et avait été tenu sur les fonts baptismaux de Torsac, le 21 février 1731, par Jean Dutillet, conseiller au présidial d'Angoulême, et Jeanne Roddier, veuve de Gabriel Dutillet de Grangemont; enfin, pour grand'tante, Marguerite Dutillet, née à La Grande-Andéole, le 29 mars 1734, et qui épousa, le 30 juin 1771, dans l'église de Vœuil, messire Michel Duvergier, capitaine de cavalerie, ancien porte-étendard des gardes du corps du roi, compagnie de Beauveau [2], fils de François Duvergier, sieur de La Mesnarderie, et de Jeanne Joubert.

De sa femme, décédée à Angoulême le 23 décembre 1866, André Prévost du Las eut huit enfants : 1° Marcelin-Philippe, né aux Pannetiers, ainsi que ses frères et sœurs, le 14 avril 1803, et qui entra dans les ordres. Il était depuis

---

1. La création des gendarmes de la reine par Louis XIV pour Marie-Thérèse d'Autriche, date de 1660. Cette compagnie dont la reine était le capitaine, avait son étendard de soie rouge avec les armes de la reine couronnées et accolées de palmes, et cette devise brodée et frangée d'or et d'argent : *Seu pacem seu bella fero.* Son quartier était Attigny et Château-Portien. *Abrégé de la carte générale du militaire de France de 1789*, par Leman de La Jaisse.

2. Charles-Juste de Beauveau, né en 1720, mort en 1793, général qui se distingua dans plusieurs actions; gouverneur du Languedoc en 1763, de la Provence en 1782, maréchal de France en 1783. Il entra à l'académie française en 1774. Ministre de Louis XVI en 1789, il fit entendre de sages conseils qui ne furent pas écoutés.

longtemps vicaire général du diocèse d'Angoulême, lorsqu'il mourut le 10 juillet 1869;

2° Gilbert-Marc-Eugène, né en 1804 et décédé garçon aux Panneliers, le 29 août 1830;

3° Aimée-Jeanne-Pélagie, née le 20 mars 1806, qui, elle aussi, se voua à Dieu. Entrée à vingt-deux ans, le 22 juillet 1828, comme postulante au couvent de Sainte-Marthe d'Angoulême, elle fit sa profession religieuse, le 9 mars 1830. Lors de son décès survenu le 27 octobre 1865, elle était supérieure et assistante générale des novices. L'histoire de sa vie, qui fut celle d'une sainte, paraîtra bientôt dans un ouvrage écrit par M. l'abbé Sarrazin, aumônier du monastère;

4° Pierre, du 22 février 1808 et qui ne vécut que deux jours;

5° Marie-Aimée, du 5 juin 1809, morte le 5 décembre 1811;

6° Marie-Catherine-Amélie (Irma en famille), qui vint au monde le 7 février 1811, et mourut à Paris, le 21 juillet 1871, à la suite des épreuves qu'eut à subir, pendant le siège, sa santé déjà ébranlée. Le 11 février 1833, elle avait épousé Pierre-Augustin-Louis Laurendeau, avocat, docteur en droit, fils de Jean-Augustin et de Louise-Catherine Guignard. Étaient témoins de cette union : « Charles-Joseph Laurendeau, licencié en droit, domicilié à Moussais (Vienne), et Louis Gennet, ancien directeur des contributions indirectes, demeurant à Angoulême, frère germain et cousin de l'époux; François-Victor d'Angély, habitant Saint-Ciers, et Gabriel-Honoré-François-Alexandre de Juif, chevalier de Surand, ancien magistrat, domicilié à Fontclaireau, oncles de l'épouse »;

7° Philippe, du 7 avril 1816, et mort à quinze ans, le 8 février 1832;

8° Marc-Ernest, né le 19 mars 1818 et qui devait rester seul pour continuer la descendance mâle. Nous avons déjà dit que, le 25 juin 1844, il épousa *Anne-Marie-Marguerite-Azoline de La Charlonnie*. Étaient témoins du mariage religieux, célébré dans l'église de Mérignac : Pierre-Sainte-Croix Du Tillet, époux de Jeanne de Guissal et décédé le 23 août 1859, dans sa terre de La Chapelle de Torsac, et Alexandre de Juif de Surand, ancien capitaine de cavalerie, tous deux oncles du marié ; *François-Héliodore de La Charlonnie*, docteur en médecine, et Louis-Jean-François-Eugène Rullier, juge de paix de Cognac, oncle et cousin de la mariée. Le 7 septembre 1846, est née de cette union Jeanne-Marie-Odile, qui a reçu le baptême le 10 du même mois, avec ses grands-parents, ANNET DE LA CHARLONNIE et Aimée Du Tillet, pour parrain et marraine. Fille unique, elle a grandi à Villars, heureuse au milieu des siens, à la profonde affection desquels elle n'a cessé de répondre.

En 1862, le 26 juin, la mort fit un premier vide dans cette union si intime, en tranchant les jours de l'aïeul, ANNET DE LA CHARLONNIE, dans sa soixante-quatrième année seulement. Quatre ans après, ce fut le tour de la grand'mère, Aimée Du Tillet, décédée à Angoulême le 23 décembre 1866, ainsi qu'on l'a déjà vu.

Le 27 juin précédent, notre cousine avait épousé Jean-Baptiste-Médéric Vallier, fils de Jean-Antoine et de Jeanne-Judith-Thérèse-Célénie Hériard et à qui elle a donné cinq enfants : 1° Marie-Judith-Thérèse, née à Angoulême, ainsi que sa sœur et son frère puînés, le 23 juillet 1867 ; 2° Marie-Marguerite-Odile-Jeanne, du 25 septembre 1868 et dont nous n'avons pas oublié l'aimable collabaration, aussi lui offrons-nous encore tous nos remerciements ; 3° Jean-Antoine-Marc, du 24 octobre 1875 ; 4° Marc-Antoine-André, qui a vu le jour à Aussac, le 30 novembre 1879 ; 5° Marie-Jean-Pierre, né le 17 novembre 1880 également à Aussac, où il a été ravi à l'affection des siens, le 30 avril 1882.

Restés seuls à Villars, Ernest Prévost du Las et notre cousine songèrent à se défaire de cette terre pour s'installer complètement à Angoulême, dans leur demeure de la rue de Beaulieu, et vivre ainsi plus à proximité de leur fille et de sa famille naissante. Ce projet, malheureusement appuyé par l'état maladif de notre cousin, qui trouverait à la ville des soins plus faciles qu'à la campagne, fut mis à exécution en 1875. Par acte du 23 mars de ladite année, passé devant Me Mestraud, notaire à Jarnac, l'antique domaine patrimonial fut vendu à M. Amédée Duclou, qui le possède toujours.

A deux années de là, le 14 novembre 1877, la mort vint frapper notre cousin dans sa soixantième année. Sa digne veuve, après ce coup imprévu, bien qu'elle ne fût pas sans inquiétudes depuis quelque temps, chercha dans l'affection des siens une consolation à la douleur d'une séparation aussi prématurée. De fréquentes visites à Aussac, chez ses enfants, auprès desquels elle passait, chaque année, trois mois de la belle saison, et aussi les amitiés qu'elle comptait nombreuses, à Angoulême, lui rendaient supportable l'existence dans laquelle nous l'avons retrouvée, il y a un an et quelques mois, toujours affable et bonne. Après le long espace de temps que nous avions eu le plaisir de la voir, nous fûmes surpris de ne pas découvrir plus de changement dans sa personne, ainsi que de fatigue dans son état de santé. Aussi, bien grande et non moins pénible fut notre surprise, lorsque la triste nouvelle de sa fin, le 8 septembre de l'an passé, nous est parvenue à Vichy. Il avait suffi de quarante-huit heures de maladie pour amener le terme fatal de ses précieux jours.

Avec elle devait s'éteindre le nom des La Charlonnie; nous espérions, toutefois, que cette disparition ne serait pas aussi prochaine et c'était le vœu par lequel nous comptions clore ce travail. L'implacable mort en a décidé autrement. Que la mémoire de cette vénérée cousine, qui nous donnait si obligeamment son précieux et affectueux concours pour ces recherches, reçoive ici, une fois de plus, l'expression respectueuse de nos bien sincères regrets, en même temps que nous assurons de notre durable amitié ceux qu'elle a laissés après elle, et avec eux les autres descendants des La Charlonnie, nous estimant heureux et récompensés de nos peines à la pensée que tous prendront quelque intérêt à la lecture de ces pages, qui sont l'histoire vraie de ceux qui nous ont si honorablement précédé sur le chemin de la vie.

TABLE

—

IMPRIMÉ

Sur les presses de NOEL TEXIER,

TYPOGRAPHE, A LA ROCHELLE

1893.

www.ingramcontent.com/pod-product-compliance
Lightning Source LLC
Chambersburg PA
CBHW071634270326
41928CB00010B/1919

* 9 7 8 2 0 1 2 5 7 7 0 2 2 *